高职高专财经商贸类专业"互联网+"创新系列教材

浙江省普通高校新形态教材项目

管理心理学

主　编　楼　芸

副主编　潘建林　许馨苓　王　春　王　兰

参　编　曾宪达　葛佳佳　佟笛铭　年　艳

机 械 工 业 出 版 社

本书从组织中人的心理和行为的规律角度研究管理问题，对个体、群体、领导、组织的心理和行为活动的规律性进行了详细论述。

本书在管理心理学基本知识的基础上吸收了心理资本等新理论。本书内容主要包括管理心理学导论，个体认知与管理，个性差异与管理，态度、价值观与管理，激励与管理，群体心理与管理，群体沟通与人际关系，群体冲突与谈判，领导心理与管理，组织与管理，组织文化，员工心理健康与管理。

本书根据高职高专人才培养目标，依照"原理先行、实务跟进、案例同步、实训到位"的原则编写，案例和实训材料丰富，既可作为高职高专院校工商管理类专业学生的教材，也可作为一般中小企业基层和中层管理者的培训教材。阅读本书有助于各级管理者提高对员工行为的预测和引导能力，更有效地实现管理目标。

图书在版编目（CIP）数据

管理心理学/楼芸主编．—北京：机械工业出版社，2019.9（2025.1 重印）
高职高专财经商贸类专业"互联网+"创新系列教材
浙江省普通高校新形态教材项目
ISBN 978-7-111-63864-3

Ⅰ．①管…　Ⅱ．①楼…　Ⅲ．①管理心理学—高等职业教育—教材　Ⅳ．①C93-051

中国版本图书馆 CIP 数据核字（2019）第 213219 号

机械工业出版社（北京市百万庄大街 22 号　邮政编码 100037）
策划编辑：孔文梅　　责任编辑：孔文梅　董宇佳
责任校对：李亚娟　　封面设计：鞠　杨
责任印制：单爱军
北京中科印刷有限公司印刷
2025 年 1 月第 1 版第 7 次印刷
184mm×260mm・14.5 印张・354 千字
标准书号：ISBN 978-7-111-63864-3
定价：45.00 元

电话服务　　　　　　　　　网络服务
客服电话：010-88361066　　机　工　官　网：www.cmpbook.com
　　　　　010-88379833　　机　工　官　博：weibo.com/cmp1952
　　　　　010-68326294　　金　书　网：www.golden-book.com
封底无防伪标均为盗版　　　机工教育服务网：www.cmpedu.com

前言

心理学在管理中无处不在。人是管理之本，管理者要根据人的心理和思想规律，通过尊重人、关心人、激励人来改善人际关系，充分发挥人的积极性和创造性，从而提高劳动和管理效率。管理心理学正是在这一时代背景下产生并迅速发展的一门学科。

本书根据高等院校人才培养目标和学习者的需求、高职高专管理类专业的教学需要、近年来管理心理学的发展和实践，以及编者多年的教学经验编写而成。全书以个体心理、群体心理、领导心理、组织心理以及心理健康等内容架构了管理心理学的体系。全书的主要内容包括管理心理学导论，个体认知与管理，个性差异与管理，态度、价值观与管理，激励与管理，群体心理与管理，群体沟通与人际关系，群体冲突与谈判，领导心理与管理，组织与管理，组织文化，员工心理健康与管理。

本书在编写过程中，针对高职高专这一教育层次，按照"理论够用为度"的原则，突出实践性与可操作性的特点：①以知识目标与能力目标导入，在理论知识的基础上穿插适量的案例链接、知识链接和互动游戏等；②本书实训环节与知识内容相配套，设计了包含案例分析实训、心理测试、情境模拟、互动游戏等多种实训活动；③教学资源立体化，可通过扫描二维码、网站资源下载等方式获取教学视频、实训电子表格、PPT等教学资源，教学辅助资源丰富。

本书由楼芸担任主编。全书共分12章，各章的编写分工如下：义乌工商职业技术学院楼芸编写第1、8、12章；义乌工商职业技术学院潘建林编写第2章；义乌工商职业技术学院王春编写第3章；义乌工商职业技术学院葛佳佳编写第4章；义乌工商职业技术学院曾宪达编写第5章；浙江金融职业学院王兰编写第6章；辽宁经济职业技术学院佟笛铭编写第7章；义乌工商职业技术学院许馨苓、楼芸共同编写第9、10章；义乌工商职业技术学院年艳、楼芸共同编写第11章，全书最后由楼芸统稿。在本书的编写过程中，借鉴和引用了大量文献和资料，在此向这些文献和资料的作者表示衷心的感谢。

为方便教学，本书配有精美PPT课件、实训指导书、在线心理测试和部分教学视频等教学资源，凡选用本书作为教材的教师均可登录机械工业出版社教育服务网（www.cmpedu.com）下载。咨询电话：010-88379375，QQ：945379158。

由于编者水平有限，书中难免有疏漏、错误和不妥之处，恳请广大读者批评指正。

编　者

二维码索引

序号	任务名称	图形	页码	序号	任务名称	图形	页码
1	管理心理学概述		16	11	从众行为		106
2	社会认知的效应		26	12	沟通的类型		124
3	气质		41	13	冲突处理意向		146
4	态度的概念及构成		60	14	领导方格理论		166
5	改变态度的方法		63	15	路径-目标理论		167
6	工作满意度		67	16	组织结构的设计		188
7	马斯洛需要层次理论		85	17	管理层次和管理幅度		188
8	双因素激励理论		87	18	事业部制管理模式		189
9	强化理论-1		90	19	组织文化的创建与维系		201
10	强化理论-2		90	20	职业倦怠		213

目 录

- 前言
- 二维码索引
- **第1章 管理心理学导论 // 1**
  - 1.1 管理心理学概述 // 1
  - 1.2 西方管理心理学的发展历程 // 7
  - 1.3 管理心理学对人性的假设 // 12
  - 实训项目 // 17
- **第2章 个体认知与管理 // 18**
  - 2.1 认知概述 // 19
  - 2.2 社会认知 // 22
  - 2.3 归因与管理 // 29
  - 实训项目 // 35
- **第3章 个性差异与管理 // 37**
  - 3.1 个性的差异 // 38
  - 3.2 气质差异与管理 // 41
  - 3.3 性格与管理 // 46
  - 3.4 能力与管理 // 52
  - 实训项目 // 54
- **第4章 态度、价值观与管理 // 59**
  - 4.1 态度 // 60
  - 4.2 工作价值观 // 64
  - 4.3 工作满意度 // 67
  - 4.4 心理契约与组织承诺 // 70
  - 实训项目 // 76
- **第5章 激励与管理 // 79**
  - 5.1 需要、动机与激励概述 // 80
  - 5.2 激励理论 // 85
  - 5.3 激励理论的应用 // 91
  - 实训项目 // 98
- **第6章 群体心理与管理 // 99**
  - 6.1 群体与群体心理 // 100
  - 6.2 群体行为的基本规律 // 106
  - 6.3 群体绩效与管理 // 114
  - 实训项目 // 121
- **第7章 群体沟通与人际关系 // 122**
  - 7.1 有效的群体沟通 // 123
  - 7.2 群体的人际关系 // 130
  - 实训项目 // 138
- **第8章 群体冲突与谈判 // 139**
  - 8.1 群体冲突 // 140
  - 8.2 谈判 // 148
  - 实训项目 // 158
- **第9章 领导心理与管理 // 161**
  - 9.1 领导心理概述 // 162
  - 9.2 领导理论及应用 // 164
  - 9.3 领导艺术 // 171
  - 实训项目 // 175
- **第10章 组织与管理 // 179**
  - 10.1 组织概述 // 180
  - 10.2 组织理论 // 182
  - 10.3 组织结构与设计 // 186
  - 10.4 组织变革与发展 // 190
  - 实训项目 // 196
- **第11章 组织文化 // 197**
  - 11.1 组织文化概述 // 198
  - 11.2 组织文化的塑造、维系、传承与变革 // 200
  - 实训项目 // 208
- **第12章 员工心理健康与管理 // 209**
  - 12.1 员工心理健康概述 // 210
  - 12.2 管理中常见的员工心理问题 // 211
  - 12.3 员工帮助计划 // 216
  - 实训项目 // 222
- **参考文献 // 224**

第 1 章 管理心理学导论

■ 学习目标 ■

知识目标
- 掌握管理心理学五大研究目的。
- 掌握管理心理学发展历程。
- 理解管理心理学与其他学科的关系。
- 掌握人性假设理论。

能力目标
- 能理解管理心理学各种研究方法在不同情境下的使用。
- 能区分不同人性假设下的管理要点。

引导案例 >>> 管理之道在于经营人心

21世纪是心理导向的世纪，是注重人性化管理的时代。

无论处于何种行业和管理位置，管理的最终对象是人本身。作为一个注重管理效能的管理者，在管理过程中必须要了解人的心理活动规律。

世界管理大师彼得·圣吉曾说："三流管理者学管理知识，二流管理者学管理技巧，一流管理者修炼管理心智。"我国企业家柳传志也说过："经营人才，最重要的一点就是经营人心。"管理的核心是人，管人的核心是管心。

管理的过程其实就是一个经营人心的过程，管理之道在于管理人心。每一位优秀、成功的管理者，都应该是一位优秀的心理学家。

【引入问题】
请问管理是制度化优先，还是人性化优先？

人是企业最重要的资产，管理者的关键能力之一就在于知人善用，洞悉人性，善用心理学知识来激励员工、管理企业，协助企业在竞争中获得优势，创造更好的经营绩效。

1.1 管理心理学概述

管理心理学是心理学的一个重要分支，也是现代管理理论的一个重要组成部分。管理心

理学在西方又称为组织行为学或行为管理学，是研究组织管理活动中人的行为规律及其潜在心理机制的一门科学。

1.1.1 管理心理学的概念

管理心理学（Managerial Psychology）是运用心理学的原理和方法，研究管理活动中人的心理现象、心理过程及其规律，使个人或者组织提高效率的一门科学。它把心理学的理论、原则和方法运用于组织管理中，通过研究组织中人的心理和行为规律，进而控制和预测组织中人的行为，以调动人的积极性，发挥人的潜能，提高生产和工作效率，改善人际关系并增强组织功能。

心理学的研究对象是人的心理现象和心理规律，而管理心理学是一门研究在管理过程中人与人之间相互关系的科学，它的研究对象是在管理条件下，人与人之间在心理上的相互关系及其规律。管理心理学是从现代管理科学和行为科学发展过程中派生出来的一门新兴的独立科学。

1.1.2 管理心理学的研究内容

管理心理学研究的主要内容是管理中具体的社会心理现象，以及个体、群体、组织中的具体心理活动的规律性。因此，可以将管理心理学的研究内容划分为个体心理、群体心理和组织心理三个方面。

1．个体心理

任何组织都是由个体组成的，任何个体都是有思想、有感情、有追求的活生生的有机体。个体心理研究是指从个体差异与个体共同的心理特征这两个方面的理论出发，对如何激励员工等管理手段进行有效的分析研究。

2．群体心理

群体是组织中的基本单元，在现代企业中，管理部门的工作主要是针对群体进行的。群体心理研究是指在正式群体与非正式群体中，从群体规范、群体压力、群体气氛、信息沟通、人际关系、群体内聚力等多个维度，对人的心理状态及其对群体活动的影响进行分析研究。

3．组织心理

组织心理的研究由三个方面组成：①组织结构与组织理论；②组织变革的规律、抵制变革的因素与对策；③组织发展的特点与干预途径。

1.1.3 管理心理学的研究方法

管理心理学的研究对象是人，人的心理和行为的复杂性决定了管理心理学的研究方法也是多种多样的。下面介绍几种常用的研究方法。

1．观察法

观察法是指有目的、有计划地观察研究对象（被观察者）在一定条件下的言语、行为、表情等反应，从而分析其心理活动和行为规律的一种研究方法。观察可以以感官为工具，也可以利用录音、录像、摄影等现代技术设备作为辅助，来提高观察的效果。一般情况下，观察法可以按照以下两种维度进行分类。

第一，根据观察者所处的情境特点，可以将观察法分为自然观察与控制观察两类。自然观察是在完全自然、真实的条件下观察他人的行为，而且被观察者一般不知道自己正在被观察。控制观察则是在限定情境下所进行的观察，也就是在操纵或控制一些条件的情况下观察他人的行为，且被观察者知道自己处于被观察的状态。

第二，从观察者与被观察者的关系出发，可以将观察法分为参与观察与非参与观察两类。参与观察是指观察者直接参与被观察者的活动，在共同活动中进行观察。例如，某销售主管若想弄清楚公司一名推销员绩效不佳的原因，就可以和该推销员一起销售产品，在工作过程中有意观察其一言一行，从中发现问题的症结所在。相反，非参与观察是指观察者不参与被观察者的活动，以旁观者身份进行观察。

观察法的优点是目的明确、简易方便，且所得资料比较系统真实。其缺点是研究难以深入，所观察到的多为表面现象，取得的资料也较为肤浅，难以进行数量化的统计分析。鉴于此，在实际研究过程中，应把观察法与其他方法配合使用，以取得更佳的研究效果。

2．实验法

实验法是指有目的地严格控制或创设一定的条件，来引起某种心理活动或行为表现以进行研究的方法。根据实验场地的性质差异，可以将实验法分为实验室实验与现场实验两类。

实验室实验是指在专门的实验室内，运用一定的仪器和设备严格地控制实验条件，以研究某种心理与行为现象的方法。例如，要考察表扬对人行为产生的影响，在控制其他无关变量的前提下，就可以设立一个表扬组（实验组），对被试良好的工作表现给予表扬；再设立一个对照组，不对该组被试良好的工作表现进行表扬。经过一段时间之后，比较两组后续工作的成绩，若表扬组优于对照组，就可以将其归结为表扬所致。实验室实验的优点是能够严格控制各种无关变量对实验结果的影响，研究结论具有可重复性，且所得数据较为精确；缺点是人为性强，脱离实际生活情境。

现场实验是指在日常生活和工作的情境下，适当控制条件以研究某种心理与行为现象的方法。为提高研究的外部效度，使研究结果更具普遍意义和可推广性，管理心理学家越来越重视现场实验研究。例如，梅奥（G. E. Mayo）在霍桑工厂进行的福利实验，即通过提供或取消某些福利措施，来探究其对生产总量的影响，就是典型的现场实验。现场实验的优点是能够结合日常生活和工作进行，避免了实验室实验的局限性，使研究结论更具备可推广性；缺点是不容易严格控制现场的无关变量，研究得出的结论可能会存在一定偏差。

3．问卷法

问卷法是指研究者根据研究目的和任务，编制出内容明确、表达准确的问卷，让被试根据个人情况实事求是地做出回答，从而收集所需资料和数据的研究方法。问卷法是管理心理学研究常用的一种方法。

问卷法的优点是可以在较短时间内取得大量的材料，并采用统计方法对调查结果进行处理分析，因此得出的研究结论更有普遍意义；缺点在于所得到的材料一般较难进行质化分析，不易把结论与被试的实际行为做比较。

4. 访谈法

访谈法是指研究者通过口头谈话的方式从被研究者那里收集第一手资料，了解被研究者心理与行为规律的一种研究方法。就研究者对访谈结构的控制程度而言，访谈可以分为三类：结构化访谈、非结构化访谈和半结构化访谈。

在结构化访谈中，研究者对访谈的走向和步骤起主导作用，即按照自己事先设计好的、具有固定结构的统一问卷进行访谈。在这种访谈中，选择访谈对象的标准和方法、所提的问题、提问的顺序以及记录的方式都已经标准化，研究者对所有的受访者都按照同样的程序问同样的问题。

非结构化访谈没有固定的访谈问题，研究者鼓励受访者自由地发表自己的看法。这种访谈的目的是了解受访者自身认为重要的问题、他们看待问题的角度及其表述方式等。非结构化访谈中，研究者只是起到一种辅助作用，尽量让受访者根据自己的思路自由联想。访谈的形式不拘一格，研究者可以根据当时的情况随机应变。

在半结构化访谈中，研究者对访谈结构具有一定的控制作用，但同时也允许受访者积极参与。通常，研究者事先备有一个粗线条的访谈提纲，根据自己的研究设计向受访者提出问题。但是，访谈提纲主要作为一种提示，研究者在提问的同时也鼓励受访者提出自己的问题，并且根据访谈的具体情况对访谈的程序和内容进行灵活的调整。

访谈法的优点是简单易行，便于迅速取得第一手资料，因而使用范围较为广泛。其缺点是仅凭受访者的口头回答而得出的结论往往缺乏可靠性和真实性，因此，这种方法一般不单独使用，而应与其他研究方法结合起来运用。

5. 测验法

测验法是指采用标准化的心理量表或精密的测验仪器来测量被试的有关心理品质或行为的研究方法。量表是心理测验常用的研究工具，目前流行的测验量表种类繁多，大致有以下几种分类：按测验的内容可分为智力测验、个性测验、态度测验和能力测验等；按测验的方式可分为文字测验与非文字测验；按测验的方法可分为问卷测验、操作测验和投射测验。

在管理心理学的研究中，测验法常常作为人员测评的一种工具。例如，用智力量表测定组织成员的一般和特殊能力状况；用个性量表测定组织成员和领导者的性格特征等。测验法的主要优点是测验内容广泛，具有较强的科学性，能够对研究的心理现象进行定量的分析。但测验法也存在一些问题，如心理测验的运用有一定难度，测验者必须经过专门的训练。另外，量表的设计、取样技术等都有较高要求，使用时若有不慎，就会使测验结果产生很大误差。

6. 个案法

个案法是指对某一个体、群体或组织在较长时间里连续进行考察，系统地了解、收集资料，以便研究其心理与行为发展变化规律的方法。例如，研究者参与某企业一个研发团队的工作，通过长时间地体验生活，掌握了整个团队成员的心理与行为特点、团队的绩效状况和人际关系等，并在此基础上进行深入分析，整理出能反映该团队特点的详细材料。

个案法的优点是呈现的内容丰富，有助于人们发现新问题，为研究者发现和提出新的理论假设奠定良好的基础。其缺点在于，这种研究一般都是描述性的，不容易在较短时间内做出有关因果关系的推论。此外，个案研究一般取样比较小，这就大大限制了研究结果的可应用性和普遍意义，而且得出的研究结论很难进行重复验证。

总之，管理心理学的研究方法（见图1-1）都有其各自的应用价值，但也都存在一定的局限性。在实际研究过程中，究竟采用哪种方法较好，应视研究任务的要求和具体情境而定。通常情况下，管理心理学的研究往往以某种方法为主，辅之以其他方法，这样可以更准确、更客观地反映人的行为和心理活动的规律及特点。

图1-1 管理心理学的研究方法

1.1.4 管理心理学的研究目的

管理心理学的五大研究目的分别是：描述、解释、预测、控制与提升工作生活质量。

1．描述

管理心理学的研究目的之一是通过科学的方法，让我们可以更完整地描述员工的心理过程与外在行为。通过科学的观察，将研究过程中所搜集到的事实数据用文字或口语客观地描述出来；只说明事实真相，不探究问题发生的原因。例如，管理心理学家如果想要了解工作压力所造成的问题，第一步就是通过科学化的观察，客观地描述工作压力的相关现象，如工作环境中的哪些事件或状况会造成员工的压力感受，或当员工感受到压力后会有什么反应等。

2．解释

在通过观察得到描述的基础上，接下来的研究目的便是对其加以解释。解释是对个人的行为做进一步分析，探究产生该行为的可能原因，找寻理由来解释问题。例如，通过科学方法找出可能造成工作压力的原因，或找出会加重或减轻工作压力的相关因素，以说明工作压力是如何发生改变的。具体而言，当主管交付员工很多工作，又未提供充足的人力、设备、时间或专业知识时，员工会感到备受限制，无法开展工作，此时"工作限制"便是造成压力感受的真正原因。若能排除这些限制性因素，工作量大反而可能产生激励效果，激发员工的斗志与潜力。

3．预测

在能够清楚地描述问题，并解释其成因后，管理心理学家还想要进一步预测问题的发生。预测是根据现有的资料，推估将来某一事件发生的可能性。例如，工作负荷过重或工作缺乏自主权，这些都是已知可能被个人评估后认为是工作压力的来源。所以当员工承担相当大的工作量而又缺乏相关资源时，管理者应及早预知该员工可能会产生较大的工作压力，从而进行相应的工作调整或向其提供必要的协助,以避免工作压力过大所造成的负面影响。

4．控制

管理心理学家希望能通过描述、解释及预测个人的行为,进一步做到改变个人的行为。所谓控制,是指操纵影响某一事项的条件或决定因素,以使该事项能产生预期的变化。例如,针对如何协助工作压力感受高的员工的问题,在累积了众多的研究后发现,员工若能学习和掌握积极主动的应对策略,针对压力源采取可能的行动方案来解决问题,例如主动沟通,寻求协助,或重新检视工作重要性的排序,优化工作流程,加强专业能力等,就可以有效地降低自身的工作压力。

5．提升工作生活质量

管理心理学的研究范畴涵盖了个人、人际关系及组织层次,所关注的研究主题包括人格、动机、情绪、人际互动、沟通与说服、工作压力以及职场健康等,这些都是整合了管理学与心理学的知识架构,可实际解决企业组织中的各项疑难杂症。管理心理学的最终目的是累积对工作场所中个人与群体的心理过程与行为的了解,并应用于组织管理的各层面,以提升工作者的工作生活质量。

1.1.5 管理心理学与各学科之间的关系

1．管理心理学与心理科学

管理心理学是心理科学的一个分支,属于心理学的应用学科。管理心理学主要以心理学为其理论基础。

心理学是研究人的心理现象及其规律的科学。它具体包括两方面的内容,一方面是人的心理活动过程:感觉、知觉、记忆、思维、想象、情感、情绪、意志等(概括地说,即是知、情、意)。另一方面是人的个性心理:指个人身上带有一定倾向的心理特点的总和,又分为个性心理特征和个性倾向性。个性心理特征包括能力、气质、性格,个性倾向性包括需要、动机、兴趣、信念、理想、世界观等。

管理心理学是研究在组织管理中人的心理及行为规律的科学。因为,管理的核心和动力就是对人的管理,即管理者如何采用科学的管理方法最大限度地调动人的工作积极性、主动性和创造性。而人的行为积极性的调动主要受到两个因素的制约:一是心理因素,二是社会因素。其中,前者是主要因素。因为人的行为和心理总是联系在一起的,任何工作行为积极性的高低,最终都源于人的心理因素。因此,管理心理学试图用普通心理学理论来分析人的工作行为:什么心理因素决定人的工作效率的高低,如何正确处理群体中人与人之间的关系,群体作用对个人的心理影响等,这些问题都是普通心理学中关于心理过程和个性心理的理论在管理实践中的具体反映。所以说,普通心理学与管理心理学是主干与分支的关系。

2．管理心理学与管理科学

管理心理学是管理科学领域中一门重要的独立学科。管理科学从 20 世纪 50 年代的现代管理理论发展到 70 年代以后的系统管理理论,它不同于过去近代管理理论只着重于生产过程的分析和组织控制的研究,重视技术因素但忽视社会因素和心理因素的做法,而是主要研究人群关系和分析系统工程,开始突出人的因素在管理中的作用和地位,而且强调任何一个劳动者都不是孤立的,应该重视社会和心理因素对他们的影响,激发他们的积极性和创造性,并用运筹学和其他科学的方法,对与管理对象有关的所有方面进行系统的、整体的分析。随着现代管理理论到系统管理理论的发展,人的因素逐渐被重视,管理心理学应运而生。它最早以管理理论中的美国心理学家闵斯特伯格(H. Munsterberg)("工业心理学之父")的心理技术学理论、梅奥的人群关系理论、马斯洛(A. H. Maslow)的需求层次理论及德国心理学家勒温(K. Lewin)的群体动力理论为理论基础,自20世纪50年代开始在管理科学中逐渐发展成为一门重要的基础学科。

由此可见,管理心理学是管理科学中,侧重研究如何将劳动者作为管理的核心与动力来进行有效管理的那一部分。

3. 管理心理学与行为科学

行为科学是一个更广泛的概念,是一个综合的学科群。它把心理学、社会心理学、社会学、政治学、人类学、生物学、生理学、教育学、管理学等一切与人的行为有关的学科都融合到一起。行为科学的应用非常广泛,可以运用到政治、教育、医疗卫生等诸多领域,当把它运用到组织管理中,便称为组织行为学。组织行为学和管理心理学都是管理科学中的行为科学学派专门用于研究企业管理的分支学科。它们都研究组织管理中的个人和团体的心理和行为,其特点都是既注重个人因素,又注重组织因素,强调完成组织目标与实现个人目标的一致性,其理论基础都是心理学与管理科学的综合。

因此,两者之间的联系再密切不过了。所以,从早在20世纪60年代初期美国出现的系统的工业社会心理学、组织行为学、组织心理学和管理心理学的专著来看,名称虽然不同,但其内容基本相同,事实上,组织行为学和管理心理学的研究在这时已经趋向一致。从这个角度讲,管理心理学是行为科学的一个组成部分,即组织行为学部分。

管理心理学既是心理学的一个分支,也是管理科学领域中一门重要的独立学科。它以心理学为基础,综合了社会学、社会心理学、人类学、管理学以及其他学科的理论知识,研究组织管理中的人的心理及行为规律。因此,这门学科既带有自然科学的性质,又拥有社会科学的内容,属于边缘交叉学科。

1.2 西方管理心理学的发展历程

管理活动自古就有,可谓源远流长,但真正成为一门科学并形成一套比较完整的理论体系,则是始于20世纪初以泰勒为代表的科学管理理论。第二次世界大战后西方社会相对稳定的政治、复苏的经济和迅猛发展的科学技术,使得西方国家的生产劳动性质和劳动力结构发生了巨大的变革。随着"知识性劳动"和"白领工人"在劳动力结构中所占的比例不断扩大,之前的管理模式已不适合这种变化而遭到摒弃。随后美国和西方其他国家的学者开始寻找一些新的管理理论。

就管理心理学的发展而言,从工业心理学的提出到正式以管理心理学命名,大概经历了三个重要阶段,即古典管理心理学阶段、行为管理心理学阶段和现代管理心理学阶段。每个阶段都有丰硕的理论成就。

1.2.1 古典管理心理学阶段

古典管理心理学阶段大概从20世纪初发展至20世纪20年代,其理论研究的核心是如何通过改进工作条件、建立工作规范、加强管理的科学性来提高工作效率。主要代表人物是泰勒和闵斯特伯格。

1. 泰勒的科学管理理论

泰勒(F. W. Taylor)是科学管理理论的创始人。他认为劳资双方不应为争夺少得可怜的一小块利益而喋喋不休,而应设法提高生产效率,进而提高产出和利润,提高工资和改善劳动条件。只有这样,大家的日子才好过。他认为:"管理的主要目的应该是使雇主实现最大限度的富裕,同时也使每个雇员实现最大限度的富裕。"泰勒运用"时间-动作分析"的方法进行了"搬铁块""铲铁砂和煤炭""金属切削"等多项实验,提出了"劳动定额""工时定额""工作流程图""计件工资制"等一系列科学管理的制度和方法。泰勒的科学管理方法在很大程度上调动了工人的积极性,提高了生产效率。泰勒科学管理理论的弊端是把人视为机器的附属物,忽略了"人的社会性",这是该理论后来遭到批评的一个主要原因。

2. 闵斯特伯格的工业心理学理论

闵斯特伯格(H. Munsterberg)是工业心理学的主要创始人,他出生于德国,师从现代科学心理学的创始人、德国著名心理学家威廉·冯特(W. Wundt)。闵斯特伯格在德国莱比锡大学的心理学实验室中接受了正统的学术教育和训练,于1885年获得心理学博士学位。1892年受聘于哈佛大学,建立了心理学实验室并担任主任。在那里,他应用实验心理学的方法研究了包括知觉和注意力等方面在内的大量问题。闵斯特伯格对运用心理学研究方法研究工业中的实际问题十分感兴趣,于是他的心理学实验室就成为工业心理学活动的基地,成为后来的工业心理学运动的奠基石。

1912年,闵斯特伯格出版了《心理学与经济生活》一书,该书于1913年被译为《心理学与工业效率》。这本书里包含了广泛的工业心理学内容,成为心理学走上理论与实践相结合道路的一个重要里程碑。书中考察了诸如企业的科学领导、职业选择、生产训练以及其他有助于提高工人生产效率和企业家收益的因素,提出了后人广为传播的三项内容:"最合适的人、最合适的工作、最理想的效果。"

闵斯特伯格进行了大量的工业中实际问题的研究,其中最经典的一个研究是探明安全驾驶的无轨电车司机应具备的特征。他系统地研究了这项工作的各个方面,并且设计了模拟电车的实验室实验,结果发现一个好的司机应该能够在驾驶的过程中同时理解所有影响电车行驶的因素。同时,闵斯特伯格认为研究疲劳问题对提高工业生产效率也非常重要(见知识链接1-1)。闵斯特伯格的研究为工业心理学开辟了新的研究领域,并为后续的研究奠定了基础。

> **知识链接 1-1** 闵斯特伯格关于疲劳问题的研究
>
> 闵斯特伯格和他的继承者研究了许多工厂每天和每周的工作曲线。典型的日产记录显示出,每天上午9~10点钟产量有轻度的增加,午饭前产量下降,午饭之后产量又上升,但不如上午9~10点钟的情况,而下午下班前产量急速下降。一周的产量也显现出类似的情形,星期一的产量平常,星期二和星期三的产量最高,然后逐渐下降,直到星期六为止。

闵斯特伯格的研究方向和路线，以及所采取的方法对后来的人们有很大启示，在管理学上也有诸多应用。例如，他对工作中的个人进行科学研究，以使其生产效率和心理适应最大化；他认为应该用心理测验来选拔雇员，用学习理论来评价培训方法的开发，要对人类行为进行研究，以便搞清什么方法对于激励工人是最有效的；他还指出了科学管理与工业心理学两者都是通过科学的工作分析，以及通过使个人技能和能力更好地适应各种工作的要求，寻求提高生产效率。他的研究对于今天的人员甄选、员工培训、工作设计和激励仍有重要的影响。

但是，闵斯特伯格所考虑的面比较狭窄，仅限于个体心理的研究，缺乏社会心理学和人类学的观点和论据。所以，他的工业心理学在当时未能引起更为广泛的注意，而在其影响下的研究和理论为工业心理学增加了深度和广度，也得到了更多人的重视。

1.2.2 行为管理心理学阶段

行为管理心理学阶段在20世纪20~40年代，这一阶段理论研究的特点是以人的行为为中心，研究如何通过满足人的需要、调整人的行为、改善人际关系来激发人的积极性和创造性，进而最终提高工作效率。

1. 霍桑实验和人际关系理论

20世纪20年代，位于美国芝加哥城郊外西方电器公司的霍桑工厂，是一家制造电话机的专用工厂，它设备完善，福利优越，具有良好的娱乐设施、医疗制度和养老金制度。但是工人仍然愤愤不平，生产效率也很不理想。为此，1924年美国科学院组织了一个包括各方面专家在内的研究小组，对该厂的工作条件和生产效率的关系进行考察和实验，就此拉开了著名的霍桑实验的序幕。霍桑实验长达8年：1924年11月至1927年4月，主要是在美国国家科学委员会的赞助下进行；1927—1932年，主要是在美国哈佛大学心理学教授梅奥的主持下进行。整个实验前后共分四个阶段。

（1）照明实验

照明实验在霍桑工厂前后共进行了两年半的时间。实验是在挑选出的两组绕线工人中进行的。一组是实验组，另一组是参照组。实验的目的是研究照明条件的变化对生产效率的影响。具体实验过程见知识链接1-2。

知识链接 1-2　照明实验简介

在实验过程中，实验组不断地增加照明的强度，而参照组的照明强度始终保持不变。研究者想通过实验知道照明强度的变化对生产效率的影响，但实验结果却是两组的产量都在不断提高。后来，他们又采取了相反的措施，即逐渐降低实验组的照明强度，一直降到0.06烛光，几乎和月光差不多的程度，这时候产量才开始下降。

此外，研究人员还从工作报酬（集体工资和个人计件工资）、休息时间、工作日和工作周的长短等方面进行了实验。结果表明，这些条件的变化与生产效率之间并不存在明确的因果关系。研究人员感到毫无意义，因而纷纷退出实验小组。霍桑实验陷入了困境。

1927年，梅奥率领的哈佛实验小组连同电器公司的人员成立了一个新的研究小组，开始了霍桑实验里程中更为艰辛的跋涉。霍桑实验的第二阶段从此开始。

（2）福利实验

福利实验又称实验室实验，实验目的总的来说是查明福利待遇的变化与生产效率的关系（见知识链接 1-3）。

知识链接 1-3　福利实验简介

梅奥等人挑选了 6 名女工，让她们在同其他工人隔离的控制条件下工作。实验过程中逐步增加一些福利措施，如缩短工作日、安排工间休息、调节工作场所的温度、免费供应茶点等，结果产量提高了。2 个月后，他们取消了这些福利措施，发现产量不仅没有下降，反而继续上升。

由于实验结果显示增加福利措施对生产效率并无直接影响，所以研究人员进行了更深入的分析，发现导致生产效率上升的主要原因有两点：一是参加实验的光荣感。实验开始时，6 名参加实验的女工曾被召进部长办公室谈话，她们认为这是莫大的荣誉。这说明被重视的自豪感对人的积极性有明显的促进作用。二是成员间良好的相互关系。管理人员对女工态度和蔼，女工之间的关系也比较融洽，她们能在友好、轻松的气氛中工作，从而激发了劳动热情。研究人员由此得出结论：在调动员工积极性和提高产量方面，人际关系是比福利措施更重要的因素。

（3）访谈实验

访谈实验又称谈话实验，目的是了解工人对诸如工作状况、工资待遇、工作监督、公司方针等方面的真实态度（见知识链接 1-4）。

知识链接 1-4　访谈实验简介

1928—1930 年，梅奥等人组织了大规模的员工态度面谈调查，谈话人数达 21126 人次。在访谈的过程中，访问者起初提出的问题大都是事先设计好的（即先准备好问题提纲，然后以受访者回答的形式进行面谈），例如工厂的督导工作及工作环境等方面的问题。虽然访问者事先声明将严格保守秘密，请工人放心，可是受访者在回答问题时仍然遮遮掩掩，存有戒心，怕厂方知道后自己会遭到报复，谈话总是无关痛痒。后来实验人员放弃设计好的问题，采用事先不规定内容而让受访者自行选择话题的访谈形式，并将每次访谈的平均时间从 30 分钟延长到 1～1.5 小时，多听少说，详细记录工人的不满和意见。

这次访谈实验后，工厂的产量出现了大幅度的提高。研究者分析认为，这是由于工人长期以来对工厂的各项管理方法有许多不满，但无处发泄，通过自由面谈的方式倾听了他们的意见后，工人由此而感到心情舒畅，因而使产量迅速上升。

（4）群体实验

群体实验又被称为观察实验，其目的是通过观察以证实在工人当中存在着一种非正式的组织，这种非正式的组织对工人的态度和行为有着极其重要的影响（见知识链接 1-5）。

知识链接 1-5　群体实验简介

实验者为了系统地观察在实验群体中的工人之间的相互影响，在车间中挑选了 14 名男性职工，其中包括 9 名绕线工、3 名焊接工、2 名检验工，让他们在一个单独的房间内工作。

实验开始时,研究人员向工人说明,他们可以努力地工作,因为在这里实行的是计件工资制。研究人员原以为,实行这一套办法可以使职工更为努力地工作,然而结果却是出乎意料的。事实上,工人实际完成的产量只是保持在中等水平上,而且每个工人的日产量都是差不多的。根据动作和时间分析,每个工人应该完成的标准定额为 7312 个焊接点,但是工人每天只完成 6000～6600 个焊接点就不干了,即使离下班还有较长一段的时间,他们也会自行停工。这是什么原因呢?研究者通过观察了解到,工人们自动限制产量的理由是:如果他们过分努力地工作,就可能造成其他同伴失业,或者公司会制定出更高的生产定额。

研究者为了了解工人之间能力的差别,还对实验组的每个人进行了灵敏度和智力测验,发现 3 名生产最慢的绕线工在灵敏度的测验中得分是最高的。其中最慢的 1 名工人在智力测验上排行第一,灵敏度测验排行第三。测验的结果和实际产量之间的这种关系使研究者联想到群体对这些工人的重要性。工人可以通过提高其自身产量而得到小组工资总额中较大的份额,而且减少失业的可能性,然而这些物质上的报酬却会带来群体非难的惩罚,因此他们认为每天只要完成群体认可的工作量就可以相安无事了。

实验表明,在正式组织中存在着自发形成的非正式群体,这种群体对内在于控制其成员的行为,对外则为了保护其成员,使之不受来自管理阶层的干预。至于它形成的原因,并不完全取决于物质利益,主要是与更大的社会组织相联系。

霍桑实验的重大贡献在于,它不同意泰勒把人只看成"会说话的机器"或人的活动只受金钱驱使的观点,而是认为人是"社会人"。霍桑实验的另一个重大贡献在于它发现并证实了"非正式组织"的存在,这种"非正式组织"有其特殊的感情倾向和行为规范,控制着每个成员的行为,甚至影响整个正式组织的活动。梅奥将霍桑实验所取得的一系列成果进行了归纳、总结和整理,于 1933 年正式出版《工业文明的人类问题》一书,并由此提出了著名的人际关系理论。

2. 群体动力理论

群体动力理论的创始人是德国心理学家勒温(K. Lewin)。勒温认为,人的心理和行为取决于人的内在需要和周围环境的相互作用。当人的需要没有得到满足时,会产生内部力场的张力,而客观环境中的一些刺激起着导火索的作用。人的行为动向取决于内部力场与情境力场的相互作用。根据"心理场"理论,他提出了著名的行为公式:

$$B = f(P, E)$$

式中,B 代表行为(Behavior),P 代表个人(Person),E 代表环境(Environment),f 代表函数(function)。

此公式的含义是,个人的一切行为(包括心理活动)是随其本身与所处环境条件的变化而改变的。也就是说,一旦两个或两个以上的人在一起,就会产生一种复杂的人与人之间的关系,这种关系确定了人们的行为。这些力量的相互作用和它们对群体的影响,就构成了群体的动力(群体活动的动向)。如果一个组织要最大限度地利用人力资源和满足成员最高水平的需要,就必须注意使组织群体中的个人之间相处得很好,这一点对领导者尤为重要。群体动力理论对于管理心理学中有关群体心理的研究产生了巨大的影响。1947 年勒温去世后,他开辟的这一领域在他的学生们手中得以发展，勒温的学生们详尽地研究了影响群体行为的诸多因素，如群体规范、群体沟通、领导等，创立了旨在提高群体中人际关系技能和学习怎样与他人进行合作的"敏感性训练"方法。

3．马斯洛的需要层次理论

马斯洛（A. H. Maslow）于1943年出版了《人的动机理论》一书，提出了著名的需要层次理论。他认为人有五个层次的需要，由低到高依次为：生理需要、安全需要、爱与归属需要、尊重需要和自我实现需要。马斯洛认为，人的行为发展取决于人的需要的发展，高层次需要和行为的出现有赖于低层次需要的基本满足。也就是说，如果希望一个人能充分发挥其创造才能，就要提供条件使其一系列先行需要得到满足。在当代，没有受过马斯洛思想影响的管理者很少，他的理论是管理心理学和行为科学的基础理论之一。

1.2.3　现代管理心理学阶段

现代管理心理学阶段大致从20世纪50年代开始发展至今，这一时期人们普遍认识到在管理工作中物质资本的作用不再突出，而人的作用日益显著，人已逐渐成为一种特殊的资源。最大限度地开发人力资源成为管理心理学研究的主要内容。这一时期管理心理学的理论研究可以分为两大类：一类是研究领导行为、管理决策、组织变革与发展、团队建设、沟通、激励和跨文化管理理论等问题；另一类是从个体差异的角度研究职务分析、人员选拔、培训、绩效评价和薪酬分配等理论和方法。也就是说，现代管理心理学研究者更强调从心理学和社会学的角度来研究管理问题，强调社会环境、个性发展以及人际关系对提高工作效率的重要性。这一时期研究者们通过大量的实践研究，总结出丰硕的理论成果。这些成果被越来越广泛地应用到组织管理中，并在实践中得到进一步的完善与发展。

1.3　管理心理学对人性的假设

了解管理心理学的发展历程之后，本节将介绍管理心理学对人性的假设。管理心理学在管理实务中最主要的研究对象是员工的态度与行为，所有管理制度的根本都来自于对人性的假设，只有通过对人的了解，管理者才能规划出适宜的制度来提升管理效能。

随着社会、经济的发展，管理思潮不断演变，管理心理学对人性的假设产生了以下主要观点：X理论、Y理论，以及经济人、社会人、自我实现人及复杂人假设。

1.3.1　X理论与Y理论

美国工业心理学家麦格雷戈（McGregor）曾说过："每项管理决策与措施都是依据有关人性及行为的假设。"也就是说，管理者的管理策略、管理方式及管理行为等，均受到管理者对人性所持的假设的影响。所谓对人性的假设，就是管理者看待人的方式，以及解读人的动机与行为的基本出发点。

麦格雷戈在1960年出版了著名的《管理理论X或Y的抉择——企业的人性面》一书，他认为每一个管理决策的背后都必然有某些关于人性本质与个人行为的假设。管理者依据他们看待员工的方式来思考、规划与执行管理制度。所以,当管理者对人性假设的看法不同时,所展现的管理方式也会随之不同。

1．X 理论

X 理论对人性基本假设的核心思想为:"一般人天生就厌恶工作,所以会尽可能地逃避工作。"在这样的对人性的基本信念下,管理者必须通过管理制度来压制人们逃避工作的本性,仅依赖奖励制度是无法促进员工努力工作的,唯有给予惩罚的威胁,才能督促员工有好的工作表现。

管理者若秉持 X 理论来看待员工,会认为员工缺乏努力工作的动机,所以会设计各种防弊和惩罚的制度,以避免员工逃避工作职责。例如设计请假制度,若员工无故缺席、迟到,就会扣减其薪资,通过这样的惩罚制度来监督员工的出勤。在认为员工不喜欢工作的假设下,X 理论发展出一项控制的基本原则——"层级原则",即通过组织的层级与权威来监督和控制员工。例如,厂长掌控副厂长的工作目标达成状况,副厂长管理各生产线经理的绩效,生产线经理则直接指挥和监控各位员工的工作表现,通过这种组织阶层结构的设计来防止员工逃避工作职责。

2．Y 理论

Y 理论对人性基本假设的核心思想为:"一般人并非天生就厌恶工作,若情况许可,个人不仅能接受职责,而且还会设法去完成工作,以追求工作上的满足。"在这样的对人性的基本信念下,管理者认为人是喜欢工作的,而且工作后的成就感可以让员工感到满足,所以管理者会设计各种激励和奖赏制度,以建立良好的雇佣关系。

秉持 Y 理论的管理者认为员工会自动自发地完成工作使命,员工渴望使用自己的智力与创造力来完成工作上的挑战,通过达到工作目标来产生自我实现的满足感。管理者认为员工会主动地追求工作目标的达成,所以会通过制度来激励员工展现更高绩效的工作行为。例如设计高绩效人力资源管理制度,通过加薪、升迁与授权来奖励绩效表现优秀的员工,以激励员工持续投入工作,追求更好的工作表现。依据 Y 理论,管理者应致力于创造一种充满挑战的工作环境,通过激励措施来鼓励员工对组织目标产生承诺,同时也提供给员工一个发挥自己的专业能力,并在工作中获得满足的机会。

麦格雷戈就管理立场所提出的人性假设并非是完全对立的概念,而是一个连续光谱带的两端,也没有孰优孰劣的绝对之分。换言之,X 理论与 Y 理论均有其适用性,管理者究竟应秉持何种人性假设,不仅是个人的价值选择与理念实践,还应视其所处的管理情境而定。再者,员工具有个体差异,并非所有员工均属天性懒惰,企图逃避工作责任,亦非所有员工都喜好接受挑战,渴望在工作中寻求自我满足。因此,管理者必须考虑组织情境与员工的个体差异,妥善运用激励与防弊的管理制度,而非一味地坚持单一措施造成管理制度的僵化。

1.3.2　经济人、社会人、自我实现人及复杂人假设

沙因(E. H. Schein)在其所著的《组织心理学》一书中,整合了经济学、社会学及心理学对人性的看法,提出了管理者对人性的四种假设:经济人、社会人、自我实现人及复杂人。

1. 经济人的假设

经济人的假设来自经济学的劳动交换理论，认为人是自利的，人生的目标在于追求快乐，人的所有行为都是在追求自身的最大利益。人们工作的动机是为了获得经济上的报酬，因此最能有效激励员工努力工作的工具即是经济性诱惑。

依据经济人的假设，管理者会善用经济报酬作为诱惑，通过薪资与奖酬来激励员工的绩效表现，以控制的手段来引导员工达成工作目标。例如，管理者会通过金钱的奖酬来激励员工，若员工的绩效未能达到标准，则无法获得奖金；唯有达到工作目标，员工才能获得奖赏。

2. 社会人的假设

社会人的假设则认为个人的满足主要来自社会性的需求，唯有满足人际互动的需求才能激励个人。也就是说，员工最主要的工作动机是社会需求，借工作中的人际关系获得社会互动，例如通过与同事的合作来获得认同，或与上司的互动来获得支持。根据社会人的假设，管理者除了要注意工作目标的完成外，还须格外重视员工的社会需求，例如对工作团队的归属感、对组织的认同感等。若管理者无法满足员工对人际互动的需求，员工则会因社会需求无法得到满足而疏离组织，甚至产生离开组织的意图。为满足员工的社会需求，组织可通过授权和参与管理的方式让员工将自己定位成团队的一员，从而使其社会需求得以满足。

3. 自我实现人的假设

自我实现人是指人会积极主动地利用自己的能力，在工作中充分发挥潜能，也唯有尽最大限度地努力，人才能在工作中实现自己的理想，获得最大的满足。基于上述对人性的假设，管理者认为员工渴望在工作上发挥所长，更会自动自发地把个人目标与组织目标结合起来，在工作中寻求人生的意义与自我的满足。

自我实现人重视的是工作上的挑战与自主，他们追求更多成长与学习的机会来获得自我满足。管理者必须致力于营造一个有意义的工作环境，让员工在工作上拥有自主权，可以在专业能力范围内做决策，这样才能满足员工的自尊与自我实现的需求，从而激发员工对工作的投入。

> **案例链接**　职场新鲜事——你不用来上班
>
> 谁说上班一定是"朝九晚五"？顺应职场大环境的变迁，还给员工"工时"的选择权，让他们能更好地兼顾工作与家庭、工作与休闲，照顾员工的心理感受，还给他们尊重与自由，这是越来越多的公司实施"弹性工时"的原因。也就是说，让员工享有选择上下班时间的部分自由，如由原本的朝九晚五改为上午10点上班，下午6点下班。弹性工时的原则是每周工作时数不变，在某些限度下，可依员工的自我需求调整上下班的时间。研究证明：弹性工时对绩效的提升确有显著的影响，更重要的是士气的提升，以及对公司向心力的增强。不过，下面这个极端弹性工时的案例，还是会让人觉得不可思议！
>
> 北美某家市场占有率极高的连锁3C卖场，曾尝试了一场组织大变革，一是为了激励员工，二是想开发潜在的人力市场，吸引有"家庭生活负担"的女性和不想被绑在办公室的潮流青年加入，他们试图建立一个"完全绩效导向的工作环境"。
>
> 说得轻松，一开始其实阻力很大，疑虑也很多，有人担心员工偷懒，公司业绩会下滑；

有人担心没有面对面的接触,工作团队精神难以为继;也有人担心控制不了自己,结果工作与生活完全没了界限。

不过,主管阶层还是决定一试,也有一个部门自愿当"小白鼠"。没想到,实验的效果出奇地好:员工自愿离职率从16%降到0,业绩则上升35%,员工的投入感也明显增加。当然,"副作用"也是有的,如团队精神衰弱、沟通困难增加等。但是瑕不掩瑜,这项极端尝试依然是成功的。

"弹性工时"其实是最常用的一种"工作再设计",其目的就是希望能改善员工的工作态度与生产力,通过不同于常规旧习的工作安排与规划来激励士气,增强员工的工作动机。从国内外的研究结果来看,此种措施基本上是成功的。当然,不是每家公司都适合用"弹性工时",更不是每家公司都能实现前述的极端情况,但这无疑是值得考虑的组织变革选项之一。

4. 复杂人的假设

无论是经济人、社会人还是自我实现人的假设,都将人的需求单一化,而复杂人的假设则认为人本身是十分复杂的,每个人都有许多不同的需求,而这些需求很可能会随着年龄与发展阶段的不同产生相应的变化。也就是说,随着人生角色的变化,人在不同阶段会产生不同的需求。此外,每个人的动机也不相同,常常因时、因事、因地而产生变化,也会因为身处不同的组织、不同的管理方式而有极大的变动性。管理者无法使用一套固定的管理制度来管理所有员工,因此,管理者必须具有敏锐的观察能力,洞察员工的个别需求。

复杂人的假设较贴近现实情境,我们都知道,人是复杂且具有个体差异的,管理者必须针对不同员工的需求采取弹性的管理措施,而非对员工一视同仁,使用单一不变的方式来管理。例如,并非所有员工的工作动机都在于追求经济性报酬,有人将金钱视为生活的基本保障,认为工作是"为了五斗米折腰";有人将金钱视为权力的象征,认为薪资就象征了个人的社会地位;也有人工作是为了使命感,通过工作目标来追求自我实现。所以,管理者无法仅使用金钱作为唯一的激励手段,对于不同员工应采取相对有效的激励方式,才能适才适所地激发员工的潜能。

经济人、社会人、自我实现人及复杂人的人性基本假设与相应的管理制度如表 1-1 所示。

表1-1 经济人、社会人、自我实现人及复杂人的人性基本假设与相应的管理制度

人性假设	基本假设	管理制度
经济人	追求快乐 重视最大经济利益	控制与防弊 使用金钱作为奖酬
社会人	追求社会性需求 重视人际关系的满足	强调归属与认同 以团队合作达成目标
自我实现人	追求工作的内在意义 重视自我潜能的发挥	自主与授权 给予挑战性的工作
复杂人	追求多种不同需求 需求会随着情境而变	权变与弹性 使用多元的激励措施

练习题

一、单项选择题

1. 群体动力理论的创始人是德国心理学家（　　）。
   A．冯特　　　　　　　　　　B．马斯洛
   C．闵斯特伯格　　　　　　　D．勒温

2. 梅奥在霍桑实验的基础上所提出的理论被称为（　　）理论。
   A．群体动力　　　　　　　　B．人际关系
   C．需要层次　　　　　　　　D．科学管理

3. （　　）是研究者有目的地通过严格控制或创设条件，主动引起被试的行为变化，从而进行研究的方法。
   A．测验法　　　　　　　　　B．观察法
   C．个案法　　　　　　　　　D．实验法

4. 能够对某一个体、某一团体或某一组织进行详尽分析，能够提供动态的见解，对于组织内部问题的诊断和纠正极有帮助的方法是（　　）。
   A．测验法　　　　　　　　　B．观察法
   C．个案法　　　　　　　　　D．实验法

二、多项选择题

1. 管理心理学的研究内容包括（　　）。
   A．个体心理　　B．群体心理　　C．公众心理　　D．组织心理
   E．顾客心理

2. 管理心理学常用的研究方法主要包括（　　）。
   A．观察法　　　B．实验法　　　C．问卷法　　　D．测验法
   E．个案法

3. 霍桑实验主要包括哪几个阶段（　　）。
   A．照明实验　　B．福利实验　　C．访谈实验　　D．群体实验
   E．心理实验

4. 管理心理学的产生和发展经历了（　　）三个阶段。
   A．古典管理心理学　　　　　　B．行为管理心理学
   C．工业心理学　　　　　　　　D．群体动力学
   E．现代管理心理学

三、思考题

1. 请列出管理心理学的五大研究目的。
2. 请简述管理心理学的三种研究方法。
3. 请简述经济人的假设。
4. 请简述社会人的假设。
5. 请简述复杂人的假设。

实训项目

实训内容："橱窗中的我"

实训目的：心理学最重要的目的是教人自我探索以及了解他人，知己知彼，才能百战百胜。在本实训项目中，每个人都如同是橱窗中的商品，请尽情展示自己，并互相发觉彼此的优缺点吧！本实训项目的主要目的是：①刺激自我探索与自我开放；②通过分享与反馈，催化团体成员间的互动。

实训说明：1. 人数：不限，2人一组。
　　　　　　2. 时间：约30分钟。
　　　　　　3. 材料：每人一份"橱窗中的我"表格、一支笔。

实训步骤：

1. 老师先说明实训目的，鼓励学生通过实训反思人生价值，整理个人重要的人生经验，并开放自己与他人分享，学习如何接纳别人。

2. 请每位学生先自行完成"橱窗中的我"表格（见表1-2）的填写，可只记录关键词或自己看得懂的符号。

表1-2　橱窗中的我

姓名：	最喜爱的东西：
家庭背景：	最常从事的休闲活动：
学校：	自己最满意的特质：
专长：	最得意的事：
最讨厌的东西：	人生座右铭：
最不喜欢做的事：	对人生的期望：
自己最不满意的特质：	学校里最令人困扰的事：
最难过的事：	家庭生活中最困扰的事：
认为自己最不寻常的是：	

3. 待全部学生都完成后，请大家自选一位伙伴，就"橱窗中的我"中所列的项目进行分享与回馈。可轮流进行，一人分享，另一人倾听与反馈，再角色互换。

4. 活动结束后，老师带领讨论分享与反馈的感受。

此实训项目适合在学期初进行，能够引导学生学习自我探索，也有助于团体破冰及后续活动的进行。

第 2 章 个体认知与管理

■ 学习目标 ■

知识目标
- 掌握认知的概念及其涵盖的心理活动。
- 掌握社会认知的概念及内容。
- 理解社会认知效应。
- 理解归因及归因理论。

能力目标
- 能解析认知所涵盖的各项心理活动。
- 能运用社会认知理论分析社会现象。
- 能运用归因理论进行科学的归因管理。

引导案例 >>> 谁对谁错？

警察提供的报告显示，8月30日下午1点，54路公交车发生了一起小型无伤亡事故。警察到达事故现场时，无法确定公交车司机所在的位置。因为事故发生后这辆公交车几乎无法驱动，乘客被换到另外一辆车上，事故车被送回城市公交车库去维修。

新上任的王经理仔细查阅了警察报告和两份附加报告。两份附加报告分别由城市运输局的赵主任和当事司机刘刚提供。

赵主任认为，虽然刘刚8年来一直是一名不错的司机，但是在过去15个月中他的表现有大幅度的滑坡。刘刚以前一直是在下班后才会和其他司机一起去喝酒，但最近他被怀疑在工作期间饮酒。另外，根据赵主任的报告，事故发生当天的下午3点，有人看见刘刚在酒吧喝啤酒。于是赵主任引用城市运输局协议中的条款为报告做出结论：条款明确禁止职员在上班时间饮用任何含酒精的饮料，如有违反，可以将当事人解雇。因此他建议立刻解雇刘刚。

然而，刘刚所阐述的事实却截然相反。他声称自己为了避开一个骑自行车的人而将车紧急转向，却因此撞倒了一棵树，给公交车造成了轻微的损害。转向之前，他正用对讲机说话，紧急转向的时候对讲机被摔坏了。由于对讲机摔坏了，刘刚不得不走四个街区，找到最近的电话亭向公司报告事故，并打电话向协会报告了所发生的一切。然后，当他回到事故现场的时候，他的车已经不见了。当时他不知道该怎么办，并受到了一些惊吓，因此决定返回总站。由于走了5公里的路程，并且他的轮班到下午3点钟的时候已经结束，因此他停下来点了杯啤酒，然后又很快地回到了总站。

【引入问题】

1. 为什么赵主任和刘刚提交的两份报告会如此不同？为什么他们两人对同一事件会有着不同的知觉？
2. 如果你是王经理，你还需要哪些其他信息？你将如何弄清楚自己对事件的知觉？
3. 此案例给予你的管理启示是什么？

个体的行为往往不以事实真相为依据，而是以他们的所见、所感为依据。为了更好地理解个体行为，我们首先要探讨人的认知及其所涵盖的各项心理活动。

2.1 认知概述

认知是人类重要的心理现象之一，是主体对客体的反应。主体对客体的认知差异，会导致其行为反应的差异。组织成员对人、对事、对己的认知是组织行为管理的特点。个体、群体及组织心理与行为的问题都始于认知，尤其是社会认知，社会认知有无偏差会直接影响生产与管理的绩效。

认知过程是指人认识客观事物的表面属性和内在联系的心理活动过程，也是最基本的心理过程，它主要包括感觉与知觉、注意与记忆、思维与想象等心理活动环节。

2.1.1 感觉与知觉

1．感觉

感觉是人脑对直接作用于感觉器官的客观事物的个别属性的反映。感觉的产生，首先要有客观事物作用于感觉器官而产生刺激，其次是由刺激所引起的神经生理活动，最后在大脑中枢产生感觉体验。它分为外部感觉和内部感觉，其中外部感觉包括视觉、听觉、嗅觉、味觉和触觉，内部感觉包括运动觉、平衡觉和机体觉。感觉是认识过程的初级阶段，是人认识外部客观世界的开端，也是意识形成和发展的基础。

2．知觉

知觉是人脑对直接作用于感觉器官的客观事物的整体反映，是人对感觉信息的组织和解释的过程。它具有整体性、选择性、理解性、恒常性四个特性。

（1）知觉的整体性

知觉的整体性指人根据自己的知识经验把直接作用于感官的客观事物的多种属性整合为一个统一整体的过程。

> **案例链接 2-1 你的知觉整体性如何？**
>
> 知觉的整体性能够将碎片化、零散的信息，经过大脑加工，形成整体的印象和感受。但受人的差异性影响，这种统一整体化的过程也会有所差异。请同学们认真观察图 2-1 中的两张图，你看到了什么？如果你看到的是人像，又有多少人呢？

（2）知觉的选择性

知觉的选择性指人根据自身的需要，有选择地将客观刺激作为知觉对象进行加工的过程。知觉是比感觉更高一级的反应形式。复杂的知觉是要靠学习与经验获得的。影响知觉选择性的因素可以是客观因素、主观因素、经验知识、个体性格、个体气质等。正是这些综合因素的影响，使得个体知觉出现选择性，呈现不同的知觉过程及结果。这里主要介绍客观因素和主观因素。

图 2-1　知觉整体性测验图

从客观因素的角度分析，主要有以下三个具体因素：①知觉对象本身的特点。在周围环境中，那些刺激作用强烈而突出的事物，一开始特别容易引起人们的无意注意，成为知觉对象。例如形状的大小、强度的高低、对比性的强弱、动态与静态、重复次数的多少都会对知觉选择性产生影响。②对象和背景的差别。对象与背景差别越大，越容易被知觉；对象相对背景越动态，越容易被知觉；对象强度越强，越容易在背景中脱颖而出。③对象的组合。接近原理，个体总是会情不自禁地将相近的事物连接在一起，形成一个整体；相似原理，个体总是会情不自禁地将相似的事物连接在一起，形成一个整体；闭锁原理，个体总是会情不自禁地将看似封闭的事物连接在一起，形成一个整体，即使它们并不是真正的完整的组合；连续原理，个体总是会情不自禁地将看似连续的事物连接在一起，形成一个整体，即使它们并不真正连续。

从主观因素的角度分析，主要有以下两大因素：①动机。动机是指人们行动的原因。在国外，也有人把动机称作驱动力。产生动机的来源包括内在条件（需要）和外在条件（刺激）。实验证明，动机在很大程度上决定着人们的知觉选择（见案例链接 2-2）。②兴趣。兴趣的不同往往决定着知觉选择性的差异。一般来说，最感兴趣的事物会首先被知觉到，而那些对于观察者来说无兴趣的事物则往往被排除到知觉的背景中（见案例链接 2-3）。

案例链接 2-2 **你看到了什么？**

　　组织者在实验前建立了两个实验组：实验组一的被试者在实验前 1 小时进餐，而且让他们吃得很饱；实验组二的被试者则在实验前的 8 小时内都不准吃东西。实验开始后，让这两组被试者看一些模糊不清的图片，并请他们说出所看到的图片内容。实验的结果让人吃惊，那些在实验前 8 小时都没吃过东西的人中，很多人都将图片内容说成是某种食物。这在一定程度上说明了随着饥饿程度的增加，被试者会更有可能把模糊不清的图片内容识别成与食物相关的事物。

案例链接 2-3 **钱币你怎么看？**

　　研究者采用心理物理法中的调整法来测定被试者对标准刺激（一元、五元、十元、一百元）估计的大小。例如，研究者会询问被试者："在你心目中，一元的价值有多少？你想拥有吗？"结果表明：所有儿童对钱币价值大小的估计都会比成人高一些，而贫困儿童比富裕儿童对价值的估计更高，且更想拥有。其原因在于，同等面值的钱币对于贫困儿童则更有价值，因此他们对钱币价值的估计就会比富裕儿童要高一些，由此产生的兴趣自然也就更大。

（3）知觉的理解性

知觉的理解性指人以知识经验为基础对感知的事物加工处理，并用词语加以概括说明的加工过程。

（4）知觉的恒常性

知觉的恒常性指人的知觉映象在一定范围内不随知觉条件改变，而保持相对稳定特性的过程。

2.1.2　注意与记忆

1．注意

注意是人的心理活动在特定阶段、特定时间对特定对象的指向和集中。正因如此，指向性和集中性是注意的两个基本特征。指向是心理活动有意或无意的选择结果，集中是对选择结果的聚焦。

2．记忆

记忆是人脑对过去经验的一种保持以及再现，或者说记忆是人脑对经历过的事物的一种留存性反映，包括识记、保持、再认和回忆四个环节。

2.1.3　思维与想象

1．思维

思维是对客观事物的一种概括，属于间接认识，是认识的高级形态。与感觉和知觉相比，三者的相同点在于都是人脑对外界客观事物的心理反映，都属于心理活动层面的认识过程。三者的不同点在于感觉和知觉是人脑对外界客观事物的直接反映，而且往往反映的是客观事物的外在属性，具有直观性和形象性；而思维是建立在感觉和知觉基础上的，通过获取一定量的感性素材才能展开推论、提出假设，并在检验这些假设的过程中揭示感觉和知觉所不能揭示的事物本质及其内部规律，具有间接性和概括性。此外，感觉和知觉都属于认识的初级阶段，即感性认识阶段；而思维属于认识的高级阶段，即理性认识阶段。

从总体上分析，思维具有概括性和间接性两大基本特征。思维的概括性指的是基于一定量的感性材料，把同一类事物共同的、本质的特征提炼出来，并加以概括，形成抽象的概念；思维的间接性则是指它不能反映直接作用于感觉器官的事物，而是需要借助一定的认知媒介和一定的知识经验，实现对客观事物的间接反映。

2．想象

想象是指人脑基于感觉和知觉，对已有的旧表象进行加工、重组，以形成新的形象的心理过程。想象具有如下特征：①它在人脑中呈现的形象往往是直观、具化的事物，而不是词或者符号；②想象中出现的形象往往是新的，它不是原有旧表象的简单再现，而是有一个加工改造的过程。可以说，想象来源于现实，又高于现实；既有现实的元素，也有创新的要素。

2.2 社会认知

2.2.1 社会认知的含义及特点

1．社会认知的含义

社会认知是关于社会现象，尤其是对社会中人的认知。人是社会的人，总是处在一定的社会环境和关系之中，人总是同他人联系和交往的。社会认知是个人对他人的心理状态、行为动机、意向、个性及社会关系等做出推测与判断的过程。社会认知的过程一方面要基于认知者的过去经验及现有素材，另一方面又要依托认知者的思维活动（如信息加工、推理、提炼、归纳等）。社会认知是个体行为的基础，个体的社会行为是其在社会认知过程中做出各种裁决的结果。同样，在组织管理中，要加强组织成员的人际沟通，建立良好的人际关系，正确地选人、用人，激发员工的工作热情，都离不开正确的社会认知。

2．社会认知的特点

社会认知存在和发生于人与人的相互影响和相互作用之中，因此，具有一些与物体知觉不同的特点。

（1）认知主体与客体之间的相互作用

在对物体的认知过程中，认知主体与客体之间的关系是单向的；而在社会认知过程中，认知主体与客体之间的关系是双向的，往往互为主客体。你认识他人，而他人也在认识你。例如，你认知对方过程中表达的善意，往往也会使对方在看待你的时候报以善意。

（2）主观推断

社会认知是包括感知、判断、推测和评价在内的社会心理活动，所依据的重要参照标准是认知者的内在经验。当认知者个人经验不足或推断所依据的线索不足时，就容易出现"以己度人"的情况，发生认知偏差。

（3）受认知对象社会意义的影响

以社会认知对象的一些社会特性，如角色、地位、影响力、权威性等，所引起的认知"期望"作为推断、评价的参照系，容易影响认知结果。

社会认知的上述特点，正是人们在人际交往中容易发生认知偏差，以及大多数人倾向于进行自我"印象整饰"的基本原因。由于社会认知的复杂性，管理者在与员工的交往中应时刻注意克服不容易避免的认知偏差。

2.2.2 社会认知的内容

社会认知是一种最基本的社会心理过程。一个人对人与事的态度及其人际交往方式和社会行为的发生，都是以社会认知为基础的。社会认知包括自我认知（对自己的认知）、他人认知（对他人的认知）、人际认知（对人际关系的认知）、角色认知（对社会角色的认知）四个方面。

1．自我认知

自我认知又称自我意识，是指个体对自己的心理和行为状态的知觉。换句话说就是自己对自己的评价，是个体的自我观。这种自我认知犹如一幅完整的自画像，是由很多要素构成的统一整体。

> **知识链接 2-1　自我认知**
>
> 苏联学者麦尔林认为，自我意识（自我认知）可以划分为四个部分：①同一意识，即区别于对自己和对其他事物单方面认知的特殊意识；②对活动主体的自我意识，即作为对积极从事活动的物质主体——自身的自我意识；③对心理特性的自我意识，即人对自己的心理活动及其个性的认知；④社会与道德的自我评价，即对自己的社会地位、社会作用、社会价值以及道德上的责任与义务的自我认知。
>
> 美国心理学家威廉·詹姆斯认为，自我认知包括物质自我、社会自我和精神自我三个层面。物质自我是自我认知最粗浅的形态，是指人对自身存在的一种自觉意识。当个体能够将自己的躯体同他人区别开来时，物质自我的认识就产生了。社会自我是指个体对自身在社会上的地位或荣誉的意识。这种地位或荣誉与个体的社会职业、所处的社会制度及个体所归属群体的道德规范有关。精神自我是指个体对自身内在的智慧、能力、道德、思想的认知，属于比较深层次的自我认知。

企业管理人员要有意识地鼓励青年人，不要只注重物质自我的追求，而要有社会自我和精神自我的追求。只有坚持追求社会自我和精神自我，人的思想境界才能不断提高。

2．他人认知

他人认知是指对别人的动机、情感、意向、性格等方面的认知。我们在认识他人时，除了从言谈举止以及外表进行了解外，最重要的就是观察其表情。当然，一个人的喜、怒、哀、乐等情绪不仅以面部的表情表达，还会以其说话的语气、手势动作等形式表露。一个人对自己的认知，主要通过别人对自己的态度、看法，以及自己的行为结果与自己的期望、别人的评价来实现。以他人为"镜"而形成的"镜像自我"，是一个人个性中的核心成分，是"自我概念"（即对自己的基本看法）形成的重要依据。管理者作为员工的"重要他人"（即对其成长起重要作用的人，包括父母、管理者和同伴），给员工以正面要求、积极评价是十分必要的。

3．人际认知

人际认知是指对人与人相互关系的认知，包括对自己与他人，以及他人与他人之间关系的认知。在识别人际关系时，个体不仅需要了解对方的动机、性格以及人际反应特点，同时也需要了解对方与其他人之间的社会关系。这是因为在一个社会群体中，双方的人际互动关系不仅受双方人际交往特点的影响，往往还会受第三方乃至更多人的影响。正因如此，个体必须了解群体组织中每一个人与其他人的相互关系，才能更科学地进行人际认知，才能在人际关系的处理上得心应手，进而提高组织的工作效率。

4．角色认知

（1）角色认知的含义

角色认知又称角色知觉，是指人对于自身所处的特定的社会与组织中地位及实施的行为的知觉。角色就好比是演员在戏剧舞台上所扮演的人物。在社会这个大舞台上，人生就如同一场戏，每个人都在扮演着不同的人物。作为管理者同样扮演着一种社会角色。一个人担任了领导职务，这个人在单位里就取得了领导者的社会地位和身份。为此，作为领导者要具备领导者地位的角色认知，并根据这种认知履行这一角色的责任与义务。

（2）角色认知的过程

一个完整的角色认知过程应该包括以下四个环节：角色认识、角色行为、角色期望及角色评价。①角色认识。角色认识是指个体对自己应该在社会与组织中所处地位及实施的行为的认识。这是一种个体的自画像，指引着后续的角色行为等各个环节。②角色行为。角色行为是指个体基于角色认识，实施特定的社会或组织所赋予角色的特定行为。例如，担任商店营业员角色的员工，其在商店内的角色行为是展现熟练的服务技能、丰富的业务知识以及周到热情的服务态度。而作为一个单位的领导者，其常见的角色行为包括组织群众、开展群体教育、代表和维护群体利益、使用和传播信息等。③角色期望。角色期望是指他人对个体所应承担角色的希望与寄托，它的原理与角色认识相同，但差异在于角色期望是他人对个体的角色识别。在群体中生活的人们都会对与其交往的他人有一定的行为期望。这种行为期望是在他人对个体角色的认识的基础上，再融入一些对其个人的期盼所形成的。例如，企业一线员工对企业领导者的角色期望可能有懂得担当、认真履职等。④角色评价。角色评价是指他人对个体所扮演角色的评论。角色评价的标尺是角色期望，如果个体所实施的角色行为高于角色期望，那么将会得到正面的角色评价；如果个体所实施的角色行为低于角色期望，那么将会得到负面的角色评价。

案例链接 2-4 　**学会"照镜子"**

> 在管理实践中,为避免角色混乱所带来的问题,可以要求相关人员,特别是上下级、生产运作中"上下游"关系的员工填写自己的角色认识,以及对相关人员的角色期待。之后相互交换,根据对方填写的角色认识及对自己的角色期待来对自己和对方进行角色评价,从而树立正确的角色行为。

角色认知中的角色认识与角色行为属于角色扮演者主观方面的因素;而角色期望与角色评价是他人对角色扮演者的反馈信息,属于客观方面的因素。角色认知作为复杂的社会认知的一个方面,只有在主客观因素相互作用的条件下,才能最终形成一个完整、正确的角色认知。这也说明,角色认知是一个人在社会实践中积极的、动态的实现过程,而不是消极的、静态的反映过程。

(3) 影响角色认知的因素

① 角色认识的影响因素。常言道:"人贵有自知之明。"个人要对自己有客观、清醒的认知,要正确分析自己的优点与缺点。角色认识的影响因素有家庭环境、社会环境、个人所受的文化教育水平等。例如,音乐世家、梨园世家的家庭环境更有可能造就音乐家、艺术家的角色认识。社会环境促成了"时势造英雄"的客观条件,在改革开放的年代中,争当"开拓者""革新家"的角色认识会成为人们追求的目标。顺应历史潮流,以天下为己任,具有远大抱负的人可以有超常的角色认识,成就一番伟业。

② 角色行为的影响因素。角色行为主要受个体对角色认知的程度以及自身个性特征的影响。领导者对自己所扮演的领导者角色的认知越深刻,就越会努力承担该角色相应的责任与义务,科学规范地行使权力,勤勉工作;反之,领导者如果对自身的角色认知与意识有偏差,就会出现角色行为偏差,不能很好地实施领导者的角色行为。而从个性特征角度分析,不同个性的人,如外向型与内向型的人在实施角色行为时也会有所不同。当然,个性与角色行为间的影响不是单向的,角色行为也会影响个体的个性。因为,在角色认知的基础上,人对自己的个性是否适合该角色会有所认识,从而会重新修正自身角色,并按照角色形象来调整自身的个性特征,以更好地实施角色行为。

③ 角色期望的影响因素。他人对个体的角色期望受其职务(或岗位、地位等)及双方熟悉程度的影响。一旦组织任命某人担任某一职务,那么人们就会按照职务的职能标准来期望该角色,因为不同职务的人的职、权、能是不同的,人们不会期望班组长与车间主任、厂长一样进行角色行为。人们总是期望,是什么样的角色就应该有什么样的角色行为。长期在一起工作、学习、生活的群体,彼此有一定的相互认知,因而可以期望什么人在什么时候会有什么样的行为。他人对某个人的角色评价的高低,受制于对其角色的期望与其实际的角色行为的差距。研究表明,角色期望与角色行为之间的差距越大,则角色评价越低;反之,角色期望与角色行为之间的差距越小,则角色评价越高。这也说明,若对某一角色的期望过高,而该角色实际上又做不到,最后必然导致大失所望,评价甚低。所以,作为领导者也不要向群众"许愿"过多而实际又做不到,否则会遭受群众较低的评价,导致自我形象的贬低。

④ 角色评价的影响因素。对某一角色的评价还受到来自纵向与横向对比的影响。例如，在一个企业中，如果前任领导者专搞"管、卡、压"，而后任领导者多开展"感情激励"，那么群众会在这个对比中给予后任领导者更高的角色评价，这就是纵向对比；如果甲企业的领导者给员工发了较高的奖金，乙企业的领导者却没有给员工发奖金或发得较少，那么甲乙两个企业的员工会对甲企业的领导者有着较高的角色评价，对乙企业的领导者的角色评价则相对较低，这就是横向对比。

2.2.3 社会认知效应

扫一扫看微课：
社会认知的效应

社会认知效应是人们对社会刺激的一些特殊反应形式，是客观存在的具有规律性的认知偏差。人性其实有许多弱点，一个人不管有多么优秀，都不可避免地会存在一些错觉。常见的社会认知效应主要有以下几种。

1．首因效应

首因效应是指个体在加工社会性信息的时候，初次获得的信息对印象形成产生决定性影响的现象，又称第一印象，主要是获得被知觉者的面部表情、身体姿态、眼神、仪表、服饰等方面的印象。这些印象对以后的交往态度可能会产生重要的影响。

在日常生活中，首因效应有时可以发挥积极的作用。例如，员工对新来的领导或同事第一印象很好，双方都留下了深刻的印象，他们之间的交往就会有一个很好的起点。但另一方面，首因效应也可能导致偏见。例如，初次见面时紧张、不自然和口吃，可能造成胆小、表达能力差的印象而引起他人的轻视，进而使当事人感到自卑。此外，首因效应也容易给行骗者以方便，使人们单凭第一印象而轻信他人，结果上当吃亏。当然，第一印象形成后也不是无法改变的，一般来说，随着时间的推移、交往的增多，所获得的信息越来越全面，第一次见面留下的印象也会发生改变。

案例链接 2-5　谁更聪明？

一位心理学家曾做过这样一个实验：他让两个学生都做对 30 道题中的一半，但是让学生 A 做对的题目尽量出现在前 15 道题，而让学生 B 做对的题目尽量出现在后 15 道题。然后让一些被试者对这两个学生进行评价：两相比较，谁更聪明一些？结果发现，多数被试者都认为学生 A 更聪明。这就是首因效应。

启示：切勿以貌取人；良好的开端是成功的一半；注重首次形象。

2．近因效应

近因效应是指最近获得的信息会冲淡过去形成的印象，对新印象的形成产生决定性影响的现象。近因效应同首因效应是相对的。一般来讲，首因效应对初次或短期交往的影响较大，而面对长期交往或较熟悉的事物时，首因效应已经淡化，近因效应会成为新的心理定式，给人留下较深刻的印象。所谓"浪子回头金不换"，说的便是近因效应的道理。

在企业管理中，当第一次给人留下不好的印象时，并非是不可改变的。只要不断努力，用真诚打动人，用实力说服人，用事实改变人，最终会赢得他人的信任。

案例链接 2-6　他怎么变积极了？

某公司准备下个月在企业内部公开选聘部门经理。消息一传出，公司中的员工，特别是那些有想法的员工开始表现出很积极的工作状态。其中有一名员工小李，曾因为总是迟到而被批评。但近一个月以来，他每天都会早到，并且做好了办公室卫生清洁等工作，再加上其本月业绩不错，最终被提拔为部门经理。

启示："江山易改，本性难移"，考察他人时要尽量全面，切勿被眼前的现象所迷惑。

3．晕轮效应

晕轮效应又称为光环效应，是指个体在识别、加工社会信息的过程中，会依据个人好恶来识别、评价他人的品质，并由此形成对他人各方面品质的倾向性总推论，形成要么一切都好，要么一无是处的印象。晕轮效应容易使认知者以点代面、以偏概全，对他人采取极端的态度。一个人受晕轮效应的影响，往往会忽视自己觉得印象好的人的缺点或自己印象不好的人的优点，造成人际交往失误。最典型的表现是：若对某人无好感，则对他的一举一动都看不顺眼；若有好感，则对其一切言谈举止都觉得顺眼。所谓"一俊遮百丑""情人眼里出西施"，便是晕轮效应的典型反应。

案例链接 2-7　谁偷了斧子？

古时候，有一个人丢了一把斧子，怀疑是邻居偷的。于是他留心观察，发现这个邻居的一举一动都像是偷斧子的人。后来他在山上砍柴时找到了丢失的斧子，再重新观察那个邻居，又觉得邻居根本不像偷斧子的人了。

启示：注意避免"一俊遮百丑""情人眼里出西施""只见树木、不见森林""管中窥豹、略见一斑"等晕轮效应。

4．定型效应

定型效应又称刻板印象，是指在人们头脑中存在的、关于某一类个体的固定形象。定型效应是社会知觉恒常性特征的典型表现，即对人或物持一成不变的看法与评价。

在现实中，定型效应的案例举不胜举：人们对于不同民族、不同籍贯、不同年龄、不同职业、不同社会地位、不同性别的人，都会有一个固定形象。这种定型效应既有优点，也有缺点。优点是能够反映共性，有利于人们迅速从总体上把握个体概貌；缺点是过于僵化、不够灵活，且抹杀了人的个性。例如，管理者对女性员工在能力方面较消极的刻板印象，往往导致管理与被管理双方放弃在挑战性任务上的努力，使女性员工的潜能无法发挥出来。

在管理过程中，要科学识别定型效应的优点和缺点，有效利用定型效应的积极方面，努力克服其消极方面。例如，对于工作程序等日常事务性工作，要形成相对固定的行为模式，促进工作的有序进行；对于认识上的偏见、交往中的误解等造成的僵化行为模式，则要认真面对，实事求是地纠正。

案例链接 2-8　我们看人总喜欢走捷径

在现实生活中，我们往往会以某种特性来归纳某一类人，从而形成比较刻板、固化的

评价。例如，对不同年代的人的评价：70后，工作狂基本上都是70后；80后，拒绝加班；90后，加班可以，但要有让我满意的加班费；00后，我要自由的工作。70后，如果有笔记本，我喜欢到公众场合使用；80后，我才不会背那么重的东西在身上；90后，只要苹果笔记本；00后，我有手机。70后，我有存款；80后，我有负债；90后，我有老爸；00后，我有梦想。70后，结交有背景、有地位的人；80后，结交志趣相投的人；90后，只要有缘都结交；00后，有缘自是朋友。70后，"五一""国庆"去旅游，并且会在各个景点门口拍下很多"V"字手势的照片；80后，"五一""国庆"在家睡觉，或者约朋友去唱歌，去旅游；90后，天天是"五一""国庆"；00后，来一场说走就走的旅行。70后，吃饭时喜欢坐在老板旁边；80后，最好别坐在老板旁边，那样才无拘无束；90后，我是老板；00后，我想坐哪就会坐哪。

除此之外，中国人勤劳勇敢，美国人喜欢冒险；山东人豪放，上海人精明；已婚员工比未婚员工更稳定；无商不奸；知识分子是戴着眼镜、面色苍白的"白面书生"形象，农民是粗手大脚、质朴安分的形象；女性缺乏事业心、进取心、决断力，比较柔弱，男性事业心强、有进取心、有决断力，比较刚强等，这些都是刻板印象的例子。这些印象并不一定正确，只是我们在评价或判断一个人或一个群体时经常会走的捷径。正因如此，我们要科学合理地利用或纠正刻板印象，以免产生不正确的判断。

启示：人总是会变的，人都是有差异的；在理解群体共同特性的基础上，融入个体特性认识，切莫生搬硬套，给他人戴"高帽"、贴"标签"。

5．知觉防御

知觉防御是指个体对不利于自己的信息会视而不见或加以歪曲，以达到自我防御的目的。当个体发现被知觉对象与自身已有的定型模式不相符合时，便会有意或无意地抹去那些与定型模式不相符的内容，从而歪曲了对被观察对象的认知。

知觉防御是一种逃避，是一种不敢直视问题的知觉倾向。它通过歪曲事实来实现有效的心理防护。其积极作用在于缓解个体所受到的刺激冲击，增加其心理承受能力；消极作用在于没有真正解决问题，而只是将问题暂时放下。

启示：知觉防御能缓冲内心的不平衡，但要真正解决问题则不能一味逃避，而是要积极面对。

6．投射效应

投射效应是指通过以己度人的方式来实现心理防御的目的，即通过投射将自己的失败、罪过投射到他人身上。例如，一个懒惰、吝啬、顽固的人，往往会认为他人也是懒惰、吝啬、顽固，甚至会认为他人在这些方面比自己更为严重。

投射的作用是可以减少个体的内心焦虑。通过投射给他人，获得对不能接受的事物加以攻击的机会，并与之保持一定距离，从而获得安全感；用强调别人和我一样或比我更坏的方式来得到自我满足；通过批评或阻止别人去做那些令人不快的事来欺人或欺己。

> **案例链接 2-9** 是金佛还是"牛屎"？

苏东坡与僧人佛印是好朋友。一天，苏东坡对佛印说："以大师慧眼看来，吾乃何物？"佛印说："贫僧眼中，施主乃我佛如来金身。"苏东坡听朋友说自己是佛，自然很高兴。可他见佛印长得胖胖的,却想打趣他一下,笑曰:"然以吾观之,大师乃牛屎一堆。"佛印听苏东坡说自己是"牛屎一堆",并未感到不快。回家以后,苏东坡得意地向妹妹提起这件事,苏小妹说:"哥哥你错了。佛家说'佛心自现',你看别人是什么,就表示你看自己是什么。"

启示:"人心不同,各如其面",要客观地看待自己的喜好及他人的特点,不能简单地以己度人。

2.3 归因与管理

2.3.1 归因及归因理论

案例链接 2-10　从失败者到挑战者

一位老师将全班学生分成了男女各两组进行 50 米赛跑。为了激发学生参与竞赛的积极性,这位老师提出:没有战胜各自对手的学生要做五个俯卧撑。比赛一开始,学生还在为了比赛中的胜负及违规争论,例如谁抢跑了,谁跑的时候脚踩线了,等等。经过几轮比赛,学生内部出现了不和谐的因素:"老师,这也太不公平了,我强烈要求换人。"一名男生指着身旁的一位同学叫嚷着。他的叫嚷引起了更多比赛"失败者"的附和。原来与他一同赛跑的是校田径队的集训队员,所以尽管他很努力了,但都以失败告终,自信心受到打击。这时老师问道:"那你认为与谁比会比较公平?""我要和他比。"这位学生指着身后的一名小胖子,迅速做出了回答。听完这位同学的要求,其他的"失败者"也纷纷提出换人的要求,一时间现场乱作一团。

此时老师却并不慌忙,等学生安静了以后,对他们讲了这么一席话:"在考试中或者在竞赛中,我们能因为对手的强大而要求更换对手或者拒绝比赛吗?""不能!""什么是虽败犹荣?我相信大家都懂。能与强者同场竞技是一种荣耀。什么是强者?强者就是在困难面前永不低头、永不言败。即使明知是失败的结果,也要冲上去与之争个高低,这才是真正的强者。"听完老师的话,那些之前要求更换对手的学生沉默了。而此时,那名原本提出更换对手的学生又一次在比赛中输了,可这次他并没有提出换人,而是一边做着俯卧撑一边说:"我就不信赢不了你……"

归因是指人们对自己或他人的所作所为进行分析并推断其原因的过程,也就是解释和推断他人行为或自己行为的原因的过程。据此,归因理论可以理解为是个人阐释他人或自己行为原因的社会认知理论,目的在于通过对行为因果关系的分析,剖析、控制人们所处的环境及在其影响下所产生的行为。

归因理论主要包含以下三个命题:①分析人们心理活动产生及发展的原因;②根据个体的行为及结果,对个体心理特征做出合理的推论;③根据个体曾经的典型行为及其结果推断在特定条件下的可能行为,实现对行为的预测。目前,主要存在以下五个归因理论。

1.朴素归因理论

1958 年,海德(F. Heider)在他的著作《人际关系心理学》中,从通俗心理学的角度提出了归因理论,该理论主要解决的是日常生活中人们如何找出事件原因的问题。海德认为,人有两种强烈的动机:①形成对周围环境一贯性理解的需要;②控制环境的需要。为了满足这两种需要,普通人必须要对他人的行为进行归因,并且经过归因来预测他人的行为,唯有如此才有可能满足"理解环境"和"控制环境"的需要。因此,普通人和心理学家一样,都试图解释行为并且从中发现因果关系,只是普通人的归因并没有什么科学方法,他们更多地依靠理解和内省。普通人的这种归因活动被海德称为"朴素心理学"。与之相应,海德也被称为"朴素的心理学家"。

海德认为事件的原因不外乎有两种:①内因,比如情绪、态度、人格、能力等;②外因,比如外界压力、天气、情境等。一般人在解释别人的行为时,倾向于性格归因;在解释自己的行为时,倾向于情境归因。

海德还指出,人们在归因的时候经常会使用两个原则:①共变原则,指某个特定的原因在许多不同的情境下和某个特定结果相联系,该原因不存在时,结果也不出现,我们就可以把结果归于该原因。比如一个人总是在考试前闹别扭、抱怨一切,其他时候却很愉快,我们就会把闹别扭和考试联系在一起,即把闹别扭归于考试而非人格。②排除原则,指如果内外因某一方面的原因足以解释事件,我们就可以排除另一方面的因素。比如一个凶残的罪犯又杀了一个人,我们在对他的行为进行归因时就会排除外部因素,而归于他的本性等内在因素。

2. 自我效能感归因理论

自我效能理论首先由美国心理学家班杜拉(A. Bandura)提出,后经认知心理学家整合,发展成现在的自我效能感归因理论。自我效能感是指个体在执行某一行为之前对自己能够在什么水平上完成该行为活动所具有的信念、判断或感受,即对自身能力的主观判断。

班杜拉的自我效能理论的中心思想是:个体的自我效能感将决定其在成就情境中的行为动机。自我效能感高的人在有关的活动中的行动积极性也会高。在这个过程中,个体会愿意付出更多的努力,并采取更多的策略来解决所遇到的问题。而当问题得到解决时,最初的自我效能感就得到了证实,持续努力的动机就得到了维持,取得成功的信心就会产生。相反,自我效能感低的人则不愿付出过多的努力或采取相应的对策来解决困难,活动结果也因此会不尽如人意,而这种糟糕的活动结果反过来又进一步降低了个体的自我效能感。

由此可见,归因与自我效能感之间存在互动关系。一方面,个体的归因会影响自我效能感:如果对成功做稳定的、内部的归因,则会提高未来的成就动机水平,自我效能感也会提升;而如果对失败做稳定的、内部的、不可控制的归因,则未来的成就动机水平就会降低,自我效能感也会较低。另一方面,个体的自我效能感也会影响其归因:自我效能感强的个体倾向于将成功归因于内部的、稳定的因素,而将失败归因于一些不稳定的因素,且坚信通过努力会取得成功;自我效能感弱的个体则会倾向于将失败归因于内部的、不可控制的因素,而将成功归因于外部的、不可控制的因素,从而丧失未来取得成功的信心。

3. 习得无助归因理论

习得无助概念最早是由美国心理学家塞利格曼(Martin E. P. Seligman)提出的。塞利格曼在对动物进行实验的基础上于1967年提出:将动物放在一个无法逃避的电击范围,开始时动物极力逃避电击，但随着时间的推移，动物的逃避反应明显减弱甚至消失，即表现为动机缺乏、联想及情绪的缺失。这种现象被称为"习得无助"。而产生该行为的原因并非消极事件本身，而是个体认识到自身对消极事件的无能为力。而且这种习得无助具有弥散性，能够扩散到新的情境中去。塞利格曼认为消极行为事件或结果本身并不一定产生习得无助感，只有当这种事件或结果被个体知觉为自己难以控制的时候，人才会产生无助感。习得无助概念提出以后，很快便引起人们的兴趣，并用以研究人类的类似行为。

在现实生活中，习得无助往往体现为一种无奈的抑郁状态，是个体对自己所要开展的重要事件无法产生积极影响的无助。而这种无助又可以被解释为个体将失败归结为自身能力低的习得无助感。习得无助归因者主要有以下三个方面的表现：①较低的成就动机，即对于未来的成功缺乏信心，进而缺乏动机；②较低的自我效能感，即个体会将失败过多归因于自身能力差，而将成功归因于外部原因；③较低的情绪张力，即个体往往会处于低迷的情绪状态，缺乏积极向上的动力。

4．对应推论理论

对应推论理论由琼斯（Jones）和戴维斯（Davis）在1965年提出。此理论主张，当人们进行个体归因时，就要从行为及其结果推导出行为的意图和动机。一个人所拥有的信息越多，则其对行为所做推论的对应性就越高。一个行为越是异乎寻常，观察者对其原因推论的对应性就越大。

归因者在归结原因时基于以下三个假设：①行为实施者预先知道此行为的结果；②行为实施者有能力做出此类包含意向的行动；③行为实施者想要的就是这种结果。而影响对应推论的因素主要有三个：①非共同性结果，即所选行动方案有不同于其他行动方案的特点（见案例链接2-11）；②社会期望，当一个人表现出符合社会期望的行动时，我们就很难推断其真实态度（见案例链接2-12）；③选择自由，即如果我们知道某人从事某个行动是其自由选择的，而不是受到某种因素的强迫，我们便倾向于认为这个行为与这个人的态度是对应的，但如果不是其自由选择的，则难以做出对应推论。

案例链接 2-11　关窗

在一个房间里，一个人突然站了起来，走过去关上了窗户，并穿上毛衣。此时，我们可以推断他是因为感觉到冷了。但仅是关上窗户的行动不足以判断他是觉得冷，因为也可能是外面太嘈杂，需要关窗来让房间内变得安静，而如果加上"穿上毛衣"这个非共同性结果，我们就可以推断这个行动是由于他感觉到冷。

案例链接 2-12　生日宴会

小王受邀参加了小明的生日宴会。在宴会上，小王一开始还是高高兴兴的，但他发现生日宴会居然没有他喜欢吃的水果蛋糕，也没有他喜欢吃的冰激凌，甚至都没有吃饱，他心里有些不高兴，但出于礼貌，他没有表现出来。终于等到宴会结束，小明对小王说："感谢你能来参加我的生日宴会，你今天吃得开心吗？"小王兴奋地说："宴会准备得很好！我非常开心，谢谢你！"

5. 韦纳理论

美国心理学家韦纳（B. Weiner）认为，可以将人们对行为成败的原因分析归纳为以下六个方面：①能力原因，即从个体是否能胜任工作的角度来分析成败；②努力原因，即从个体是否在工作中尽力而为的角度来分析成败；③任务难度原因，即从完成任务的难易程度来分析成败；④运气原因，即从外部非个人原因的角度来分析成败；⑤身心状况原因，即从个体工作过程中的身心状况来分析成败；⑥外界环境等其他影响工作成效的因素。

按照这六种原因的要素差异，韦纳分别将其纳入以下三个向度：①控制点（因素源），指个体认为影响其成败因素的来源，包括能力、努力及身心等个人内控条件，以及运气等外在环境；②稳定性，指个体认为影响其成败的因素在性质上是否稳定，是否在相似情境下具有一致性，以此可以增强预判性；③可控性，指个体自认影响其成败的因素在性质上是否能由个人意愿所决定。

韦纳归因理论的主要论点是：①人的个性差异和成败经验等会影响其归因；②个人对前次成就的归因会影响其对下一次成就行为的期望、情绪和努力程度等；③个人的期望、情绪和努力程度对其成就行为有很大的影响。

根据上述观点，韦纳从个体的归因过程出发，探求个体对成败结果的归因与成就行为的关系，对影响行为结果的可觉察原因特性、原因结构，以及原因归因和情感的关系、情感反应的激励作用等都提出了创造性的见解。他认为每个人都力求解释自己的行为，分析其行为结果的原因。而一个人在分析原因时，常常结合表 2-1 的三维度与六因素进行分析。

表 2-1 三维度与六因素的归因表

六因素	三维度					
	稳定性		控制点		可控性	
	稳定	不稳定	内在	外在	可控	不可控
能力高低						
努力程度						
任务难度						
运气好坏						
身心状况						
外界环境						

2.3.2 归因错误或偏差

归因理论提出了在对他人的行为进行判断和解释过程中所遵循的一些规律，在管理过程中，管理者和员工也不可避免地受到这些规律的影响，但是在管理员工，对他们的行为进行归因时，虽然有规律可循，但却无法做到绝对准确。此外，在社会生活中，个体对社会或他人行为的归因也不会那么理性，有时是"感情用事"、想当然，甚至会表现出某种偏好。因此，我们要警惕归因过程中的错误或偏差。

1. 基本归因错误

我们在对他人的行为进行归因时，会出现一种很正常的现象，就是倾向于低估外部因素的影响而高估内部或个人因素的影响。具体来说，就是人们在解释他人消极的行为和后果时，往往会夸大行动者的个人因素，低估环境的因素。相应地，人们在解释他人积极的行为和后果时，往往又会低估行动者的个人因素，而高估环境的因素，认为是外部机会等原因而不是个体努力所产生的积极结果。这就是基本归因错误。

2．自我服务偏差

人们在对自己的行为进行归因时，倾向于把自己的成功归因于内部因素，如个人能力或努力，而把失败归因于外部因素，如运气等。

案例链接 2-13　孩子摔倒了

在一个凉风习习的傍晚，一位妈妈带着孩子在公园玩。孩子正在公园高兴地玩耍，突然被一块石头绊倒，手和膝盖被划破了，孩子瞬间大哭起来。这位妈妈赶紧跑过去，扶起了孩子，然后说："宝宝不哭，都是这块凸出的石头不好，现在妈妈拿根树枝打它，谁让它害得我宝宝摔倒！"于是，这位妈妈找了根树枝，对着地面打，发出了"啪""啪"的声音。妈妈马上说："宝宝不要哭了，你看我已经打了它，它都哭了，没事。"孩子在妈妈的安慰下逐渐停止了哭泣，没过多久又开始快乐地玩耍了。

3．信息不完善

人们在进行归因时需要完善的信息，但实际上往往得不到所需要的所有信息。例如，很多时候我们不知道某人以前在同样场合中的行为，也难以知道其他人在同样场合中的行为。这就影响了我们的正确归因。事实上，在许多情况下，人们对于所发生的事件并不是经过多方面观察、收集足够信息后才进行归因，而往往是利用生活经验，根据自己的需要和期望，凭借有限的信息，对行为做出简单、迅速的归因。这样做有时可能会直接出现归因错误，或是晕轮效应等直接片面的主观判断，从而不能完整地把握事情的本质。

4．利己归因偏差

当个体或群体发生利益冲突时，双方的归因可能都会偏向于利己。例如，企业员工经常会责怪企业管理者的管理水平差，而管理者则会抱怨员工未能尽到职责。

2.3.3　归因管理

1．保持乐观的期望

归因存在基本归因错误、自我服务偏差等错误，影响着人们的正确归因。在这个过程中，人们要保持乐观的期望，包括对自己及他人的期望。特别是当自己或他人的行为结果不佳时，需要给予自己和他人以乐观的期望，告诉自己或他人只要努力，未来一定会有进步，并把更多的原因适当地归为外因，从而让自己和他人始终保持信心，按照自己或他人的乐观期望去努力提升自己的业绩，实现良性循环。

2．建立良好的心态

要有效避免归因过程中的偏差或错误，一个行之有效的方式就是建立良好的心态。我们不能预知生活和工作的各种情况，也不能确保每一次归因都正确，但良好的心态可以使我们能够更好地适应各种结果,进行更为科学的归因。当行为表现优异的时候,我们要告诉自己,这是自己努力的结果,也是外部各种条件综合作用的结果,所以不能盲目自信,需要科学分析成功的原因,避免自我服务偏差;当行为表现较差的时候,我们要告诉自己还需更加努力,相信自己未来一定可以做得更好;当我们发现是外部环境导致了失败的时候,我们要告诉自己,失败不能完全归责于自己,要对自己有自信。

3．形成积极的归因方式

归因管理中最为重要的是形成积极的归因方式,形成科学的归因习惯,而不是简单地寻找事情的原因。具体来说,积极的归因方式有以下三种:①努力归因,即要突出努力在事情中的重要性,强调努力作为积极归因的主导要素,提高努力程度与业绩结果的相关度认知,避免沾沾自喜;②可控归因,即要在归因中注重可控因素的影响,而不是不可控因素的影响,如成功了,就要告诉自己是因为自己准备得很充分,而不是运气好等不可控的因素,这样就会激发人们注重可控归因;③分化的归因模式,努力归因和可控归因是归因引导中的一般原则,还可以通过分化的归因模式形成积极的归因方式,具体来说,就是成功时引导人们进行内在、稳定的归因,失败时则引导人们进行外在、可变的归因。

练习题

一、单项选择题

1．人脑对直接作用于感觉器官的客观事物的个别属性的反映,属于( )。
  A．感觉   B．知觉   C．想象   D．思维

2．借助语言、表象或动作实现的、对客观事物的概括和间接的认识,属于( )。
  A．感觉   B．知觉   C．想象   D．思维

3．用最近获得的信息去冲淡过去形成的印象,属于( )。
  A．知觉防御   B．定型效应
  C．近因效应   D．晕轮效应

4．老年人往往会认为年轻人举止轻浮、办事不牢靠,并在见到某个年轻人时将其归类到自己认定的形象之中。这属于( )。
  A．首因效应   B．定型效应
  C．近因效应   D．晕轮效应

5．一个人按照特定的社会与组织所赋予角色的特定行为模式而进行的行为,属于( )。
  A．角色认识   B．角色期望
  C．角色评价   D．角色行为

6．人们在对自己的行为进行归因时,倾向于把自己的成功归因于内部因素,这属于( )。
  A．基本归因错误   B．信息不完善
  C．自我服务偏差   D．利己归因偏差

二、多项选择题

1. 知觉具有哪些特性（　　　　）。
   A．整体性　　　　　　　　　B．选择性
   C．理解性　　　　　　　　　D．恒常性
   E．变化性

2. 社会认知包括（　　　　）。
   A．自我认知　　　　　　　　B．他人认知
   C．角色认知　　　　　　　　D．精神认知
   E．人际认知

3. 提出朴素归因理论的海德认为人有哪两种强烈的动机（　　　　）。
   A．形成对周围环境一贯性理解的需要
   B．被别人认可的需要
   C．控制环境的需要
   D．价值感实现的需要
   E．尊重的需要

4. 影响对应推论的因素有哪些（　　　　）。
   A．非共同性结果　　　　　　B．对对方的熟悉程度
   C．选择自由　　　　　　　　D．环境的稳定性
   E．社会期望

5. 韦纳提出了哪三个归因向度（　　　　）。
   A．控制点　　　　　　　　　B．稳定性
   C．差异性　　　　　　　　　D．可控性
   E．自主性

三、思考题

1. 认知包括哪些心理活动环节？
2. 社会认知包括哪些内容？
3. 常见的社会认知效应有哪些？
4. 归因理论有哪些？
5. 结合工作或生活案例，谈谈如何进行科学的归因管理。

实训项目

实训内容：生活中的"归因"
实训步骤：

1. 复习本章所学的内容，掌握归因及归因相关理论。
2. 思考书中所提出的五大归因理论在我们工作、生活中的应用，并形成案例。
3. 填写实训表（见表2-2）。

表2-2 生活中的"归因"

班级_____ 姓名_____ 学号_____ 成绩_____

生活案例描述:
案例中所体现的归因理论:
请对该归因理论进行评价:

4．由教师抽取部分同学进行课堂内分享。

5．教师点评，并进行相关知识点的复习。

第 3 章 个性差异与管理

■ 学习目标 ■

知识目标
- 了解个性、气质、性格和能力的基本内涵及其特点。
- 理解人的个性心理特征对其行为的影响。
- 掌握气质、性格的类型及其在管理中的应用。
- 掌握能力的类型及其在管理中的应用。

能力目标
- 学会将个性心理特征的知识综合应用到管理实践中。
- 能够结合实际分析加强情绪管理的重要性,并有意识地培养自己的情绪管理能力。

引导案例>>> 不同个性的人对迟到的反应

四个不同性格的人去听音乐会。音乐会正式开始后,音乐厅的工作人员让迟到的人等第一乐章结束后进场。

第一个人匆匆赶来之后,对工作人员十分热情,又是问好又是感谢,急中生智想出许多令人同情的理由。即使工作人员坚持不让进场,他也会笑呵呵地在旁边等待。

第二个人赶来之后,因迟到而心生不悦,想要进去听音乐会的心情十分迫切,向工作人员解释迟到的原因时,让人感到有些生硬。如果工作人员坚持不让进场,他就会和工作人员大声吵闹,而且不顾阻拦地往里闯。

第三个人来了之后,犹犹豫豫地想进去又怕工作人员不让进,微笑而又平静地向工作人员解释迟到的原因,好像不在乎这场音乐会早听还是晚听一会儿。如果工作人员不让进去的话,他就会很平静地在外面等待。

第四个人来到的时候,首先看一看迟到的人能不能进去,如果看到别人能够进去,也就跟着进去。如果工作人员不让进,他也不愿意解释迟到的原因,只是默默地等待,最多只是责怪自己为什么不早点来。

【引入问题】
1. 为什么同样是迟到的行为,不同个性的人对自己迟到的反应不一样?
2. 对管理者而言,如何针对不同个性的人运用不同的管理方式?

不同个性的人对同一件事情的反应可能是不一样的。因此，管理者要了解员工的个性，对不同员工采用不同的管理方法。

3.1 个性的差异

人首先是以个体存在于社会中的。人与人之间有许多共同的特性，即共性；又存在许多的差异，即个性。对于管理者来说，只有全面、充分地了解下属的个性心理特征，才能有效地开展思想教育工作、激励工作，真正做到知人善任、管人管心。

3.1.1 个性的定义

"个性"一词最早来源于拉丁语"Personal"，心理学家对个性有许多不同的定义。个性心理学家麦迪（S. R. Maddi）认为，个性是决定个体心理和行为的普遍性和差异性的那些特征和倾向的较稳定的有机组合。而心理学家凯立希（R. A. Kalish）认为，个性是导致行为以及使一个人区别于其他人的各种特征和属性的动态组合。这些特征和属性包括：需要、动机、情绪、自我知觉、角色行为、态度、价值观和能力等。就上述特征和属性而言，每个个体均是有差异的。这就要求人们首先要对自己的个性及其形成和发展有所认识。

所谓个性，是指个人有别于他人的整个心理面貌，是经常出现的、比较稳定的心理特点和行为模式的综合。一般情况下，个性也叫人格，包括个性心理特征和个性倾向性两个方面。

个性心理特征是指一个人身上经常地、稳定地表现出来的心理特点，是个性结构中比较稳定的成分。主要包括：气质、性格和能力。

个性倾向性是指人进行活动的基本动力，是个性结构中最活跃的因素。人的任何心理活动都包括认识过程、情感过程和意志过程。心理活动过程的倾向性就是指个体这些过程的意识倾向性，主要体现为一个人的需要、动机、理想、信念、兴趣、爱好、态度、价值观等。这些心理倾向并不是孤立存在的，而是互相影响，相互制约，构成一个统一的推进个体进行活动的动力系统。它决定着一个人的总体个性倾向和态度，决定着一个人的社会价值。

3.1.2 个性的基本特性

个性是多层次、多维度的，从抽象意义上来讲，一般认为，个性具有整体性，且兼具稳定性和可塑性、独特性和共同性、社会性和生物性等特性。分析这些特性，有利于对个性概念的理解。

1. 整体性

个性是一个统一的整体结构，构成个性的各种心理成分不是相互独立的，也不是机械地联合在一起，而是错综复杂的交互联系，组成一个完整的整体，对人的行为进行调节和控制。著名的个性心理学家奥尔波特等人强调了个性的组织性和整合性，认为个性是一种有组织的整合体，在这个整合体内各种成分相互作用、相互影响、相互依存。如果其中一部分发生变化，其他部分也将发生变化。

首先，个性的整体性表现为各种心理成分的一致性，一个正常人总是能够正确地认识自己，评价自己，及时地调整个性中各种心理成分的矛盾，使自己的心理和行为保持一致。如果各成分之间的关系协调，人的行为就会是正常的；如果失调，就会造成个性分裂，产生不正常行为。其次，个性是由各个紧密联系的成分构成的多层次、多水平的统一整体。

2．稳定性和可塑性

个性具有稳定性。在个体的生活中，那种暂时的、偶然表现出来的心理特征不是个性特性，只有比较稳定的、在行为中经常表现出来的心理倾向和心理特征才是一个人的个性特征。正因为个性具有这样的稳定性，才能把一个人和另一个人区别开来，才能预测一个人在特定情境下的行为，才能够了解人和使用人。管理者只有了解下属的个性稳定性，才能采取有针对性的管理措施。

个性的稳定不是绝对的，而是相对的，即个性具有可塑性。稳定的个性并不意味着一成不变，而是会在特定的条件和环境下发生或多或少的变化。个性的变化有两种情况：①个性特征会随着年龄的增长而变化其表现方式，如一个容易焦虑的人，在少年时代会为考试忧心忡忡，而老年时则会为疾病而感到恐惧；②对个人有决定性影响的环境因素和机体因素会改变个性特征，如移民、严重疾病等重大的生活事件有可能会影响个体的某些个性特征，如价值观、信仰等。

3．独特性和共同性

俗话说："人心不同，各如其面。"个性具有独特性，即每个人都有不同于他人的个性倾向性和个性心理特征。个性是在许多因素的影响下发展起来的，影响个性发展的因素和这些因素之间的相互关系都不可能是完全相同的，也就是说，世界上没有两个个性完全相同的人，即使是同卵双生子，他们的个性也不会完全相同。正因如此，每个人都有与他人不一样的气质、性格和能力，都有自己的需要、兴趣、爱好和理想追求。

然而，人的个性的独特性并不排斥人与人之间在心理上的共同性。虽然每个人都具有不同的个性，但受共同的社会文化、思想、习俗的影响，同一民族、同一国家、同一群体在个性特征方面又表现出一定的共同性。例如，西方人在情感方面通常比较外露，外倾的成分较多，不太善于克制自己；而东方人在情感方面往往比较含蓄，内倾的成分较多，善于克制自己等。

4．社会性和生物性

马克思认为，人的本质并不是单个人所固有的抽象物，而是一切社会关系的总和。人是生物实体和社会实体的统一体。在个性的形成和发展过程中，既要受到生物因素的制约，又要受到社会因素的制约。个体的先天遗传因素为个性的形成和发展提供了前提，但起决定作用的还是一定的社会历史条件和所处的社会地位。所以个性具有生物性和社会性的特征。

3.1.3 个性的形成与发展

人的个性的形成受很多因素的影响，形成的原因也不尽相同。心理学家研究表明，在某些人身上，有些个性特征是先天具有的，有些个性特征是后天形成的；但在一个人身上，更多的个性特征却是在先天和后天这两种因素的共同影响下形成的，只是后天的影响更为显著。

1．遗传因素是个性形成和发展的物质基础

"龙生龙，凤生凤，老鼠的儿子会打洞"，就是指个性受遗传因素的影响。遗传因素是个

性形成的生理基础，它决定了人的性别、外貌、体形、神经系统特征等生理构造。在日常生活中，人们会发现，子女与父母之间往往不只是容貌、体形相似，而且在性格、智力、兴趣上也很相似；甚至有一些家庭为医生世家、教师世家、音乐世家，一些家庭几代人在外貌、性格、信仰、能力等方面有很多相似之处。

2. 社会因素是个性形成和发展的决定性因素

社会因素主要指家庭、学校、文化背景和社会对个性形成的影响。

（1）家庭因素的影响

在人的个性的形成过程中，家庭环境的影响是巨大的。个性的发展主要形成于儿童时期。许多心理学家认为，家庭的行为方式、思想观念、生活习惯等都会对孩子产生影响，尤其是父母的管教方式对子女个性发展的影响非常大。这种影响是潜移默化的，会伴随人的一生。俗话说："父母是孩子的第一任老师""虎父无犬子"，就形象地说明了家庭因素对人的个性的影响。

（2）学校因素的影响

人的青少年时期大部分都是在学校中度过的，学校的教育理念、行为规范、思想品质等方面的教育对学生良好个性的形成与发展都有至关重要的影响。这些影响主要来自课堂教学、课外活动、班集体的风貌、师生关系与同学关系等。例如，经常被鼓励和肯定的学生往往会充满自信；经常被嘲笑和讽刺的学生则容易退缩和害羞等。因此，个体行为在青少年时期逐渐成熟，道德标准和为人处世的态度也逐渐形成，个性基本定型。

（3）文化传统因素的影响

每个民族都有属于自己的文化背景（如历史渊源、历史传统、宗教影响等），民族中的每个人的个性都不可避免地会受到其影响。刘超等人的研究发现，儒家文化对中国人的目标导向和目标追求影响深远，进而影响中国人个性的形成。在儒家文化的影响下，中国人的责任感普遍较强，开放性较低，外倾性随着对情境的熟悉而提高，情绪稳定性较高。在文化的组成中，包括对一些重大问题的价值观念，对人生、对人与人的关系、对自然界的看法，也包括这个文化传统一贯的解决问题的方法和行为模式。这些文化传统影响着需求和满足需求的途径，也影响着解决冲突的方式。

总而言之，一个人的个性是在各种内外因素的影响下形成和发展变化的。

> **案例链接 3-1** / **不同阶层的性格特征**
>
> 知识分子阶层出身的人，举止比较文雅、有修养，待人礼貌，但爱幻想，不大喜欢深交，遇事缺乏果断性；农民阶层出身的人，作风朴素，不怕苦和累，憨厚老实，但有时会产生自卑感，有点倔强固执；工人阶层出身的人，集体主义强、守纪律，情感较强烈直爽，讲究实际。
>
> 问题：
> 上述材料反映了什么现象？试分析其原因。
> 分析提示：
> ① 上述材料表明，不同阶层的人具有明显的个性差异。
> ② 个性的形成受阶层因素的影响。人总是生活在一定的社会环境中，所形成的个性不可避免地要打上所在阶层的烙印。

3.1.4 个性与管理

学习与掌握个性的概念与理论,对管理人员来说是十分重要的。

第一,区分人的个性,是管理人员工作的出发点。要管好人,首先要了解人,只有了解人的个性类型,才能有的放矢、因人而异地做好管理与教育工作。

第二,个性研究是人员招聘、培训的重要依据。人员的招聘、职业的分配应该考虑到人的个性类型。部门管理者的选拔也要依据个性类型的匹配程度制订方案,才能实现管理层的最佳整体效能。

第三,了解人的个性有利于人际关系的和谐,减少矛盾与冲突。管理者与被管理者都要了解自己的个性,也要善于分析他人的个性。只有这样,才能很好地与人相处,使人际冲突与矛盾减少。

3.2 气质差异与管理

现代心理学认为,人的气质是与生俱来的,受遗传因素的影响较大,它使人的全部活动染上了独特的色彩,在从事内容相同的活动时,气质会显示出不同人的不同特征。气质没有好坏之分,不能代表人的品质的优劣,也不能决定人的成就,因此不具有社会道德评价的意义。不同气质类型的人,只要其勤奋、努力,都可以在自己奋斗的领域内有所建树。

扫一扫看微课:
气质

3.2.1 气质的概念

气质(Temperament)是人的个性心理特征之一,是指一个人心理活动的动力特征的综合,是表现在心理过程的强度、速度、稳定性、倾向性等方面的动力特征。日常所说的"脾气""秉性",如"娇"黛玉、"莽"李逵、"灵"燕青、"稳"林冲,这些都是气质差异的体现。本章引导案例中,四个不同个性的人去听音乐会迟到后做出不同的反应,第一个人的情绪和活动发生得快而弱,表现较为明显;第二个人的情绪和活动发生得快而强,表现非常明显;第三个人的情绪和活动发生得慢而强,表现较不明显;第四个人的情绪与活动发生得慢而弱,表现很不明显。这四个人就各有不同的气质,从而体现出不同的个性。

3.2.2 气质的类型及特征

1. 气质的类型

从古至今,心理学家对气质这一心理特征进行了多方面的研究,相继产生了各种气质学说,其中具有代表性的有体液学说、体形学说、激素学说、血型学说、高级神经活动类型学说等。

(1)体液学说

公元前 5 世纪,古希腊医生希波克拉底(Hippocrates)在《论人的本性》一书中提出了"体液气质理论",这是最早的有关气质的学说,至今在心理学上仍有很大的影响。他认为人体内有四种体液,即黄胆汁、血液、黏液和黑胆汁,分别产生于肝脏、心脏、脑和胃。根据人体内这四种体液的混合比例，哪一种占优势，就属于哪一种气质类型。在体液的混合比例中，若黄胆汁占优势则属于胆汁质；若血液占优势则属于多血质；若黏液占优势则属于黏液质；若黑胆汁占优势则属于抑郁质（见表3-1）。

表3-1 气质与体液的关系

体内占优势的体液	气 质 类 型
黄胆汁	胆汁质
血液	多血质
黏液	黏液质
黑胆汁	抑郁质

（2）体形学说

德国精神病学家克瑞奇米尔（E. Kretschmer）根据对精神病患者的临床观察，提出按体形划分人的气质类型的理论。他把人的体形分成三类：肥胖型、瘦长型和筋骨型。克瑞奇米尔认为体形决定人的气质特点，肥胖型易产生躁狂气质，其行动倾向为善交际、表情活泼、热情、平易近人等；瘦长型易产生分裂气质，其行动倾向为不善交际、孤僻、神经质、多思虑等；筋骨型易产生黏着气质，其行动倾向为迷恋、认真、理解缓慢、行为较冲动等。他还认为三种体形与不同精神病的发病率有关，肥胖型的人较多出现躁狂症，瘦长型的人较多出现精神分裂症，筋骨型的人较多出现癫痫症。

（3）激素学说

激素学说是由生理学家柏尔曼（L. Berman）提出的。他认为，人的气质特点与内分泌腺的活动有密切关系。此理论根据人体内哪种内分泌腺的活动占优势，把人分成甲状腺型、脑下垂体型等。甲状腺型的人表现为体格健壮、感知灵敏、意志坚强、任性主观、自信心过强；脑下垂体型的人表现为性情温柔、细致忍耐、自制力强等。

现代生理学研究证明，从神经—体液调节来看，内分泌腺活动对气质的影响是不可忽视的。但激素学说过分强调了激素的重要性，从而忽视了神经系统特别是高级神经系统活动特性对气质的重要影响，有片面倾向。

（4）血型学说

血型学说是日本学者古川竹二等人的观点。他们认为气质是由不同血型决定的，血型有A型、B型、AB型、O型，与之相对应，气质也可分为A型、B型、AB型与O型四种。A型气质的特点是温和、老实稳妥、多疑、顺从、依赖他人、感情易冲动；B型气质的特点是感觉灵敏、镇静、不怕羞、喜社交、好管闲事；AB型气质的特点是上述两者的混合；O型气质的特点是意志坚强、好胜、霸道、喜欢指挥别人、有胆识、不愿吃亏。然而这种观点也是缺乏科学依据的。

（5）高级神经活动类型学说

20世纪20年代末，苏联著名生理学家巴甫洛夫（I. P. Pavlov）通过动物实验研究提出的高级神经活动学说，对气质做了科学的阐述，使气质理论建立在了科学的基础之上。他把气质分为：①兴奋型（强而不平衡）：这类人的神经素质反应较强，但不平衡，容易兴奋且难以抑制，所以也称为不可遏制型。②活泼型（强而平衡，灵活性高）：这类人的神经素质反应较强且平衡，既容易形成条件反射，又容易改变条件反射，因此行动迅速活泼，但一旦缺乏刺激,很快就无精打采。③安静型(强而平衡,灵活性低):这类人的神经素质反应迟钝,但较平衡,容易形成条件反射,但难以改变。这是一种坚韧而行动迟缓的气质类型。④抑制型(弱而平衡,灵活性低):这类人的神经素质反应较弱,但较为平衡,产生兴奋的速度较慢,容易形成条件反射,但难以改变。环境中的快速、经常性的变化会引起行为错乱。抑制型具有一定的保护性,这类人只有在特定的环境中生活中才能体现其价值。

巴甫洛夫指出,高级神经活动类型学说和体液学说中的气质类型是一一对应关系:兴奋型相当于胆汁质,活泼型相当于多血质,安静型相当于黏液质,抑制型相当于抑郁质(见表3-2)。

表3-2 高级神经活动类型与体液气质的关系

高级神经活动类型	体液学说气质类型
兴奋型(强而不平衡)	胆汁质
活泼型(强而平衡,灵活性高)	多血质
安静型(强而平衡,灵活性低)	黏液质
抑制型(弱而平衡,灵活性低)	抑郁质

2. 不同气质类型的特征

每一种气质类型的特征和行为表现都各不相同,表现如下:

(1) 胆汁质类型的特征

胆汁质属于兴奋而热烈的类型。其特点是情感发生迅速、强烈、持久,动作的发生也是迅速、强烈、有力的。这一类型的人都热情、直爽,精力旺盛,脾气急躁,心境变化剧烈,易动感情,反应迅速,具有外倾性。

这种类型的男性更多地表现为敏捷、热情、坚毅,情绪反应强烈而难以自制;女性则更多地表现为热情肯干、积极主动、思维敏捷、精力充沛,但易感情用事,对困难估计不足。在正确的教育下,他们可能具备坚强的毅力,主动而热情,有独创精神;在不良环境影响下,他们可能表现出缺乏自制力、爱生气、易冲动、粗暴等不良品质。

(2) 多血质类型的特征

多血质属于敏捷好动的类型。其特点是容易形成有朝气、热情、活泼、爱交际、有同情心、思维灵活等品质;也容易出现变化无常、粗枝大叶、浮躁、缺乏一贯性等特点。这类人适宜于做要求反应迅速而灵活的工作,善于交际,思维敏捷;容易接受新鲜事物;情绪和情感容易产生,容易外露,也容易变化和消失;体验不深刻等。

这种类型的男性尤为敏捷好动,适应能力强,工作效率高;但易表现轻率,不愿从事耐心细致和平凡的工作。女性的突出表现是热情活泼、富有朝气;但情绪较不稳定,容易感情用事且感情又不深刻,兴趣多变,对困难的工作难以坚持到底,显得任性。在正确的教育下,他们对学习、劳动、社会生活会持积极主动的态度;在不良环境影响下,他们会表现出轻率、疏忽大意、散漫、自我评价过高等不良行为和态度。

(3) 黏液质类型的特征

黏液质属缄默而沉静的类型。其特点是平静、善于克制忍让、生活有规律、不为无关事情分心、埋头苦干、有耐久力、态度持重、不卑不亢、不爱空谈、严肃认真;但不够灵活、因循守旧,且注意力不易转移,对事业缺乏热情。

这种类型的男性更多表现为沉着坚定、态度持重、善于忍耐、恪守纪律、行为刻板、有惰性；女性则更多表现为冷静稳健、善于克制、埋头苦干、执拗、冷淡、因循守旧。在正确的教育下，他们容易形成勤勉、实事求是、坚毅等品质；在不良环境影响下，则可能发展为萎靡、迟钝、消极、怠惰以及对人对事漠不关心、冷淡、顽固等不良品质。

（4）抑郁质类型的特征

抑郁质属呆板而羞涩的类型。抑郁质的人一般表现为行为孤僻、不太合群、观察细致、非常敏感、性格腼腆、多愁善感、行动迟缓、优柔寡断。其显著特点是敏感、孤僻、内向、缺乏自信心。

这种类型的男性更多表现为孤僻、迟缓、处事谨慎、情绪深刻持久、态度平稳坚定，但遇到问题易惊慌失措；女性则更多表现为迟疑、怯懦、柔弱、扭捏腼腆、多愁善感、情绪细腻、耐受力差。在顺利的环境中，在友爱的集体里，他们可以表现出温顺、委婉、细致、敏感、坚定、能克服困难、富有同情心等优良品质；在不利条件下，则会表现出伤感、沮丧、忧郁、神经过敏、深沉悲观、怯懦、孤僻、优柔寡断等不良品质。他们常常会病态地体验到各种委屈情绪。

应该说明的是，以上四种气质类型的划分是相对的。在现实生活中，只有少数人是上述四种气质类型的典型代表，大多数人则是中间型或者混合型气质类型的人。

3.2.3 气质在管理中的应用

1. 气质对人们行为的影响

（1）气质类型无好坏之分

气质本身无好坏之分，因为气质是人的心理活动和行为动作方面的动力特征的综合。例如，多血质类型的人感情丰富，工作能力较强，容易适应新的工作环境，但注意力不稳定，兴趣容易转换；而抑郁质类型的人工作中耐受力差，容易感到疲劳，但感情比较细腻，做事审慎小心，观察力敏锐，善于体察到别人不易发觉的细小事物。任何气质类型都既有积极的一面，也有消极的一面。

在管理实践中，不能简单地评价一个人的气质类型，关键是要充分认识其气质类型固有的优缺点，扬长避短，使其与工作相结合。

（2）气质不决定一个人的社会价值和成就的高低

既然气质没有好坏之分，那么气质也就不能决定一个人的社会价值和成就的高低。中国著名心理学家曹日昌说：“气质只是属于人的各种心理品质的动力方面，它使人的心理活动染上某些独特的色彩，却并不决定一个人性格的倾向性和能力的发展水平。”在气质与社会价值、成就之间，同样没有对应关系。同样气质类型的人，对社会贡献的差别可能极大，而不同气质的人也可能在成就上相差无几。

（3）气质可以影响人的活动效率

在实践活动中，气质虽然对人的社会价值和成就不起决定作用，但它可能影响人的活动效率。例如，要求反应迅速且灵活的工作，多血质和胆汁质类型的人较为适合，而黏液质和抑郁质类型的人较难适应；反之，要求持久、细致的工作，黏液质和抑郁质类型的人较为适合，而多血质和胆汁质类型的人则较难适应。

2．气质在管理中的应用

（1）根据人的气质特征合理安排工作，调动人的积极性

不同特性的工作或职业对人的心理品质有不同的要求，这决定了不同气质可能适合于不同的工作。若气质和工作性质相匹配，员工的劳动和工作效率就可以大大提高。

有一些职业要求员工倾向于多血质、胆汁质，如演员、营业员、运动员、话务员、采购员等，他们适应于喧闹、嘈杂的工作环境，而对于需要长期安坐、细心检查的工作则难以胜任；有一些职业要求员工偏向于黏液质、抑郁质，如精细手工业工人、资料员、护理员、保育员等，他们对灵活多变的工作感到有压力。

虽然一些职业要求人们具有相应的气质特征，但是这种要求并不严格。因为在工作中，一个人气质的各种特征之间可以起到互相补偿的作用。因此，在普通岗位上，不必苛求职业对气质的要求。但是，一些特殊的工种，如飞机驾驶员、宇航员、电站集中控制室的调度员、高空带电作业人员等，这些人员的工作要经受住高度的身心紧张，因而要求他们具有灵敏快速的反应能力和冷静、理智、胆大心细、临危不惧的心理品质。特殊工种对人的气质特征提出了特殊的要求，必须注意气质要求的绝对性。为此，是否具有特殊工种所要求的特殊气质特征，应成为职业选择、培训、淘汰的重要依据之一。

（2）根据人的气质特征调整组织结构，增强团队的战斗力

在进行一般的工作安排和人员优化组合时，必须注意气质要求的互补性。人的气质特征有积极的一面，也有消极的一面，因此应合理调整不同气质的人员，组成一个团体，形成气质"互补"的组合，尽可能发挥气质的积极作用，克服气质的消极影响。

（3）根据人的气质特征做好思想工作

不同气质的人对挫折、压力、批评、惩罚的忍受能力、接受程度是不同的，所以，管理人员在做思想工作、分配任务时也要有所不同。例如，黏液质的人较为沉着、坚毅、冷静，情绪反应较慢，对待他们要耐心说服开导，多用事实说话，向他们提出要求时应给予一定时间考虑；抑郁质的人情感深刻、脆弱、孤僻、冷淡，不要在公开场合批评、训斥他们，而应该多给予关心和鼓励；与胆汁质的人打交道应避免发生冲突等。此外，在采用新的操作规程或重新编排班组时，多血质的员工很易适应新环境、新制度；但是，对于黏液质、抑郁质的员工则需要给予更多的关怀和照顾，才能使他们尽快地适应新的环境。

知识链接 3-1　　哈佛管理世界的气质培养

1. 沉稳
① 不要随便显露你的情绪。
② 不要逢人就诉说你的困难和遭遇。
③ 在征询别人的意见之前，自己先思考，但不要先讲。
④ 不要一有机会就唠叨你的不满。
⑤ 重要的决定尽量与别人商量，最好隔一天再发布。
⑥ 讲话不要有任何的慌张，走路也是。

2. 细心
① 对身边发生的事情，常思考它们的因果关系。

② 对做不到位的执行问题，要发掘它们的根本症结。
③ 对习以为常的做事方法，要有改进或优化的建议。
④ 做什么事情都要养成有条不紊和井然有序的习惯。
⑤ 经常去找几个别人看不出来的毛病或弊端。
⑥ 自己要随时随地对有所不足的地方补位。

3. 胆识
① 不要常用缺乏自信的词句。
② 不要常常反悔，轻易推翻已经决定的事。
③ 在众人争执不休时，不要没有主见。
④ 整体氛围低落时，你要乐观、阳光。
⑤ 做任何事情都要用心，因为有人在看着你。
⑥ 事情不顺的时候，歇口气，重新寻找突破口，结束也要干净利落。

4. 大度
① 不要刻意把有可能是伙伴的人变成对手。
② 对别人的小过失、小错误不要斤斤计较。
③ 在金钱上要大方，学习三施（财施、法施、无畏施）。
④ 不要有权力的傲慢和知识的偏见。
⑤ 任何成果和成就都应和别人分享。
⑥ 必须有人牺牲或奉献的时候，自己走在前面。

5. 诚信
① 做不到的事情不要说，说了就努力做到。
② 虚的口号或标语不要常挂嘴上。
③ 针对客户提出的"不诚信"问题，拿出改善的方法。
④ 停止一切"不道德"的手段。
⑤ 耍弄小聪明，要不得！
⑥ 计算一下产品或服务的诚信代价，那就是品牌成本。

6. 担当
① 检讨任何过失的时候，先从自身或自己人开始反省。
② 事项结束后，先审查过错，再列述功劳。
③ 认错从上级开始，表功从下级启动。
④ 着手一个计划，先将权责界定清楚，而且分配得当。
⑤ 对"怕事"的人或组织要挑明了说。

3.3 性格与管理

性格是人的个性中最重要、最显著的心理特征，在人的个性中起着核心作用，是一个人区别于他人的集中体现。

3.3.1 性格的含义

1．性格的含义

性格（Character）是指人对现实的态度和行为方式中比较稳定的、独特的心理特征的总和。它是一个人的心理面貌本质属性的独特结合，是区别个性的主要标志，在人的个性中起核心作用。

性格具有稳定性。性格并不是偶然出现在一个人身上的心理特征，在一定的教育和环境的影响下，一个人的性格一旦形成，就难以改变。在某种情况下，一个人总是表现出特定的生活情感和态度。性格具有稳定性，但不是说一个人在行为举止上都是千篇一律的，而是指人的性格的基本结构是不变的，在不同情境下同一性格是以不同形式表现出来的。实际上，人的性格并不是不能改变的，只是改变起来不太容易罢了。

2．性格与气质的关系

性格与气质同属于人的个性心理特征，两者在许多方面十分相似，以至于人们常常将两者混淆。

（1）性格与气质的区别

首先，二者形成的客观基础不同。气质的形成与高级神经活动类型密切联系，具有自然的性质；而性格的形成虽在一定程度上受遗传因素的影响，但主要是受社会环境、家庭、学校教育等后天因素的影响。

其次，二者的稳定性程度不同。气质具有先天性，主要受遗传因素的影响，后天影响极为缓慢，有很强的稳定性；而性格主要是后天形成的，虽然也具有稳定性的特点，但与气质相比，具有较强的可塑性。

最后，气质类型无好坏之分，而性格类型有好坏之分。气质反映的是人在情绪和行为活动中的动力特征，它不受活动内容的影响，也不具有社会评价意义；而性格反映的是对客观事物的态度和行为方式，会对他人和社会产生影响，因而有好坏之分。

（2）性格与气质的联系

首先，气质影响性格的状态，使性格带有某种独特的色彩，比较明显地表现在性格的情绪性和速度方面。例如，在勤劳这种性格特征方面，多血质的人表现为情绪饱满、精力充沛；黏液质的人则表现为操作精细、踏实肯干等。

其次，气质可以影响性格的形成和发展的速度。例如，在自制力这种性格特征方面，黏液质和抑郁质的人比多血质和胆汁质的人更容易形成。

最后，性格对气质也会产生一定影响，在一定程度上掩盖和改造气质的某些特征，使之服从于生活实践的要求。例如，外科手术的医护人员应该具有冷静沉着的性格特征，这种要求在职业训练中有可能掩盖或改造其原本具有的容易冲动等胆汁质的气质特征。

3.3.2 性格的类型与特征

1．性格的类型

众多心理学家都试图划分人的性格类型，由于理论观点的不同以及人的性格的复杂性，至今还没有统一的分类标准，下面简要介绍具有代表性的四种性格类型分类。

（1）按人的心理机能划分

英国心理学家培因（A. Bain）提出的心理机能优势理论，认为按智力、情感和意志在人身上占优势的程度不同可划分为理智型、情绪型、意志型三种不同的性格类型。理智型性格的人智力占优势，易用理智来分析并支配自己的行动；情绪型性格的人情绪占优势，行为举止易受情绪左右；意志型性格的人意志占优势，其行动目标明确，行为主动。以上三种只是日常生活中极典型的性格类型，实际上大多数人都属于中间类型。该理论脱离人的心理生活内容和倾向性，把性格只看作心理过程或能力的简单组合。这种类型划分只能是一种抽象的模式。

（2）按人的心理活动倾向性划分

神经分析学派创始人弗洛伊德的弟子、分析心理学创始人、瑞士心理学家荣格（C. G. Jung）认为人类生命中原欲[即力必多（libido）]的活动是一切行为变化的基础。他在1921年出版的《心理类型》一书中系统地阐述了自己的性格类型观点，将性格分为外倾和内倾两大类型。外倾性的人感情外露、自由奔放、当机立断、不拘小节、性格独立、善于交际、活动能力强，但也有轻率的一面；内倾性的人处事谨慎、深思熟虑、顾虑多、缺乏实际行动、交际面狭窄，适应环境比较困难。

这种分类标准已为大家所熟悉，也常被应用于教育、医疗等实践领域，但这种类型的划分并未摆脱气质型的模式，仍过于简单。

（3）按个体独立程度划分

按照个体的独立程度，可将人的性格划分为独立型和顺从型。心理学家认为，这两种类型的人是按照两种对立的信息加工方式进行工作的。独立型的人不易受外来事物的干扰，他们具有坚定的信念，能独立地判断事物，发现问题，解决问题，易于发挥自己的力量；顺从型的人则倾向于以外在参照物作为信息加工的依据，他们易受附加物的干扰，常不加批判地接受别人的意见，应激能力差。这种分类虽已为实验所证实，但其局限性还很大，并不能概括所有的性格类型。

（4）按特质不同组合划分

按照性格的多种特质的不同组合，可将人的性格分为不同的类型。例如，卡特尔（R. B. Cattell）把性格特质分为"表面特质"和"根源特质"两大类。"表面特质"是指经常发生的，从外部可以观察到的行为；而"根源特质"则是制约"表面特质"的潜在基础。例如，自作主张、自以为是、高傲、指责别人等表面特质，都是恃强性这个根源特质的表现。卡特尔经过多年的实践、研究，积累了大量的人的行为特点的资料，通过因素分析的方法，从众多的行为"表面特质"中抽出16种行为的"根源特质"，即乐群性、聪慧性、稳定性、恃强性、兴奋性、有恒性、敢为性、敏感性、怀疑性、幻想性、世故性、忧虑性、实验性、独立性、自律性、紧张性。卡特尔指出每个特质都可以作为性格的指标，它们普遍地存在于各年龄和社会文化环境不同的人身上。其中有的起源于体质因素，称为"体质特质"；有的起源于环境因素，称为"环境形成特质"。正是这两种特质的改变或社会化，决定着一个人性格的形成和发展。而这种改变或社会化，不论是"体质特质"还是"环境形成特质"，都是由一个人的先天素质和后天经验两个方面决定的。

2．性格的特征

性格是一个十分复杂的心理现象，是一个多维结构，其特征主要表现为对现实态度的性格特征，以及性格的意志特征、情绪特征、理智特征。

（1）对现实态度的性格特征

对现实态度的性格特征是指人对现实的态度所表现出来的个别差异。人对现实的态度主要表现在三个方面：①对社会、对集体、对他人的态度，如是大公无私还是自私自利、是热情还是冷漠、是诚实还是虚伪等；②对劳动、对工作、对学习的态度，如是认真还是粗心、是节俭还是奢侈、是勤奋还是懒惰等；③对自己的态度，如是自信还是自卑、是严于律己还是放任自流等。

（2）性格的意志特征

性格的意志特征是指人为了完成目标，自觉地调节自己的行为，千方百计地克服前进道路上的困难时，所表现出来的意志方面的个别差异。这种特征主要表现在四个方面：①对自己行为目标的明确程度，如是有计划的还是盲目的；②在紧张或困难的情况下表现出来的意志特征，如是镇定还是懦弱；③对自己行为的自觉控制水平，如是一时冲动还是自制力强；④对长期工作的意志特征，如有无恒心、耐心等。

（3）性格的情绪特征

性格的情绪特征是指人们在情绪的强度、稳定性、持续性及主导心境方面所表现出来的个别差异。情绪的强度表现为一个人受情绪的感染和支配的程度以及情绪受意志控制的程度，如有的人热情奔放、精力旺盛，而有的人则安静、冷漠；情绪的稳定性表现为一个人情绪受外界条件变化而产生起伏和波动的程度，如有的人在重大事件面前情绪平稳，而有的人则很激动；情绪的持续性表现为情绪活动的持续时间和对身体、工作和生活影响的久暂性，如同样遇到悲伤事件，有的人悲伤情绪持续时间长、影响持久，而有的人则相反；主导心境是指不同心境在一个人身上稳定表现的程度，如有的人经常欢乐愉快，有的人则常常抑郁低沉。

（4）性格的理智特征

性格的理智特征是指人在感知、思维、想象和记忆的认识过程中所表现出来的个别差异。如在感知方面有主动观察型和被动感知型，前者不易受环境干扰，能按自己的目的和任务进行观察，后者易受暗示和环境干扰；在思维方面有敏捷性、独创性、逻辑性和深刻性等的差异；在想象方面，就想象的主动性而言，有主动想象和被动想象的差异；在记忆方面有形象记忆和抽象记忆的差异。

3.3.3 性格在管理中的应用

1．管理者的性格

管理心理学根据性格的结构和管理者的行为，可以将管理者的性格分成三种类型：积极刚勇型、消极怯懦型和折中型。

（1）积极刚勇型

积极刚勇型管理者的行为特点为：活泼，有坚定的信念；有时候甚至过分地信任自己；积极地做正当的事，遇事不顺利也不灰心；有斗争性；由于自己的行为伴随愉快的事，因而行为会被强化。

（2）消极怯懦型

消极怯懦型管理者的行为特点为：畏首畏尾，对社会活动不感兴趣，生活单调；话题少，依赖性强，一切听从别人指挥，使自己的思维和行为停留在狭小的范围内；虽然消极但很敏感，自卑感很强；由于遇到的都是不愉快的事，因而对于采取行动持消极态度。

（3）折中型

折中型管理者的行为特点为：介于积极与消极之间，做事没有条理，有点慌张情绪；令人感到有点任性与不诚实；有时有冒险行动，有时则逃避行动，其行动伴随有愉快的与不愉快的极端变化；做事、办事不利索。

现代化建设需要的管理者应以积极刚勇型为主，但是，这种性格类型的管理者也可能有弱点，如过于自负，喜欢左右别人等。消极怯懦型管理者虽然不理想，但可以通过实践活动逐渐转化，增加其积极刚勇的一面，在工作中更有干劲。对于折中型领导者，则要通过多接触来增加彼此的亲密程度，最终使其性格向积极刚勇型转化。

2．性格对管理的影响

性格是具有核心意义的个性心理特征，是一个人社会本质的集中体现。在人的个性心理特征中，与能力、气质相比较，只有性格具有直接的社会意义。一个人的能力有大小，对社会的贡献各不相同，但如果有良好的性格特征，就可以更好地服务于社会。不同的气质特点不会影响人对社会所做出的贡献；性格则不同，它贯穿于人的全部行为之中，既表现出个体对人、对事、对己的态度，又反映出其习惯性的行为方式，是一个人品德和世界观的具体标志，精神面貌的综合反映。人的性格特征直接影响着人际关系、活动效果，具有直接的社会意义，因而可以对其做出评价。

（1）性格与人际关系

人际关系是影响管理绩效的重要因素。科学研究与管理实践证明，良好的性格特征，如谅解、支持、友善、团结、诚实、谦虚、热情等是使组织人际关系和谐、有凝聚力的重要心理品质；相反，冷淡、刻薄、嫉妒、高傲等性格则容易导致人际关系紧张，出现扯皮、拆台、凝聚力差与士气低落的局面。

（2）性格与创造力、竞争力

员工的创造力与竞争力是关系一个组织能否生存、发展，是否有生命力的一个重要心理品质，而人的创造力和竞争力又同人的某些性格特征有密切关系。一般来说，独立性强的人抱负水平高，适应能力强，有革新开拓精神，有时难免武断；而依赖性强的人自信心弱，易受传统束缚，创造力和竞争性也相对较差。组织管理者要妥善处理好某些职业与性格之间的关系，努力为员工创造良好的环境，鼓励独立性强的人从事具有创新性的工作，而让依赖性强的人从事常规性工作，从而提高员工的工作满意度。

（3）性格与效率

性格是影响员工工作效率的一个重要因素。有的人虽然智力水平不高，能力也不强，但却有良好的性格品质，如有事业心、责任心、恒心、勤奋好学，则可以弥补能力上的不足，同样能够在学习、工作方面取得成就。相反，如果单凭小聪明，没有形成良好的性格，懒惰、浮躁，对知识不求甚解，那么学习和工作的效率也不会很高。组织管理者在进行人才选拔时，除了考虑智力和能力的因素外，还要更多地考虑员工的性格等非智力因素。

（4）性格与领导类型

在影响组织未来成功与否的因素中，领导已成为最关键的因素。一个优秀的领导应具备何种性格品质,是管理学家和心理学家一直努力研究的问题。有人对玛格丽特·撒切尔、罗纳德·里根、纳尔逊·曼德拉等人的领导风格做了大量研究,将他们的性格特征描述为魄力、热情、勇气等。如在撒切尔执政期间,人们常常这样描述她:自信、铁腕、坚定、雷厉风行等。领导有多种类型,不同类型的领导在管理中所起的作用是不一样的。

(5) 性格与工作匹配

由于人的性格各有特点,与人际关系、工作效率等有着重要关系,因此针对人们在性格特征上的差异进行工作匹配就显得尤为重要。例如,害羞、不善社交的人不适宜做业务接洽员;性格柔顺、容易服从别人意见的人不适合做广告设计师。

3. 性格在管理中的应用

管理者必须意识到性格问题不纯粹是个人问题,一个人的性格品质直接或间接地影响甚至决定其成功与失败。心理学家通过对众多杰出人物的跟踪研究发现,人才的成功不仅与他们的智力水平有关,而且与他们的性格品质有更大的关系。研究表明,一个员工尽管有很高的智商、较强的能力,但若缺乏敬业精神,不求上进,做事马虎,独立性差,怕苦怕累,人际关系紧张,那么也不会对企业发展有多大帮助。因此,要有效地提高员工的工作效率,增强企业内部的凝聚力,必须注意培养员工良好的性格。为此,管理者要注意以下几个问题。

(1) 准确把握员工性格特点

对于管理者来说,了解员工的性格,不仅有助于解释和掌握其现在的行为表现,而且也可以预测其未来的行为趋势,还可以据此创设适宜的工作环境,从而提高生产效率。可以通过以下途径了解员工性格:①通过各种活动不断地了解;②通过深入调查进行了解;③借助一些心理测验来了解。

(2) 实施有针对性的管理

针对性管理包括"因人施用"和"因材施教"两个方面。"因人施用"是要根据员工的性格特点考虑岗位的适用性,选择合适的人担任合适的工作,如选用规章意识强、细心负责的人担任财务工作;"因材施教"是指在对员工进行教育时,要针对员工的性格特点,提出适当的教育要求,运用合理的教育方法,如对心胸狭窄的员工进行教育时,既要谨慎小心不伤害其自尊心,又要热情开导逐步帮助其形成宽阔的胸怀。

(3) 坚持进行职业道德教育,严格实施行为规范训练

组织中成员的性格特征各异,有好的品质也有不好的品质,要使组织成员统一行动,并形成有利于组织高绩效的良好作风,管理者就必须通过有效措施,制定并严格实行组织统一的行为规范和政策制度,使每个员工在岗位工作中受到严格的性格品质锻炼,从而逐步形成高尚的职业观念和良好的职业作风。通过良好的群体风气和严格的管理教育,熏陶改造每个员工个人的性格缺点,同时,依靠每个员工性格的锻炼和品质的提高使群体素质得以提高。

(4) 管理者应该注意自身性格修养

优秀的管理者不仅要依靠知识的力量和法规的力量,还要依靠"人格的力量""榜样的力量"来进行管理。这就需要管理者注意自身的性格修养,多发挥有利于管理工作的性格特点,限制不利于管理工作的性格特征表现出来。管理者首先要对自己的性格特征进行全面分析;其次要认清哪些性格特征对管理工作有利或有害,据此提出对自己性格的培养目标;最后对性格的各方面做全面反省。

3.4 能力与管理

3.4.1 能力的概念

能力是促使活动顺利完成并直接影响活动效率的心理特征。任何一种活动都要求参与者具备一定的能力,而且能力直接影响着活动的效率。例如,从事外交工作要具有灵活而敏捷的思维、较好的语言表达、较强的记忆等能力;从事管理工作要具备一定的组织、交际、宣传、说服等能力。只有在能力上足以胜任工作,才能取得良好的工作绩效;否则,工作就不能顺利进行。

3.4.2 能力与知识、技能的区别及联系

能力与知识、技能既有区别,又有联系。

1. 能力与知识、技能的区别

能力与知识、技能的概念是不同的,不能混淆。知识是人类积累的关于自然与社会的认识和经验的总和;技能是个体习得的习惯化的行为方式;能力则是个体为顺利完成活动而经常地、稳定地表现出来的心理特征,三者不能等同。知识多不一定能力强。如工厂里的工程技术人员具有专业知识与技能,但这并不等于他们已具备管理他人的能力。

2. 能力与知识、技能的联系

① 知识、技能是能力形成的基础,并能促进能力的发展。显然,能力的发展是在掌握和运用知识、技能的过程中完成的,离开学习和训练,什么事情都不做的人,其能力是得不到发展的;反之,管理人员通过学习管理知识与理论,并在实践中加以应用,这样他们的管理能力就会得到提高与发展。

② 知识、技能的掌握是以一定的能力为前提的。能力在一定程度上决定着个人获取知识、技能的速度和质量。换句话说,掌握知识、技能的难易和速度依赖能力本身的发展。例如,管理能力水平较高的人,往往能迅速、顺利地掌握管理的知识和技能。

3.4.3 能力的分类和差异分析

1. 能力的分类

(1) 一般能力和特殊能力

一般能力是在很多基本活动中表现出来的能力,它适用于广泛的活动范围,如观察力、记忆力、注意力、想象力、抽象思维能力等。在西方心理学中一般能力被称为"智力"。特殊能力是表现在某些专业活动中的能力,它只适用于某种狭窄的活动范围,如节奏感受能力、色彩鉴别能力、计算能力、飞行能力等。

(2) 基本能力和综合能力

基本能力是指某些单因素能力,即主要通过大脑某一种功能完成的心理活动中表现出来的能力,如感知、记忆、思维、肌肉运动等能力。综合能力是由许多基本能力分工合作下完成的活动中表现出来的能力,如数学能力、音乐能力、管理能力等,这些都是由某些基本能

力结合而成的综合能力。

2．能力的差异分析

（1）各种能力都有发展水平上的差异

在相同条件下，如果一个人在某种活动中表现出比别人更好的成绩，就表示其较别人有更高的能力水平。能力的发展水平差异在智力上有最为明显的表现。心理学上将智力水平由低向高分成许多等级，如低常、中常、超常三级，或智力缺陷、临界状态、中下、中等、中上、优秀、非常优秀七等。科学家经过大量的抽样智力测验和统计处理发现，人类的智力水平是服从正态分布的，即智力极低和极高的人只占人群中的极少数，绝大多数人的智力属于中常或接近中常水平。

（2）能力类型的差异

能力类型的差异是人的能力在质的方面的差异，指人们能力发展方向上的差异。人的能力表现在很多方面，但发展是不平衡的。例如，有人善用形象思维，有人善用抽象思维；有人长于语言，有人长于操作。一些人的认知属于综合型，善于概括和整体把握，但在细节分析方面较弱；一些人的认知属于分析型，细节感知清晰，但整体性不够。

（3）能力表现早晚的差异

人与人之间在能力发展的早晚上也是各不相同的。有的人在儿童时期就表现出优异的能力，称为"早慧"。例如，我国唐初的王勃，10岁能赋，16岁幽素科试及第。有的人则能力发展迟缓，到年龄较大时才显露出较高的能力水平，并做出杰出的贡献，称为"大器晚成"。例如，我国画家齐白石40岁才表现出他的绘画才能；达尔文在50多岁时才开始有研究成果，写出名著《物种起源》。一般来说，人的能力发展的高峰期在青壮年期，称为最佳年龄区。但具体出现在这个高峰期的哪个年龄段以及这个年龄段具体时间的长短，也是有差别的。从人群总体来看，各种能力的发展在年龄上都有一个较集中的阶段。从出成绩的年龄来看，大部分人属于中间类型，在中青年时期表现出能力的最高水平。

3.4.4 能力在管理中的应用

管理职能的各个方面都与人的因素有关，特别是与人的能力有关，因此，管理者不仅要了解自己的能力，还要了解下属的能力差异，根据工作需要和员工能力进行人事安排。

1．让员工的能力与工作相匹配

有什么样能力的人，做什么样的工作。这样才能做到人与工作的最佳匹配，使人的能力得到最大的发挥，使工作取得最佳的绩效。若一个人所具有的能力高于实际工作所要求的水平，就会表现出"大材小用"、工作乏味、效果不佳的后果；反之，若一个人所具有的能力低于实际工作所要求的水平，则会感到"力不从心"，其后果是给工作带来极大的损失，若压力过大还会影响其心理健康。

2．职业培训要注意提高员工的能力

提高员工的能力既包括一般能力的提高，也包括特殊能力的提高。每个人的一般能力发展与特殊能力的提高之间，存在着互相依存、互相联系、互相促进的辩证关系。员工所形成的特殊能力是建立在其一般能力基础上的，同时，员工的特殊能力的发展也会提高其一般能

力的水平。

3．注重能力，合理招聘人才

在招聘时，既要考虑到招聘人员的知识、技能，也要考虑到招聘人员的潜在能力。目前，招聘时往往把文化考核与技术操作考核的成绩作为是否录用的唯一标准，这显然是不全面的。文化或技术操作的考核，只能代表一个人已经掌握的部分知识或技能的水平，但并不等于一个人所具有的能力，更不等于一个人所蕴藏的内部潜力。克服这种片面性的办法，就是要对人的能力有一个全面的了解。在录用人员时，既要看"文凭"，也要看其解决实际问题的能力。

练习题

一、单项选择题

1．行为特征表现为直率热情、精力旺盛、情绪易冲动等的气质类型是（　　）。
   A．多血质　　　　B．黏液质　　　　C．胆汁质　　　　D．抑郁质
2．个性的心理结构包括个性倾向和个性心理特征两个部分，以下不属于个性心理特征的是（　　）。
   A．气质　　　　　B．性格　　　　　C．动机　　　　　D．能力
3．下列说法中正确的有（　　）。
   A．人的气质类型没有好坏之分，人的性格类型有好坏之分
   B．人的气质类型和性格类型都没有好坏之分
   C．气质在人的个性中起核心作用
   D．气质是一个人的心理面貌本质属性的独特结合，是区别个性的主要标志
4．性格是现实社会关系在人头脑中的反映，不属于性格特征的是（　　）。
   A．态度倾向性　　B．先天性　　　　C．稳定性　　　　D．可塑性

二、思考题

1．什么是个性？不同的个性形成的因素有哪些？
2．什么是气质？在管理中应如何应用？
3．什么是性格？在管理中应如何应用？
4．什么是能力？在管理中应如何应用？

实训项目

实训内容一：气质类型测试
实训步骤：

1．请认真阅读下列60题，对于每一题，你认为非常符合自己情况的，在后面括号里填"+2"，比较符合的填"+1"，拿不准的填"0"，比较不符合的填"–1"，完全不符合的填"–2"。

气质类型测试题

① 做事力求稳妥，不做无把握的事。　　　　　　　　　　　　　　　　　　（　　）
② 遇到可气的事就怒不可遏，把心里话全说出来才痛快。　　　　　　　　　（　　）

③ 宁肯一个人干事，不愿很多人在一起。（ ）
④ 到一个新环境很快就能适应。（ ）
⑤ 厌恶那些强烈的刺激，如尖叫、噪声、危险的镜头等。（ ）
⑥ 和人争吵时，总是先发制人，喜欢挑衅。（ ）
⑦ 喜欢安静的环境。（ ）
⑧ 喜欢和人交往。（ ）
⑨ 羡慕那种能克制自己感情的人。（ ）
⑩ 生活有规律，很少违反作息制度。（ ）
⑪ 在多数情况下情绪是乐观的。（ ）
⑫ 碰到陌生人觉得很拘束。（ ）
⑬ 遇到令人气愤的事，能很好地克制自己。（ ）
⑭ 做事总是有旺盛的精力。（ ）
⑮ 遇到问题常常举棋不定，优柔寡断。（ ）
⑯ 在人群中从不觉得过分拘束。（ ）
⑰ 情绪高昂时，觉得干什么都有趣。（ ）
⑱ 当注意力集中于一件事时，别的事很难使我分心。（ ）
⑲ 理解问题总比别人快。（ ）
⑳ 碰到危险情境，常有一种极度恐怖感。（ ）
㉑ 对学习、工作、事业怀有很高的热情。（ ）
㉒ 能够长时间做枯燥、单调的工作。（ ）
㉓ 符合兴趣的事情，干起来劲头十足，否则就不想干。（ ）
㉔ 一点小事就能引起情绪波动。（ ）
㉕ 讨厌做那种需要耐心、细致的工作。（ ）
㉖ 与人交往不卑不亢。（ ）
㉗ 喜欢参加热烈的活动。（ ）
㉘ 爱看感情细腻、描写人物内心活动的文学作品。（ ）
㉙ 工作、学习时间长了，常感到厌倦。（ ）
㉚ 不喜欢长时间谈论一个问题，愿意实际动手干。（ ）
㉛ 宁愿侃侃而谈，不愿窃窃私语。（ ）
㉜ 别人说我总是闷闷不乐。（ ）
㉝ 理解问题常比别人慢些。（ ）
㉞ 疲倦时只要短暂的休息就能精神抖擞，重新投入工作。（ ）
㉟ 心里有话宁愿自己想，不愿说出来。（ ）
㊱ 认准一个目标就希望尽快实现，不达目的誓不罢休。（ ）
㊲ 学习、工作同样一段时间后，常比别人更疲倦。（ ）
㊳ 做事有些莽撞，常常不考虑后果。（ ）
㊴ 老师或师傅讲授新知识、技术时，总希望他讲慢些，多重复几遍。（ ）
㊵ 能够很快地忘记那些不愉快的事情。（ ）
㊶ 做作业或完成一件工作总比别人花的时间多。（ ）

㊷ 喜欢运动量大的剧烈体育活动，或参加各种文娱活动。 (　　)
㊸ 不能很快地把注意力从一件事转移到另一件事上去。 (　　)
㊹ 接受一个任务后，希望把它迅速完成。 (　　)
㊺ 认为墨守成规比冒风险强些。 (　　)
㊻ 能够同时注意几件事物。 (　　)
㊼ 当我烦闷的时候，别人很难使我高兴起来。 (　　)
㊽ 爱看情节起伏跌宕、激动人心的小说。 (　　)
㊾ 对工作抱认真严谨、始终一贯的态度。 (　　)
㊿ 和周围人的关系总是相处不好。 (　　)
(51) 喜欢复习学过的知识，重复做已经掌握的工作。 (　　)
(52) 喜欢做变化大、花样多的工作。 (　　)
(53) 小时候会背的诗歌，我似乎比别人记得清楚。 (　　)
(54) 别人说我“出语伤人”，可我并不觉得这样。 (　　)
(55) 在体育活动中，常因反应慢而落后。 (　　)
(56) 反应敏捷，头脑机智。 (　　)
(57) 喜欢有条理而不甚麻烦的工作。 (　　)
(58) 兴奋的事常使我失眠。 (　　)
(59) 老师讲新概念，常常听不懂，但是弄懂以后就很难忘记。 (　　)
(60) 假如工作枯燥无味，马上就会情绪低落。 (　　)

第二步，四种气质类型的相应题号如表 3-3 所示，根据测试的分数，把每题得分加起来，总分为此气质类型的得分。

表 3-3　气质测验得分表

胆汁质	题号	2	6	9	14	17	21	27	31	36	38	42	48	50	54	58	总分
	得分																
多血质	题号	4	8	10	16	19	23	25	29	34	40	44	46	52	56	60	总分
	得分																
黏液质	题号	1	5	11	13	18	22	26	30	33	39	43	45	49	55	57	总分
	得分																
抑郁质	题号	3	7	12	15	20	24	28	32	35	37	41	47	51	53	59	总分
	得分																

第三步，评分标准：如果某种气质得分明显高于其他三种（均高出 4 分及以上），则可定为该种气质；如两种气质得分接近（差异不高于 3 分）而又明显高于其他两种（高出 4 分及以上），则可定为两种气质的混合型；如果三种气质均高于第四种的得分且相接近，则为三种气质的混合型。由此可能具有 13 种气质类型：①胆汁；②多血；③黏液；④抑郁；⑤胆汁－多血；⑥多血－黏液；⑦黏液－抑郁；⑧胆汁－抑郁；⑨胆汁－多血－黏液；⑩多血－黏液－抑郁；⑪胆汁－多血－抑郁；⑫胆汁－黏液－抑郁；⑬胆汁－多血－黏液－抑郁。

实训内容二：内外向性格测试

内向或者外向，是一个人性格之中最基本也是最明显的特征。以下是 60 个测试题目，每个题都有"是""不能确定""不是"三种答案。请以最快的速度完成作答，并统计 A、B 卷的综合得分。

A 卷

① 在大庭广众面前，你会感到不好意思。
② 喜欢一个人独处。
③ 与陌生人打交道，你觉得不容易。
④ 遇到不快乐的事情时，你能抑制感情，不露声色。
⑤ 你不喜欢社交活动。
⑥ 你不会把自己的想法轻易地告诉别人。
⑦ 对问题，你喜欢刨根问底。
⑧ 你凡事很有主见。
⑨ 会议休息时，你宁肯一个人独处也不愿意与人交谈。
⑩ 遇到困难时，你非弄懂不可。
⑪ 你不善于和别人辩解。
⑫ 你时常因为自己的无能而沮丧。
⑬ 你常常对自己面临的选择犹豫不决。
⑭ 你喜欢将自己同别人比较。
⑮ 你容易羡慕别人的成绩。
⑯ 你很在意别人对你的看法。
⑰ 在发现异常的情况时，你容易产生丰富的联想。
⑱ 你总是把家里收拾得干干净净。
⑲ 你做事很细心。
⑳ 你十分注意维护自己的信用和形象。
㉑ 你信奉"不干则已，干则必成"这一格言。
㉒ 一本书你可以反反复复地看几遍。
㉓ 你做事情很有计划。
㉔ 在学习时，你不容易受外界的干扰。
㉕ 读书时，你的作业大多整洁、干净。
㉖ 一旦对人形成一种看法，你不会轻易地改变。
㉗ 你不喜欢体育活动。
㉘ 在买东西前，你总是货比三家。
㉙ 面对不愉快的事情，你不会生很长时间的气。
㉚ 你常常担心自己会遭遇失败。

B 卷

㉛ 你总是对人一见如故。
㉜ 你喜欢表现自己。
㉝ 开会时，你喜欢坐在显眼的地方，方便被人注意到。
㉞ 你在众人面前总是能够爽快地回答问题。
㉟ 你愿意经常和朋友在一起。

㊱ 逛街时，你只要认为是好东西就会立即买下来。
㊲ 对别人的意见，你很容易接受。
㊳ 你喜欢高谈阔论。
㊴ 决定问题时，你是一个爽快的人。
㊵ 常常不等别人把话讲完，你就觉得自己已经懂了。
㊶ 遇到挫折时，你不轻易丧气。
㊷ 碰到高兴的事情时，你容易喜形于色。
㊸ 对别人的事情，你不太注意。
㊹ 你喜欢憧憬未来。
㊺ 你相信自己不比别人差。
㊻ 你不注意外表。
㊼ 即使做了亏心事，你也会很快遗忘。
㊽ 你自己放的东西，却常常忘了在哪儿。
㊾ 对于别人的请求，你总是乐于帮助。
㊿ 你总是热情来得快，退得也快。
(51) 你做事情注重速度而不注重质量。
(52) 你不习惯长时间看书。
(53) 你的兴趣广泛，但经常换。
(54) 在开会时，你喜欢同别人交头接耳。
(55) 答应别人的事情你经常会忘记。
(56) 你容易和别人交朋友。
(57) 对电视中的球赛节目，你非常感兴趣。
(58) 你不看重经验，不惧怕从没做过的事情。
(59) 当你做错事情时，你容易承认和改正。
(60) 你容易原谅别人。
测试结果评定：
A 卷：“是”0 分，“不能确定”1 分，“不是”2 分。
B 卷：“是”2 分，“不能确定”1 分，“不是”0 分。
性格分析：
90 分以上，典型的外向性格。
71～90 分，稍微外向的性格。
51～70 分，外向、内向混合的性格。
31～50 分，稍微内向的性格。
30 分及以下，典型的内向性格。

第 4 章　态度、价值观与管理

■ 学习目标 ■

知识目标
- 理解态度的概念、构成和影响因素。
- 理解工作价值观的内涵和结构。
- 掌握工作满意度的概念和影响因素。
- 理解心理契约和组织承诺的概念、内容和作用。

能力目标
- 能运用改变个体态度的方法。
- 掌握工作满意度与工作行为的关系。
- 掌握心理契约和组织承诺的关系。

引导案例>>>　价值 2 亿美元的工作态度

国际航空联盟决定遴选一座有超级吞吐能力且在软硬件上都过硬的机场,作为国际客运及货运的航空枢纽,成为各个国际航班的中转站。选定后的这一航空枢纽预计年乘客运输量将在 3 000 万人次以上,货物吞吐量达 200 万吨。如果哪家机场能幸运地最终入选,那么每年在收取停机费以及提供其他机场服务等方面,就将会有近 2 亿美元的收入。

此消息一出,各国机场纷纷摩拳擦掌,积极申报参与竞争。凭借机场现有的吞吐能力和未来已定下的扩建规模,某国 A 机场和另一国的 B 机场进入了最后的"决赛"。

"决赛"争夺十分激烈,因为在各项硬件条件上,A 机场和 B 机场不相上下,就看在软件服务上谁更胜一筹了。于是,国际航空联盟的官员们将自己乔装成普通乘客,开始偷偷地到两家机场"明察暗访"。在登机以及乘坐的过程中,两家机场都给予了同样的规范化服务,难分伯仲。

然而接下来,等暗访的官员们下了飞机,来到行李区取自己的行李箱时,却发现在 B 机场取到的箱子非常干净,几乎是一尘不染,而在 A 机场取到的行李箱却显得有些脏兮兮的,有的官员的行李箱甚至还多出了几道大的划痕和裂痕,像是被人摔过!

国际航空联盟的官员们开始了现场调查,他们发现,当行李箱从滑梯上滑下来时,B 机场的地勤工作人员面带微笑,小心翼翼地接过行李箱,然后用一块抹布将整个箱子从头到尾地认真擦了一遍，再将其小心地摆放到行李车上，等着乘客来取。整个过程中，B机场的地勤工作人员们全身心一丝不苟地投入，可以感受到他们发自内心的对工作的喜欢和热爱。

而在A机场，官员们却发现了另一番景象：当行李箱滑下来后，地勤工作人员随意地将行李箱扔在一旁的行李车上，有时没扔准，行李箱掉了出来，他们则显得很是不耐烦，恨不得上前踹上一脚。工作中，地勤工作人员脸上的表情麻木，感受不出一点对这份工作的喜欢和享受。

3个月后，结果出来了，A机场最后输给了B机场。为何是B而不是A？国际航空联盟给出的解释是这样的：我们不能把每年乘客携带的200万吨货物交给一群不热爱自己工作的人来处理，这不符合国际中心空港的气质，也不符合每年近3000万次乘客的心愿！

当A机场得知自己败给对手的真正原因时，追悔莫及。虽然他们表示会立即整改此项工作，然而一切都晚了，不但没拿到2亿美元的收入，而且为迎接检查所做的一切投入和努力也都付诸东流。

【引入问题】
1. 请指出A机场和B机场地勤工作人员在工作态度、价值观等方面的差异。
2. 这个案例给了我们什么启发？

员工的态度、工作价值观和心理契约直接影响到他们对工作的满意度和组织承诺。因此，如何在复杂多变的管理环境中，对员工的态度、工作价值观和心理契约进行培养、教育和管理，使员工具有较高水平的工作满意度和组织承诺，是当代管理者必须面对的重要问题。

4.1 态度

态度可以决定一个人的成长高度，干任何工作、做任何事情都是如此。一个人的态度决定了其是否能把一份工作或一件事情做得更完善，同时也决定着一个人能否获得更高的职位。

4.1.1 态度的概念及其构成

扫一扫看微课：
态度的概念及构成

态度（Attitude）是指个体在社会实践中形成的，对某一具体对象以一定方式做出反应时所持有的评价性的、较稳定的心理倾向。

态度是心理学上的一个重要概念，不能通过直接观察得到，但可以被间接测量。态度是个体对客观事物、人或事件的一种稳定的认知体系，对个体的行为发挥着重大作用。

一般认为，态度是由认知、情感与行为倾向这三种要素构成的。

1. 认知要素

认知要素是对态度对象的理解与评价，是对态度对象的看法和想法。认知要素是态度形成的基础。在工作中常常表现为对领导、下属或其他员工的思想、作风、能力、品德、个性的认知和评价，例如，"总经理对下属十分随和，具有亲和力"即是某员工对领导态度的认知成分。

2．情感要素

情感要素是指个体由认知而产生的对态度对象的一种情绪情感体验，如藐视与尊敬、同情与排斥、喜欢与厌恶等。情感要素是态度的核心成分。例如，"我很尊敬和钦佩我的老板"就是某员工对领导态度的情感成分。

3．行为倾向要素

行为倾向要素，又称意向要素，是个体对态度对象的反应倾向，是行为的准备状态，即准备对态度对象做出某种反应。该要素决定了态度的表现，然而这种行为倾向不代表行为本身，只有在外部客观条件已经具备的情况下才会表现出来。例如，"我愿意跟上司一起讨论事情，并接受其指导和帮助"即为某员工对领导态度的行为倾向。

因此，态度是认知、情感和行为倾向的三位一体。通常情况下，态度的三大要素是协调一致的。其中，认知使人们对态度对象产生了解和判断，在此基础上，人们进一步产生相应的情感体验和行为倾向，并最终形成了对这一对象的态度。

4.1.2 态度的基本特征

态度具有以下基本特征：

1．态度的社会历史性

态度并非与生俱来，其形成与改变伴随着个体的社会化过程。人们对父母、师长、朋友，对劳动、纪律、制度，以及对自己、他人、集体、国家等的态度都是在社会生活、工作和学习等活动中逐渐形成的，一旦形成，对人的心理和行为有较大影响。

2．态度的针对性

态度总是针对一定的对象，虽由主体发出，但又不属于纯粹的个人主观范畴，也不属于纯粹的客观范畴，而是属于主体与客体之间的关系范畴，如学生对某一任课老师的态度、员工对企业管理者的态度等。孤立的、不具有任何针对性的态度是不存在的。

3．态度的内隐性

态度是人的内在心理结构，自己可体验，他人是无法直接观察得到的，而只能通过个体的言行、表情做间接分析与推测。例如，从某员工一贯兢兢业业、踏踏实实的工作行为中，可推测其对工作抱有热爱、认真负责的态度。

4．态度的协调性

态度是认知、情感和行为倾向的三位一体。通常情况下，在个体对某一事物持有的态度中，这三大要素是协调一致的。一旦出现不一致的情形，个体就会出现态度改变的倾向，对态度体系中的相关部分进行调整，最终使态度的三种要素重新达到协调一致。

5．态度的持续性和稳定性

人的态度是在社会实践中逐步形成的，并与其个人的理想、世界观和信念紧密联系，和个体的个性倾向相联系，一旦形成就较持久和稳定。态度的这种稳定性会使个体在行为模式上表现出一定的规律。

> **案例链接 4-1** 两个秀才赶考的故事
>
> 古时候,有两个秀才一起去赶考,路上他们遇到了一支出殡的队伍。看到那一口黑乎乎的棺材,其中一个秀才心里立即"咯噔"一下,心想:"完了,真倒霉,赶考的日子居然遇到棺材!"于是,情绪一落千丈。进考场后,那口黑乎乎的棺材一直挥之不去,文思顿时枯竭,最终名落孙山。另一个秀才也同时看到了那口棺材,一开始心里也"咯噔"了一下,但转念一想:"棺材,棺材,不就是既有官,又有财吗?好兆头!看来我今天交红运了。"于是心里十分兴奋,到考场上后,文思如泉涌,果然一举考中。回到家里后,两个秀才都对家里人说,那棺材真的好灵!

4.1.3 影响态度改变的因素

个体的态度一旦形成后,具有相对稳定性。但随着时间推移和外界环境的变化,态度仍有可能发生改变。

在组织管理中,转变员工的态度是人力资源管理的有效路径。管理人员可以通过将员工的消极态度转变为积极态度,将较弱的积极态度转变为较强的积极态度,或者将较强的消极态度转变为较弱的消极态度等途径,为更好地实现组织目标打好基础。因此,作为企业管理者,有必要知晓和了解影响员工态度改变的因素。

影响个体态度转变的因素包括内部因素和外部因素。其中,内部因素主要包括个体的认知、需要和个性心理特征等因素;外部因素主要包括人际影响、组织内部的信息沟通、组织氛围等因素。

1. 内部因素

(1) 个体的认知

态度是一个认知的过程,个体对原有态度对象的认知越深刻,转变态度就越困难。而价值观是人们对某一事物所持有的信念和态度,它会影响到员工的认知。可以说,态度来源于价值观。因此,管理者要了解员工的基本价值观,并针对员工原有态度采取适当的方法加以改变。

(2) 个体的需要

组织管理学大师阿吉里斯(C. Argyris)指出,个体在工作中不可能做到完全封闭自我实现的需要,如果个人需要和组织的要求不一致,个人就会产生挫折感、冲突感和失败感。这会使个体产生退缩、沮丧等消极态度。因此,管理者需要了解、分析员工的需求性质并尽可能满足员工的合理需求,使员工态度转向利于组织目标实现的方向。

(3) 个体的人格

个体的人格对于态度的转变有重要的影响。人格是指人的气质、性格、能力、兴趣等特征的总和。人格受需要、动机、心态、信念等影响,具有倾向性。就人格中的气质类型而言,一般认为胆汁质、多血质个体的态度转变较为容易,而黏液质、抑郁质个体的态度较难转变;就性格而言,外向者比内向者的态度容易转变。

2. 外部因素

(1) 人际影响

在组织中工作和生活,上级领导、下属及同事、客户以及组织内部存在的非正式组织的

"意见领袖"的观点、意见、态度,对个体态度的转变有重要的影响,尤其是具有权威性、可靠性、受人喜爱的领导。

(2)组织内部的信息沟通

组织内部的信息沟通包括对每个员工进行信息传递,组织内部的信息沟通对改变员工态度结构中的认知要素具有重要的影响。

(3)组织氛围

在组织管理中,命令式、任务导向型的领导和管理控制容易营造出一种士气低落的组织氛围,个体为适应环境所表现出来的行为常常与上级的愿望相左,进而偏离组织目标。管理者可以通过营造良好的组织氛围,培育组织的核心企业文化来转变个体的态度。

案例链接 4-2　　多一圈定律

在欧洲,德国汽车普遍比法国汽车受欢迎。著名管理大师马歇尔·多普顿深入工厂一线调查发现:在拧螺钉时,德国人会比标准要求的多拧一圈,而法国人由于天性浪漫,往往是少拧一圈。积少成多,产品质量的最终差异也就出来了。

马歇尔·多普顿通过大量的观察和实例发现,取得突出成就的人与取得一般成就的人几乎做了同样多的工作,他们努力的差别很小——优秀的人就是"多拧了一圈",但是最后,他们取得的成就和大多数人比起来却有天壤之别。这被马歇尔·多普顿总结为"多一圈定律"。

4.1.4　改变态度的方法

人是复杂的社会人,改变人的态度是一项既复杂又充满艺术性的工作。在研究和实践中,许多有效的方法为改变个体的态度起到了很好的作用。这里介绍常用的几类方法:劝说宣传法、活动参与法、角色扮演法和团体影响法。

1. 劝说宣传法

劝说宣传法是一种借助语言、报纸、杂志、广播、电视、电影、广告等各种传播媒介来传播信息、影响人们、使之态度发生改变的方法,是一种极为常见和广泛使用的方法。采用这一方法来改变他人的态度,是把整个劝说宣传过程看作一个信息的传递沟通过程。这一过程包括信息的传递者(劝说者)、传播过程、接受者及传播情境四个方面。

扫一扫看微课:
改变态度的方法

在劝说宣传过程中,既可以借助理性说服,亦可以借助情感的唤起来影响员工,做到动之以情、晓之以理。一般来说,可以唤起人们情感的劝说宣传能更好地改变人们的态度,在此过程中,管理者的权力和威望对员工态度的转变有着重要的影响。

此外,适当的恐惧唤起也有助于改变人们的态度。社会学家施肯认为,宣传必须使人的内心感到压力和威胁,这样人们只有改变态度才能消除心理上的负担。例如,告诉孩子"吃糖果会有蛀牙",宣传"吸烟致癌",就是利用恐惧唤起来改变他人的态度。

2. 活动参与法

个体参加有关活动,有助于改变其对某事的态度。社会心理学家费斯汀格(L. Festinger)对此进行了一些实验研究,他找到一些彼此不认识的黑人和白人做实验:在第一种实验情境下，白人和黑人一起做纸牌游戏；在第二种实验情境下，白人和黑人一起观看别人做游戏；在第三种实验情境下，白人和黑人同处一室但不组织任何活动。在上述三种实验情境下，白人对黑人显示出友好态度的比例分别为66.7%、42.9%、11.1%。实验结果证明，共同活动的状况影响着白人对黑人的态度，即个体参与活动越深入，越容易转变态度。

3. 角色扮演法

角色扮演法主要是通过某个角色对占据这一角色的个体所产生的约束和影响来改变个体态度。这种方法以角色理论为依据，角色理论的核心原则即个体的行为应与其所承担的角色相一致，应该符合这一角色身份的要求。无论是什么角色，客观上都包含着标志这一角色的各种象征（如权力、地位、待遇）和符号（如称呼、头衔、级别），包含着这一角色所特有的行为规范和准则以及他人对此角色的期待。对于个体而言，担当起某一角色，也就意味着要使自我的内涵与角色的内涵相吻合，使自我与角色协调一致。

4. 团体影响法

团体影响法是指团体通过团体规范和准则对个体施加影响，从而有效改变个体态度的方法。团体规范和准则是一种无形的约束力，促使其成员的一言一行都符合团体规范的要求。通过对成员符合规范的行为进行接受、赞同和承认来确定其在团体中的位置；通过对成员破坏规范的行为进行拒绝、否定和打击，孤立甚至彻底将其驱逐出团体。

4.2 工作价值观

日常生活中，我们常常听到这些说法："公司的前途和我个人没多大关系""企业没搞好，可高管们每年拿高薪，实在太不合理""我们单位领导太专权了"等等。这些看似漫不经心的闲谈、议论，实际上反映了个人作为组织成员的价值观对其行为有潜移默化的影响，对组织管理有重要的意义。

在人的一生中，工作占据了大部分时间。那么，人究竟是为什么而工作？工作中最看重的又是什么？这其实就涉及人们的工作价值观。一个人的工作价值观直接影响其个人行为，进而影响群体行为和组织行为。因此，在组织管理中，对工作价值观的了解显得非常重要。

4.2.1 工作价值观的内涵

工作价值观（Work Values），又称职业价值观，是个人价值观的重要组成部分，在个体的职业生涯中起着影响其择业行为、工作动机、忠诚度和责任心等方面的作用。工作价值观不仅影响个体的职业选择与职业行为，而且能够为组织更快更好地实现战略目标提供有力支持。

舒伯（D. E. Super）最先对工作价值观做出了定义，他发现工作满意度与报酬、成长等工作特质密切相关，他整理归纳出这些工作特质，并将这些因素命名为工作价值观。随后国内外学者对工作价值观进行大量研究，大致可以归纳为两种倾向：①侧重于从需求层面来定义工作价值观。例如，舒伯认为工作价值观是个人所追求的与工作有关的目标，是个人的内在需要以及其从事活动时所追求的工作特质或属性。②侧重于从判断标准层面来界定工作价值观。例如，伊莱泽（D. Elizur）认为工作价值观是个体认为某种工作结果的重要性程度，是个体关于工作行为及在工作环境中获得的某种结果的价值判断，是一种直接影响行为的内在思想体系。

综合考虑以上两种倾向，我们将其定义为：工作价值观是超越具体情境，引导个体对与工作相关的行为与事件做出选择与评价，指向希望达到的状态与行为的一些重要性程度不同的观念与信仰。

4.2.2 工作价值观的结构

工作价值观是含义较广的多维概念，不同研究者对工作价值观的结构维度给出了不同的观点。下面简要介绍几种最有代表性的观点。

1．舒伯的工作价值观分类

舒伯对工作价值观的分类及依此编制的量表具有广泛的影响，被许多研究者借鉴和采用。他将工作价值观分为三大类：一是内在价值，是指工作本身的性质和内容带来的内在满足和价值感；二是外在价值，是指工作结果给他人或社会带来的价值；三是附带价值，即工作带给自己的外部回报。舒伯根据自己的理论设计了工作价值观问卷（Work Value Inventory，WVI），包含了 15 个因子：利他主义、独立性、美感、智慧激发、创意、生活方式、变化性、成就感、安全感、声望、经济报酬、管理能力、工作环境、与上司关系、与同事关系。

2．曼哈特的工作价值观分类

曼哈特（P. J. Manhardt）编制了工作价值观调查表，该表确定了 25 项工作特征，用 5 分量表作答。梅耶（Meyer）、欧文（Irving）和艾伦（Allen）在研究中对该量表进行了修订，形成一个包含 3 个维度 21 道题目的量表，这 3 个维度分别是舒适与安全、能力与成长、地位与独立。其中，舒适与安全维度包括舒适的工作环境、工作的规律性和保险性、同事之间关系融洽等工作特征；能力与成长维度包括能力的提升、才能的发挥、产生成就感等工作特征；地位与独立维度包括受人尊敬、独立工作和从事管理工作等工作特征。

3．伊莱泽的工作价值观分类

伊莱泽的工作价值观结构分类也被不少研究者采用。伊莱泽将工作价值观分成 3 个维度：认知性维度、情感维度和工具性维度（见表 4-1）。

表 4-1 伊莱泽的工作价值观结构分类

认知性维度	情感维度	工具性维度
责任 晋升 成就感 影响力 兴趣	与上司的关系 与同事的关系	薪酬 工作时间 稳定

4.2.3 企业价值观

企业价值观是指企业决策者对企业性质、目标、经营方式的取向所做出的选择，是被员工所接受的共同观念。对于任何一个企业而言，只有当企业内绝大部分员工的个人价值观趋同时，整个企业的价值观才可能形成。与个人价值观主导人的行为一样，企业所信奉与推崇的价值观是企业日常经营与管理行为的内在依据。

在企业的发展过程中，企业价值观经历了多种形态的演变，分别是最大利润价值观、委托管理价值观、生活-质量价值观。

1．最大利润价值观

最大利润价值观是指企业全部管理决策和行为都必须服从最大利润原则，并把它作为评价企业经营管理好坏的唯一标准的企业价值观。这种观念在18、19世纪及20世纪初的工业发达国家普遍盛行，甚至现在美国和其他资本主义国家的一些企业仍然信仰和坚守这个观念。

2．委托管理价值观

20世纪20年代开始，委托管理价值观的形成进一步修正和补充了最大利润价值观。它是在西方国家企业规模扩大、组织复杂化、投资巨额化的背景下形成的。委托管理价值观的最大特点是企业在经营过程中不只是考虑投资者取得最大利润，而且要考虑多方（企业员工、顾客、政府机构等）利益，使各方面的人都感到满意。如果只管投资者的最大利润，而不顾其他方面的利益，这种投资者的最大利润是不可能相对持久的。

3．生活-质量价值观

生活-质量价值观兴起于20世纪70年代，它主张的是在确定企业利润水平时，不仅要考虑所有者的利益，还要考虑防治污染等社会效益，企业要有社会责任感。直到20世纪80年代，生活-质量价值观演变为企业文化潮流，认为企业应有一系列明确的、为全体员工所共有的价值观念。

以上三种企业价值观的比较见表4-2。

表4-2　三种企业价值观的比较

比较方面	最大利润价值观	委托管理价值观	生活-质量价值观
一般目标	投资人的利润最大化	投资人满意的利润水平和其他集团的满意	对于企业，利润的重要性排在第二位
政府的作用	越少越好	虽不好，但不可避免，有时是必要的	企业的合作者
员工的看法	只是一种手段，只有经济需要	既是管理手段，也是目的	本身就是目的
领导方式	专权、专制	开明+专制，专制和民主结合	民主、员工高度参与
股东的作用	头等重要	主要，但其他集团也要考虑	不比其他集团重要

案例链接 4-3　董事长可以不戴安全帽？

某国际公司规定任何人走进车间必须戴安全帽，并由一名员工专门负责监督此事。一天，该公司的董事长亲临检查，但没有戴安全帽，负责监督的员工战战兢兢地去阻止……

不同员工对事件的评价：

A 员工说："这名安全员太不识相了，以后管理者会给他小鞋穿！"

B 员工说："规则面前人人平等，为什么那个安全员要发抖？"

C 员工说："如果大家都遵守规则，为什么还要由专人来管这件事？"

D 员工说："我们对这条规则表示怀疑，它是用来保护员工还是管理员工的？如果是保护员工的利益，为什么董事长没有自觉遵守这个规定？"

4.3 工作满意度

工作满意度是当前组织管理实践的热点话题,也是管理心理学和人力资源管理研究领域的重点课题。员工的工作满意度高低既直接影响其工作绩效、工作态度和离职倾向,又间接影响着客户的满意程度,进而在一定程度上影响企业的经营和发展。现代的企业经营者应该比以往任何时候都更加意识到,企业在追求效益和利润最大化的同时,也要追求员工工作满意度的最大化,最终达到以效益为中心和以人为中心的双重管理目标。

扫一扫看微课:
工作满意度

4.3.1 工作满意度的概念

工作满意度(Job Satisfaction)是指个体在工作过程中,对工作本身及其有关方面(工作环境、工作方式、工作中的人际关系等)的评价而产生的愉快或积极的情感状态。一个人的工作满意度水平高,对工作就可能持积极的态度;反之,对工作不满意的人就可能对工作持消极态度。

工作满意度这一概念最早是由学者霍伯克(R. Hoppock)正式提出的。他在1935年于《工作满意度》一书中提出,工作满意度是指员工对工作环境的感受以及在生理和心理两方面对环境因素的满意感受。此后,工作满意度引起企业家们的广泛关注,众多学者也从不同角度给出不同定义。尽管学者对于工作满意度的界定各不相同,但大体上都趋于认同工作满意度是一种主观感受。总结起来,工作满意度的定义可以分为以下三大类:

1. **整体性的定义**(Overall Satisfaction)

这类定义将工作满意度看作一个单一概念,看作员工对其工作及有关环境所持的总体态度,不涉及工作满意度的各个方面和工作满意度形成的原因与过程。

2. **期望差距性的定义**(Expectation Discrepancy)

这类定义认为员工工作满意度取决于员工期望获得的价值与实际获得价值之间的差异。差距小,满意程度大;差距大,则满意程度小。例如,克兰尼(Cranny)、史密斯(Smith)和斯通(Stone)认为工作满意度是建立在员工对期望结果和实际结果比较基础上的对工作的情感反应。

3. **参考框架性的定义**(Frame of Reference)

此定义认为影响人们态度及行为的最重要因素并非组织或工作环境中的客观特征,而是人们对于这些客观特征的主观知觉及解释,这种知觉与解释则受个人自我参考框架的影响。

以上三类工作满意度的定义存在比较明显的差别。整体性定义将工作满意度视为一种单一概念,反映员工心理层面的总体感受或情感,没有考虑工作特征因素的变化带给员工的感受;期望差距性定义强调员工对工作所得报酬与自身期望间差距的比较,忽略了工作本身可以带给员工的满足感;参考框架性定义强调工作满意度是员工对工作特征因素加以释义后获得的满足感,这些因素包含工作层面、个人因素、工作本身等,这类定义对工作满意度的研究影响较广。

4.3.2 影响工作满意度的因素

1．工作本身

工作本身是指工作自身包含的一些信息，如工作是否稳定、工作的忙碌程度、工作的多样性等。工作本身因素与整体工作满意度之间具有很高的相关性。

2．工作环境

工作环境包括软环境和硬环境，它们都是工作满意度的重要影响因素。软环境一般指组织特性，包括领导风格、激励、工作投入以及组织承诺等。研究表明，支持性的领导风格与高工作满意度相对应，为员工提供资源上以及心理上的支持，能够有效地调动员工的积极情感。硬环境体现为工作场所条件（温度、洁净程度、噪声等）以及从事工作的便利程度，硬环境舒适对应更高的工作满意度。

3．薪酬回报和晋升

对员工而言，企业的薪酬回报和晋升制度等是最明确直接的物质激励方式。如果薪酬回报和晋升的机会是公平的，则有助于员工对工作产生满意的情绪。薪酬水平应能体现出劳动力供求、个人价值以及社会薪酬的标准。同理，如果晋升决策程序公开且结果公平，也有助于员工对工作产生满意的感觉。

4．人际关系

工作中的人际关系也是工作满意度的非常重要的决定因素。研究发现，在决策或制定战略时，主管与员工间有效的沟通对应高工作满意度，而同事间的友好和谐关系也会提高人们对工作的满意度。

5．个人知识、技能与工作的匹配程度

一般而言，当个人的知识、技能与工作相适应时，人们更容易获得工作的成功、取得更好的成绩，而事业上的成功又会大大增强人们的工作满意程度。

4.3.3 工作满意度与工作行为的关系

1．工作满意度与工作绩效

在管理实践中发现，员工的工作满意度和工作绩效之间具有很强的关联性。当我们站在组织层面而不是个体层面时，同样会发现工作满意度和工作绩效之间具有强关联性。当我们为作为整体的组织收集工作满意度与工作绩效方面的数据时发现，相比员工满意度较低的组织，员工满意度较高的组织更有效。

2．工作满意度与顾客满意度

在服务行业工作的员工常常要与顾客打交道。服务型组织中的管理层需要关注顾客的满意度，有研究表明，对工作感到满意的员工会提高顾客的满意感和忠诚度。因为在服务型组织中，想留住顾客在很大程度上取决于一线员工对待顾客的态度。有高工作满意度的员工是友好的，能积极回应顾客的要求，而顾客也很欣赏这种品质。对于满足顾客需求的目标来说，员工的工作满意度有着十分重要的作用。

案例链接 4-4　只招收高中毕业生当空姐?

长荣航空公司只招收应届高中毕业生当空姐。为什么不招收大学毕业生呢?这是因为大学生往往志向比较高,不屑于在空中"端盘子"服侍他人。因此,长荣航空公司开风气之先,将航空服务人员交由日本航空公司代为培训,并招募被称为"养成宝宝"的应届高中毕业生为空中服务人员,让她们接受六个月的养成教育。这一措施大大提高了长荣的服务水准。年轻漂亮的空姐在飞机将要着陆时,向乘客鞠 90 度躬致意,亲切的笑容和认真的态度赢得了广大乘客的称赞。

3．工作满意度与员工缺勤率、流动率

工作满意度和缺勤率之间存在着稳定的负相关关系。工作满意度与流动率之间也是负相关的,而且这种相关性比工作满意度与缺勤率之间的相关性更高。此外,其他因素,如劳动市场条件、对其他工作机会的期望和在组织中任职时间的长短,都对员工是否离开当前工作的决策有着重要的影响。值得注意的是,工作满意度与流动率关系的一个重要调节变量是员工的绩效水平,即在预测高业绩者的流动情况时,工作满意度并不太重要。在通常情况下,组织都会付出很大的努力来挽留那些高绩效的员工,为他们加薪,提出更多的表扬,提供晋升的机会。

4．工作满意度与其他工作行为

工作满意度低还可能导致一些负面行为,如员工出现抱怨、反抗情绪,甚至窃取公司财物,散布谣言,逃避工作责任,长期迟到,频繁失误等。

当然,也有员工会由于对工作不满意而采取一些建设性的行为,譬如试图改善不良环境和条件,向公司管理者提出改进的建议等。

案例链接 4-5　腾讯用丰厚福利"砸"出员工的满意度

福利待遇是衡量一个公司人文关怀的标准之一,福利待遇好,员工的满意度高,工作效率高,归属感强,公司业绩也会持续走高。其中翘楚便不得不说腾讯公司了,2018 年发年终奖时腾讯向员工送出 38888 元现金超值奖、25 万元的北极双人极地游的特别心愿奖,还有几百上千的各种现金奖。

腾讯不但"一言不合"就以发奖金的形式来鼓励员工,更是提供了舒适的办公环境和健全的福利制度,下面我们就来见识一下腾讯公司的大手笔:

首先,每位入职腾讯的新员工,都能领到一副"福利扑克",54 张牌,每一张代表一种福利,有家属开放日、30 天全薪病假、15 天半薪事假、中医问诊、各种保险、腾讯圣诞晚会、各种节日礼包,几乎涵盖了员工工作和生活的各个层面。

其次,腾讯还曝光了员工"死后福利"。腾讯过世员工的家属可以领取员工原有工资半薪 10 年。如果该员工有孩子,每多一个孩子额度会额外增加,每个孩子增加 12 个月薪。

最后,腾讯还启动了"安居计划",只是具体投入数额不同,员工审核条件也不一致。如腾讯为工作满三年的员工提供首套购房首付款的免息借款,其中北、上、广、深一线城市最高为 50 万元。

除了以上超大福利,公司内部还提供专门路线班车接送,提供夜宵和设立咖啡厅。

4.4 心理契约与组织承诺

组织中的"心理契约"是员工—组织关系的重要组成部分,是联系员工与组织之间的心理纽带,它影响员工的组织承诺水平,进而影响员工的工作满意度,并最终影响组织整体的效益。本小节梳理了心理契约和组织承诺的概念、内容及产生的作用,并对两者之间的关系进行了深入的探讨。

4.4.1 心理契约的概念和特点

心理契约(Psychological Contract)最初是由组织心理学家阿吉里斯于1960年提出的,并于20世纪60年代初被引入管理领域,强调在员工与组织的相互关系中,除正式雇佣契约规定的内容外,还存在着内隐的、非正式的、未公开说明的相互期望,并且是决定员工态度和行为的重要因素。随后心理契约受到广泛关注并引发了一系列研究。

心理契约概念存在广义和狭义两种定义。广义的心理契约强调员工和组织之间的双向作用。例如莱文森(Levinson)等人明确提出,心理契约是组织与员工之间隐含的、未公开说明的相互期望的总和,是一种"非书面契约"。狭义的心理契约明确强调雇员一方对组织的期望,而这种期望是单向的。比如卢梭(Rousseau)认为,心理契约是个体在雇佣关系背景下对雇佣双方相互义务的一种理解和信念,并进一步指出这种信念指的是雇员对外显和内在的雇员贡献(努力、能力和忠诚等)与组织诱因(报酬、晋升和工作保障等)之间的交换关系的承诺、理解和感知。

相比正式的书面契约,心理契约具有以下特点。

1．主观性

心理契约的内容是个体对于相互责任的认知,或者说是一种主观感觉,而不是相互责任这一事实本身,所以它本质上是主观的。由于这是一种主观感觉,个体对于自己与组织之间的关系有自己独特的见解,因此个体的心理契约可能与雇佣契约的内容不一致,也可能与其他人或第三方(如组织代理人)的理解和解释不一致。

2．动态性

正式的雇佣契约一般是稳定的、较少改变的,但心理契约却处于一种不断变更与修正的状态。任何有关组织工作方式的变更都会对心理契约产生影响。人们在一个组织中工作的时间越长,心理契约所涵盖的范围就越广,在员工与组织之间的关系中相互期望和责任的隐含内容也就越多。

3．双向性

心理契约是组织和员工之间建立的一种双向联系。一方面是指组织对员工忠诚度、工作责任心的期望,另一方面则是员工对自己在组织中的权利、发展等方面的期望。因此,只有组织和员工双方多进行相互交流和沟通,尽量领会和满足对方对自己的期望,对组织与个人的发展达成共识,才能发挥心理契约的激励作用。

4.4.2 心理契约的类型

从雇员与雇主契约期限的长短和绩效要求是"明确界定"还是"没有明确界定"这两个角

度出发，可将心理契约划分为交易型（Transactional）、关系型（Relational）、平衡型（Balanced）和变动型（Transitional）四种类型，见表4-3。

表4-3 心理契约的类型

契约期限	绩效要求明确界定	绩效要求没有明确界定
短期	交易型： 1．明确的和确定的契约条款 2．易离职或高离职率 3．低成员承诺 4．自由达成新契约 5．完全用不着学习 6．高的整合或认同度 例：圣诞期间商店临时雇员的心理契约	变动型： 1．高不确定性的契约条款 2．高离职率或易终止 3．高不稳定性 例：机构精简期间或组织合并重组期间雇员的心理契约
长期	平衡型： 1．高团队承诺 2．高的整合或认同度 3．正进行开发活动 4．相互支持 5．有动力 例：高卷入度团队成员的心理契约	关系型： 1．高团队承诺 2．高情感承诺 3．高的整合或认同度 4．稳定 例：家族企业成员的心理契约

4.4.3 心理契约的作用

概括起来，心理契约有以下几个方面的作用。

1．凝聚作用

在中国传统文化中，一般认为关系比书面契约更重要，决定员工去留的重要原因是双方能否建立良好的"心理契约"。有调查表明，新员工在一年内离职的主要原因就是他们认为组织没有兑现当初的承诺。员工是带着美好的期望进入公司的，如果他们觉得事实与期望相悖，便会认为组织违背了心理契约而选择离职；反之，则可增强企业凝聚力，实现低离职率、高绩效。

2．满足员工个性化的心理需求，提高工作满意度

在组织中，每个员工由于背景、资历的不同，其需要和动机存在很大的差异，即使是同一个员工，在职业生涯的不同发展阶段其心理需求也是不一样的。格式化的劳动契约具有规范性的特点，它事实上不可能针对每一个员工的期望、心理需求而体现出个性化的内容，这样会加大雇主的缔约成本。而心理契约一方面是针对员工个性化的心理需求而建立的，可以满足不同层次员工的需求，提高员工的满意度；另一方面，与静态的劳动契约相比，心理契约是动态变化的，可以随时做出修订和调整，满足员工需求的变化。

3．提高员工和组织双方的工作效率

心理契约是双向的，既包含了员工对组织的责任，也包含组织对员工的责任。员工以其对组织的责任来衡量自己的行为，组织以其对员工的责任来衡量组织的行为。如果双方都以其责任作为调节行为的标准，努力做出符合对方期望的行为，这将对提高双方的工作效率有着重要作用。

4.4.4 组织承诺的概念和内容

组织承诺（Organizational Commitment）的概念最早由美国社会学家贝克尔（H. S. Becker）于 1960 年提出，他把组织承诺看作员工随着对组织投入的增加而不得不继续留在该组织的一种心理现象，反映的是员工和组织之间的一种心理契约。组织承诺又称为组织忠诚、组织归属感，是指员工对于特定组织及其目标的认同，愿意为组织的利益出力，并希望保持该组织成员身份资格的一种状态。研究表明，组织承诺与缺勤率和流动率呈负相关。

由于对组织承诺含义的理解不同，学者们对组织承诺的结构也存在不同的看法。20 世纪七八十年代时对组织承诺结构众说纷纭，直到 90 年代才有比较统一的看法。梅耶（Meyer）和艾伦（Allen）提出了经典的三因素结构，即将组织承诺划分为三个维度：情感承诺、持续承诺和规范承诺。

1．情感承诺（Affective Commitment）

情感承诺指个人认同并参与某一组织的强度，即员工由于对组织价值观、目标的认同和深厚的感情，而对组织所形成的忠诚并努力工作的程度。也就是说，员工对组织表现出的忠诚和为组织努力工作，主要是由于对组织有深厚的感情，而非物质利益。日常管理中经常提到的组织承诺，一般就是指情感承诺。

2．持续承诺（Continuance Commitment）

持续承诺是指由于个人认为离开某一组织付出的代价太大而不得不继续留在该组织内工作的意愿强度。这种承诺是建立在利益基础之上的，具有浓厚的交易色彩。

员工在组织中工作，随着时间的增加，会得到较高的报酬和退休金、掌握特定的技术、在组织中形成良好的人际关系、具有一定的资历地位等。如果员工离职，所有这一切都将丧失。而且，由于员工不一定能找到比目前组织更好的去处，也会增加他们离职的难度。

3．规范承诺（Normative Commitment）

规范承诺反映的是受社会责任感和社会规范约束而形成的一种承诺。个体在社会化的过程中，不断地被灌输和强调这样一种观念或规范，即忠诚于组织是会得到赞赏和鼓励的一种恰当行为，以至于在个体内心中产生顺从这种规范的倾向。

总之，我们可以用一句话来简单描述组织承诺的结构，即人们之所以留在组织中，是由于他们愿意（情感承诺），有需要（持续承诺），或是感到应该如此（规范承诺）。

另外，我国学者凌文辁、张治灿、方俐洛对中国员工的组织承诺进行了研究，提出组织承诺的五维度模型，指出组织承诺包括感情承诺、理想承诺、规范承诺、经济承诺、机会承诺五个维度。

1）感情承诺：对组织认同，感情深厚；愿意为组织的生存和发展做出奉献，甚至不计报酬；在任何诱惑下都不会离职跳槽。

2）理想承诺：重视个人的成长，追求理想的实现。重视个人专长能否发挥，组织是否提供各项工作条件、学习提高和晋升的机会。

3）规范承诺：对组织的态度和行为表现以社会规范、职业道德为准则；对组织有责任感，对工作、对组织尽自己应尽的责任和义务。

4）经济承诺：因担心离开组织会蒙受经济损失，所以才留在该组织。

5）机会承诺：待在这个组织的根本原因是找不到别的理想组织；或因自己技术水平低，没有另找工作的机会。

组织承诺的五维度模型表明，员工之所以留在组织中，是因为他们对组织有心理上的依附（感情承诺）、经济上的依赖（经济承诺）、期望的满足（理想承诺）、其他机会的缺失（机会承诺）以及他们觉得应该留在组织中（规范承诺）。

4.4.5 组织承诺的作用

组织承诺对组织的重要性日益显著。从某种意义上说，员工的组织承诺水平代表了组织的凝聚力，其对组织的作用主要表现在以下三个方面：

1．对员工离职的影响

组织承诺与员工离职具有密切的关系。梅耶等人发现：组织承诺的不同因素和离职的相关程度不同。情感承诺和离职行为的相关性最强，规范承诺次之，而持续承诺和离职行为的相关性最弱。

组织承诺对员工的离职行为来说，就像设定了一个限制它发生的"阈值"。员工的组织承诺越高，这个"阈值"就会越高。由此可见，提高员工的组织承诺是降低员工离职率的有效手段。

案例链接 4-6　"80后"和"80前"组织承诺的比较

> 调查表明，"80后"员工对于企业薪资福利的抱怨更多，一旦这种不满情绪得不到缓解，他们就会动摇，选择离开，具体表现为"80后"员工的跳槽、辞职率高。"80前"员工因工作时间长、资历老，对组织的投入明显多于"80后"，所以他们比较不愿意离开组织，组织承诺水平较高。反观"80后"员工，在同一组织工作时间短，对工作投入少而组织承诺低，导致频繁跳槽。

2．对组织绩效的影响

有研究表明，组织承诺与组织绩效存在显著的正相关关系，但特别值得注意的是，情感承诺和持续承诺与工作绩效之间存在不同的关系。其中，管理者对员工工作绩效的评价与员工的情感承诺水平正相关，但对于持续承诺来说，这种关系却是负相关；规范承诺和情感承诺关系密切，而且都与绩效正相关，但是和情感承诺相比，规范承诺的作用是短暂的，一旦个体认知到"债务"已经偿还，规范承诺对其行为的影响程度就会减弱。

具体而言，以情感承诺为主的员工更容易主动接受指派的工作，而且对他们来说，基本上无须考虑就会投入地去完成工作。以规范承诺为主的员工会花一些时间考虑完成这项工作能在多大程度上偿还"债务"，即在多大程度上回报组织曾给予的恩惠。而以持续承诺为主的员工会花较多的时间去计算完成工作的得与失，从而采取自己认为最"经济"的方法去完成工作。因此，不同组织承诺类型的员工对工作的投入情况是有很大差别的。

3．对组织公民行为的影响

组织公民行为（Organizational Citizenship Behavior，OCB）是指员工在自己的角色以外对组织做出额外的贡献。这种自主性行为未被组织通常的报酬和奖励政策所包含，但却能极

大地提高组织业绩。研究表明，组织承诺与组织公民行为存在显著的正相关性，个体的组织承诺水平（特别是情感承诺）越高，就会做出越多的组织公民行为。

4.4.6 心理契约与组织承诺的关系

虽然心理契约与组织承诺是两个不同的概念，然而二者却存在紧密的联系。心理契约是员工与组织之间的一种心理纽带，它反映了员工与组织相互义务的期望与承诺，而组织承诺恰恰反映了员工与组织之间的心理契约。

大量的实证研究的结果也表明了二者具有相同的影响变量和结果变量，在形成和变化过程上具有同步性和同向性。因此，企业管理者应该清楚看到，一旦企业与员工之间建立了有效的心理契约，则建立了员工对企业的组织承诺，而组织承诺又将进一步强化员工与企业之间的心理契约，从而形成了一个良性循环圈。

因此，在培育组织承诺时，企业应以交易心理契约为基础，努力强化与员工之间的关系心理契约，通过多次的交换互动过程，逐渐建立起与员工之间的情感联系，提高员工对组织的情感承诺。

练习题

一、单项选择题

1. 薪酬属于伊莱泽的工作价值观结构中的（　　）。
   A．认知性维度　　　B．情感维度　　　C．工具性维度　　　D．以上均不是
2. 影响工作满意度的因素不包括（　　）。
   A．工作环境　　　B．工作本身　　　C．薪酬　　　D．工龄
3. 心理契约最早是由组织心理学家阿吉里斯于（　　）提出的。
   A．1940 年　　　B．1950 年　　　C．1960 年　　　D．1970 年
4. 下列不属于组织承诺类型的是（　　）。
   A．情感承诺　　　B．规范承诺　　　C．角色承诺　　　D．持续承诺

二、多项选择题

1. 个体态度的基本要素包括（　　）。
   A．认知要素　　　B．情感要素　　　C．行为倾向要素　　　D．情绪要素
2. 影响个体态度转变的外部因素包括（　　）。
   A．人际影响　　　　　　　　　　B．个体需要
   C．组织氛围　　　　　　　　　　D．组织内部的信息沟通
3. 心理契约具有哪些特点？（　　）
   A．主观性　　　B．动态性　　　C．客观性　　　D．双向性

三、思考题

1. 改变个体态度的常用方法有哪些？
2. 什么是工作价值观？
3. 请简述伊莱泽的工作价值观分类。

4．什么是组织承诺？

5．心理契约与组织承诺之间的关系是什么？

四、案例分析

马云捍卫企业价值观　阿里巴巴两位高管引咎辞职

2010年以来，电子商务频遭诚信问题困扰。在2010年9月召开的阿里巴巴网商大会上，阿里巴巴公开提出向"网络欺诈恶势力"宣战，表示将关闭千余家不诚信企业账户，并与公安机关紧密合作，定期向社会和媒体公开查实的网络骗子姓名、联系方式、详细地址、诈骗手段、行业分布等详细信息。

2011年2月21日，阿里巴巴B2B公司宣布，2010年该公司有约0.8%，即1107名"中国供应商"因涉嫌欺诈被终止服务，公司时任CEO兼总裁卫哲和COO李旭晖因此引咎辞职。

"中国供应商"会员服务是阿里巴巴基于国际站平台，帮助中小企业拓展国际贸易、向海外买家展示企业和产品的外贸推广服务。2011年年初，B2B公司董事会委托专门的调查小组进行独立调查，查实2009年、2010年两年间，分别有1219家（占比1.1%）和1107家（占比0.8%）"中国供应商"涉嫌欺诈。这些账户被全部关闭，并提交司法机关调查。

经过调查，B2B公司直销团队（直销团队在阿里巴巴B2B公司销售团队中非常重要，负责向中小企业提供"中国供应商"出口通服务，帮助中小企业拓展国际贸易）的一些员工，为了追求高业绩高收入，故意或者疏忽而导致一些涉嫌欺诈的公司加入阿里巴巴平台。先后有近百名销售人员被认为负有直接责任。

事后，阿里巴巴对直销团队近百名销售人员进行内部处理，包括辞退和降级。引咎辞职的卫哲，是国内著名职业经理人，他在辞职信中写道："我申请辞职的原因是我作为CEO，没有起到阿里巴巴价值观捍卫者的最重要的职责，同时因为2009年和2010年阿里巴巴十多万中国供应商中混入了2326家欺诈分子，对海外买家造成了伤害，尽管已经清除并将其中首恶分子绳之以法，但我作为CEO的失察职责我理应勇于担当！"

对于卫哲的引咎辞职，阿里巴巴时任董事局主席马云将它看成是坚决而彻底的"刮骨疗伤"。

在卫哲辞职当天，马云发出一封致员工的公开信，表示："卫哲和李旭晖的辞职是公司巨大的损失，我非常难过和痛心。但我认为作为阿里人，他们敢于担当，愿意承担责任的行为非常值得钦佩。我代表公司，衷心感谢他们对公司付出的不懈努力和贡献。"同时他在信中尖锐表态："诚信是阿里巴巴最重要的价值观基础，这包括我们员工的诚信以及我们为小企业客户提供一个诚信和安全的网上交易平台。我们需要发出一个强烈信息，就是任何构成我们文化和价值观妥协的行为均不可接受。对于这样触犯商业诚信原则和公司价值观底线的行为，任何的容忍姑息都是对更多诚信客户、更多诚信阿里人的犯罪！我们必须采取措施捍卫阿里巴巴的价值观！所有直接或间接参与的同事都将为此承担责任，B2B管理层更将承担主要责任！"

此事结束后，在阿里巴巴B2B公司内部，协助警方打击网络欺诈的行动仍在继续，反欺诈监控体系也在完善当中。

阿里巴巴发现，一小部分涉嫌欺诈的阿里巴巴供应商，在账户被关闭后，流窜到其他地区，通过注册新公司，或通过收购、租用、盗取其他公司的账户等方式，再次混入阿里巴巴

平台。为此,阿里巴巴研发了新的供应商认证体系,在防盗号、防钓鱼等方面也取得了一定进展。

B2B 平台新推出的措施包括:

① 提高供应商准入门槛:比如注册地和经营地相分离的"离岸公司"将禁止成为"中国供应商";禁止合同转让(即不允许把"中国供应商"的账户转卖给别人);禁止个体工商户签入(即个体经营商不能加入"中国供应商")。

② 推出"阿里网规":规范供应商会员的服务购买、账户使用、在线交易、信息发布等行为。

③ 推出诚信知识普法频道,进行防骗教育。

④ 开发"国际版支付宝"的担保服务,提升交易安全。

问题思考:

1. 试论述案例中两位高管引咎辞职的原因。
2. 试总结案例中阿里巴巴集团的企业价值观。

实训项目

实训内容: 工作态度测试

实训步骤:

1. 进行测试。

本测试题将着重测试员工的信心、心理素质及工作态度等,以帮助管理者准确制定相应的管理策略。本测试分成 A、B 两组。首先,假设你是一名员工,请在以下各题目中选出最符合自己的一项。

A 组

① 开会讨论问题时,你会:

  A. 抢先提出自己的观点

  B. 先静听别人发言,然后再发表意见

  C. 只有被点名时才出声

② 参加商务酒会时,进入会场后你会:

  A. 直接到酒台叫酒

  B. 环顾四周,寻找自己熟悉的朋友

  C. 无论认识对方与否,谁离自己最近即同谁交谈

③ 你拼命苦干,终于按时完成了一项紧急任务,而老板在验收时连句"谢谢"都没有。你会:

  A. 只当这是一种考验,以此来宽慰自己

  B. 通过言谈举止来表达自己的愤怒

  C. 向同事们抱怨老板不近人情

④ 如果某位同事在一个热烈的讨论会上冲撞了你,你会:

  A. 保持沉默,盼着有人站出来为你辩护

  B. 以同样不礼貌的方式反唇相讥

C. 平静地重复自己的主张，不理会个人攻击

B 组

你在工作中最重视的因素有哪些？

A. 就业安全感

B. 情投意合的同事

C. 体恤下属的老板

D. 明确的工作范围

E. 严明的规章制度与工作程序

F. 稳定的工资收入

G. 良好的办公条件

H. 有保障的加薪计划

I. 较好的福利待遇

J. 和谐的人际关系

K. 上级领导的青睐

L. 参与决策权

M. 广泛的客户关系

N. 竞争激烈、富于挑战性的工作

O. 最弱化的官僚制度

P. 升职机会多

Q. 公司业务不断扩展，前途远大

R. 择优提拔制

S. 独立自立权

T. 创新的自由

U. 工作成绩得到肯定

V. 丰厚的工资、分红和奖金

2. 按照要求算出 A 组和 B 组测试的最终得分，对照相应的工作态度。

A 组：

得分标准如表 4-4 所示。

表 4-4　得分标准

选项	题目			
	1	2	3	4
A	10	0	5	0
B	5	5	0	0
C	0	10	0	5

测试结果：

① 30 分：自信心强，有进取心，心理素质较好，对工作和生活持乐观向上的态度，在挫折和失败面前能保持乐观的情绪和积极的态度。

② 20~25 分：对自己充满自信，胜任目前的工作，做事较慎重。虽然不是在困难面前轻

易退缩的人，但仍难免有感情用事的时候。因此还需用本书有关改变员工态度、观念的方法加以培训，以提高心理素质，转变工作观念和态度，提高他们的工作积极性。

③ 15 分及以下：过于谨慎，以至有些自我束缚，在遇事时极易产生畏难情绪，总从悲观角度思考问题，过早否定自己。对这类员工应当多多加以培训，以帮助他们转变工作态度、观念，提高心理素质，进而提高他们的工作积极性。

B 组：

测试结果：

① 若所选择的项目集中在前 11 项（A～K 项）中，那么适于做轻松、有趣的工作，在同事关系较融洽、人情味浓、福利待遇高的公司中能够发挥较大作用。这类员工重视工作的稳定与保险，不愿冒险，害怕失败。他们会寻求工作以外的乐趣，通过体育、社会、文化活动来实现自我价值。

② 若所选择的项目集中在后 11 项（即 L～V 项）中，则是一个进取心强、积极开拓、勇挑重担的人。工作压力越大，这类员工的情绪越高涨，精神越饱满。他们讨厌循规蹈矩，反感上司指手画脚，独立性和创造力强，渴望获得承认和提升。

③ 若所选择的项目较平均地分布在前 11 项和后 11 项中，如 A～K 项中选择了 5 项，L～V 项中选择了 6 项，则既非"保守分子"又非"冒险家"。这类员工忠于职守，欢迎挑战，但绝不肯为此而牺牲家庭与个人乐趣。他们一方面责任心强，有决策和表现的欲望，另一方面又不想完全被工作淹没，没有雄心壮志，从不轻易承担无把握的重任。他们称得上"兢兢业业的敬业者"，工作踏实可靠，忠于公司，很让老板放心。

每个人对自己的工作有不同的看法，因而也会形成不同的工作态度。只有以一种热爱工作的态度去工作，才能创造出良好的工作成绩，否则工作就会变得苦不堪言。

第 5 章 激励与管理

■ 学习目标 ■

知识目标
- 理解需要、动机与激励的关系。
- 掌握内容型激励理论的主要观点。
- 掌握过程型激励理论的主要观点。
- 理解各种激励方式的应用。

能力目标
- 能够运用激励理论分析问题。
- 能够运用激励理论提高管理激励的水平。

引导案例 >>> 海底捞的员工激励

海底捞品牌创建于 1994 年，经历二十多年的发展，海底捞国际控股有限公司已经成长为国际知名的餐饮企业。海底捞虽然是一家火锅店，但它最令人印象深刻的是服务，而不是美食。"海底捞特色"在于将员工的主观能动性发挥到极致，其员工激励措施可概括为以下三点。

一、良好的晋升通道

海底捞为员工设计好在本企业的职业发展路径，并清晰地向他们表明该发展途径及待遇。每位员工入职前都会得到这样的承诺："海底捞现有的管理人员全部是从服务员、传菜员等最基层的岗位做起的，公司会为每一位员工提供公平公正的发展空间，如果你诚实、勤奋，并且相信用自己的双手可以改变命运。那么，海底捞将成就你的未来！"该措施极大地满足了员工对自我实现的需要，激励了员工对美好未来的追求。

二、独特的考核制度

海底捞对管理人员有非常严格的考核制度，除了业务方面的考核之外，还要对其创新、激情、顾客满意度、后备干部的培养等方面进行考核，每项内容都必须达到规定的标准。例如，总部会不定期对各个分店进行检查，观察员工注意力是不是在客人的身上，观察员工的工作热情和服务效率。如果有员工没有达到要求，就要追究店长的责任。海底捞通过独特的考核制度，既规范了管理人员的管理行为，又使管理人员可以通过不同措施激励员工的工作热情。

三、尊重与关爱，创建和谐大家庭

海底捞的管理层都是从最基层提拔上来的，因为有切身的体会，他们能够了解下属的心理需求，能够发自内心地关爱下属，给予员工工作与生活上的支持和帮助，同时也得到员工的认可。

在海底捞，尊重与善待员工始终被放在首位。海底捞的管理人员与员工都住在统一的员工宿舍，并且规定必须给所有员工租住正式小区，或公寓中的两居室或三居室，不能是地下室，所有房间配备空调、电视、电脑，宿舍有专门人员管理、保洁，员工的工作服、被罩等也统一清洗。若某位员工生病了，宿舍管理员会陪同他看病、照顾他的饮食起居。海底捞实行"员工奖励计划"，给优秀员工配股。同时，海底捞的所有岗位，除了基本工资之外，都有浮动工资与奖金，作为对员工良好工作表现的鼓励。考虑到绝大部分员工的家庭生活状况，公司有针对性地制定了许多细节上的待遇，比如将"先进员工"的奖金直接寄给员工的父母。

在如此和谐的企业文化与工作氛围的激励下，员工的热情日益高涨，提出了很多有利于企业发展的合理化建议。员工的合理化建议一旦被公司采纳，还能够得到一定的奖励。这些激励措施既满足了员工的基本需要，同时也满足了他们的尊重需要与自我实现需要，激发了员工的主人翁意识。

【引入问题】
1. 根据案例分析激励与管理之间存在何种关系。
2. 案例中海底捞的员工激励措施为什么能激发员工的主人翁意识？

随着社会经济的发展和企业人才竞争的加剧，如何正确认识激励的重要性，如何合理利用激励制度吸引人才和调动员工的积极性，成为管理活动成败的关键和管理者必须掌握的核心技能，也是现代企业需要研究的重大课题。

5.1 需要、动机与激励概述

5.1.1 需要

1. 需要的含义

需要是人的行为的动力和源泉，是人脑对生理和社会需求的反映。心理学家也把促成人们各种行为动机的欲望称为需要。

人类在社会生活中，最初的需要是维持生存和延续后代。人类为了生存就要满足生理的需要。例如，饿了就需要食物；冷了就需要衣服；累了就需要休息；为了传宗接代，就需要恋爱、婚姻。随着社会的发展，人类又逐渐产生了社会需要。例如，通过劳动创造财富，改善生存条件；通过人际交往，沟通信息，交流感情，相互协作。随着社会生活的日益进步，人类为了提高物质文化水平，又逐步形成了高级的物质需要和精神需要。人类有需要，就必然去追求、去争取、去努力。因此，心理学家说："需要是积极性的源泉。"

2．需要的特点

（1）任何需要都有明确的对象

这种需要或者表现为追求某种事物的意念，或者表现为避开某种事物、停止某项活动的意念。

（2）一般的需要有周期性

比较复杂的需要虽然没有周期性，但在条件适合时，也可能多次重复出现。

（3）需要随社会历史的进步而不断发展

需要的发展一般由低级到高级、简单到复杂、物质到精神、单一到多样。

3．人的需要特征

（1）对象性

人的需要是有目的、有对象的，而且随着满足需要的对象的扩大而发展。人的需要的对象既包括物质的东西，如衣、食、住、行，也包括精神的东西，如信仰、文化、艺术、体育；既包括个人生活和活动，如个人日常的物质和精神方面的活动，也包括参与社会生活和活动以及这些活动的结果，如通过相互协作带来物质成果，通过人际交往、沟通感情带来愉悦和充实；既包括想要追求某一事物或开始某一活动的意念，也包括想要避开某一事物或停止某一活动的意念，这些意念的产生都是根据个人需要及其变化决定的。各种需要之间的区别，就在于需要对象的不同。但无论是物质需要还是精神需要，都必须有一定的外部物质条件才能满足。例如，居住需要房子，出门要有交通工具，娱乐要有场所等。

（2）阶段性

人的需要是随着年龄、时期的不同而发展变化的，也就是说，个体在发展的不同时期，需要的特点也不同。例如，婴幼儿时期主要是生理需要，即需要吃、喝、睡；少年时期开始发展到对知识、安全的需要；青年时期则会产生对恋爱、婚姻的需要；成年时期对名誉、地位、尊重的需要逐渐增强等。

（3）社会制约性

人不仅有先天的自然性需要，而且在社会实践中，在接受人类文化教育的过程中，还会发展出许多社会性需要。这些社会性需要受时代、历史的影响，也受阶级性的影响。在经济落后、生活水平低下的时期，人们需要的是温饱；在经济发展、生活水平提高的时期，人们需要的不仅是丰裕的物质生活，同时也开始需要高雅的精神生活。

（4）独特性

人与人之间的需要既有共同性，又有独特性。由于生理因素、遗传因素、环境因素、条件因素的不同，每个人的需要都有自己的独特性。年龄不同的人、身体条件不同的人、社会地位不同的人、经济条件不同的人，都会在物质和精神方面有不同的需要。

4．需要的种类

需要的种类是多种多样的，从不同的角度划分会有不同的分类。

（1）自然性需要和社会性需要

从需要发展的过程来看，可以分为自然性需要和社会性需要。自然性需要也称生物学需要，包括饮食、运动、休息、睡眠、排泄、配偶等需要。这些需要主要由机体内部某些生理不平衡状态所引起，对有机体维持生命、延续后代有重要意义。人和动物都有自然性需要，

但需要的具体内容不同，满足需要的对象和手段也不一样。人的自然性需要不仅可以通过自然物体满足，而且可以通过社会产品得到满足。例如，人需要新鲜空气，则不仅可以从大自然中获取，也可以通过使用空气净化器等现代化的技术手段来满足。同时，人的自然性需要还要受社会文化需要的调节。例如，人们的进食，不仅受机体的饥饿状态所支配，还要受各种社会风俗习惯、礼仪、不同社会场合的调节，在大庭广众、宾朋满座的情况下，人们即使饥肠辘辘也不会狼吞虎咽地进食。

社会性需要是人类特有的需要，是个体在成长过程中通过各种经验积累所获得的一种需要，是后天习得的、与人的社会生活相联系的需要。社会性需要受个体所处的文化背景、社会风俗以及经验的影响，表现出不同的社会特征、阶级特征、民族特征和个性特征。例如，中国的男性与女性之间的交往需要受中国儒家思想的影响，且带有一定的民族色彩，不像西方人那样开放。社会性需要在人类生活中具有重要意义，如劳动需要、交往需要、归属需要、美的需要等都是人类生活中所必需的，如果这些需要得不到满足，虽然不像自然性需要那样得不到满足就会导致死亡，但是也会令人产生痛苦、沮丧和焦虑等情绪，甚至引发疾病。同时，这种需要比较内在，往往隐藏于人的内心世界，不易被别人觉察。

（2）物质需要和精神需要

物质需要是人们生存的基础，主要指个体对衣、食、住、行的需要。个体的这种需要指向社会的物质产品，并且以占有这些物品的方式来获得满足。如对工作和劳动条件的需要，对日常生活必需品的需要，对住房和交通条件的需要等。

精神需要主要指个体对一定的文化、艺术、科学知识、道德观念、政治信仰、宗教信仰、社会交往等活动的需要。例如，人们对事业、理想、知识、艺术、爱情的追求等。这种需要也要通过一定的文化、艺术产品以及一定的社会文化活动，如看话剧、看电视、听音乐会、参加某种宗教仪式或社交活动、报名运动会等来获得精神上的愉悦和满足。

物质需要与精神需要之间有着密切的关系，不可孤立地划分。人们在追求物质需要的同时也表现出某种精神需要，如向往整洁、雅静的住房，时尚的衣着，音质优美的音响系统等。精神需要的满足也离不开一定的物质产品，如满足阅读的需要不能没有报纸、杂志、书籍以及图书馆等物质条件；满足艺术欣赏的需要，不能没有乐器、表演者的服饰及表演场地等。

5.1.2 动机

1．动机的含义

动机是为实现一定的目的激励人们行动的内在原因。人从事任何活动都有一定的原因，这个原因就是人的行为动机。动机可以是有意识的，也可能是无意识的。它能产生一股动力，引起人们的行动，维持这种行动朝向一定目标，并且能强化人的行动，因此也被称为驱动力。例如，工作动机是指人们从事工作的原因或力量，具体可能是挣钱、学技术、发挥才干、造福人类等。

动机是在需要的刺激下直接推动人进行活动的内部动力。动机是个体的内在过程，行为是这种内在过程的结果。引起动机的两个条件是：内在条件和外在条件。内在条件就是需要，动机是在需要的基础上产生的，离开需要的动机是不存在的。并且只有对满足需要的愿望很强烈、满足需要的对象存在时，才能引起动机。例如，求职需要学历，而且学历越高，求职的难度就越小,所以为了能找到合适的工作,人们就需要有一定层次的学历,这种需要就会引起人们不断学习、深造的动机。外在条件就是能够引起个体动机并满足个体需要的外在刺激,也称为诱因。例如,对于饥饿的人来说,食物是诱因;对于大学毕业生来说,好的工作单位和岗位是诱因。诱因可能是物质的,也可能是精神的。在个体内在强烈的需要以及外在诱因的共同作用下,就能引起个体强烈的动机,并且决定其行为。动机和需要是有区别的。需要是人们对某种目标的渴求或欲望,主要和人们的主观愿望相联系。动机在需要的基础上产生,主要和人的行动相联系。也就是说,需要并不能直接产生行动,而必须先产生动机才能引起人的行动,动机是需要与行动之间必经的一个中间环节。

动机虽然是在需要的基础上产生的,但并非所有的需要都能成为动机。因为,需要必须达到一定强度并有相应的诱因条件才能成为动机。

2．动机的种类

(1) 生理性动机和社会性动机

生理性动机主要指人作为生物性个体,由于生理的需要而产生的动机。例如,人为了维持生命就需要食物填饱肚子,这种生理需要会使人产生寻找食物的动机。社会性动机是指人在一定的社会、文化背景中成长和生活,通过各种各样的经验,懂得各种各样的需要,于是就产生了各种各样的动机,如交往性动机、威信性动机、地位性动机等。例如,随着商品经济的发展,人们在经商过程中需要各种各样的商品信息和市场信息,于是产生了与人交往的动机,通过与他人交往可以及时了解行情,避免由于判断失误而带来经济损失。

而这些生理性和社会性的动机对个体的活动又有以下功能:

① 引发和始动性功能。没有动机,就不可能有行动,动机是人的行动动力。

② 方向和目标性功能。个体所产生的动机都是有一定的方向和目的的,其行动总是按照这样的方向和目标去实现的。

③ 强化和激励性功能。个性的动机对其行动还起着维持、强化和激励的作用,以使其最终达到目标。动机产生目标,目标总是促使、激励人们不断地进取,获得成功。一般来说,动机越明显、越强烈,这种强化和激励性功能也就越强大。

(2) 优势动机和辅助动机

人的行动往往是由各种不同的动机共同引起的,其中起最大作用的动机称为优势动机,其余的称为辅助动机。优势动机与辅助动机之间可以相互转化,在外界环境刺激、自身条件和认识、行动的结果反馈等因素的影响下,辅助动机可以上升为优势动机,而原优势动机因为作用的不断弱化会逐渐成为辅助动机。

(3) 高尚动机和低级动机

从社会意义来讲,人的动机有高尚和低级之分。一般来说,能为他人着想,为更多人谋福利,并以此实现自我的动机是高尚的动机。把受益范围缩小到个人或少数人,并以牺牲其他人的利益来达到目标的动机则是低级的动机。

3．动机的作用

动机是激励人们行动的内在需要和动力,它对人的行为作用机能主要表现在三个方面:

(1) 引发行为

动机能引发人们行动的行为。一个人一旦产生某种动机,就会努力去实现由动机指引的目标。然而在实现目标的活动中，常常因主客观条件限制而受到阻碍，主观条件即内在原因，如自己的生理条件、能力不适应等；客观条件即外在原因，如环境因素、经济因素、人际关系因素不利等，使个体心中产生挫败感和冲突。在这种情况下，则要考虑自己的动机和目标是否切合实际、切实可行。

（2）选择目标

动机能使人的行动朝着特定的方向进行，有选择地决定目标，使行为指向一定方向。

（3）强化行为

一定动机指引下的行为结果，反过来会对动机产生巨大影响。如果行为结果好，这个动机会使行为重复出现，个体会进一步保持、巩固并加强这种行为，即产生正强化作用。而如果动机引导的行为效果不好，则会削弱行为，使行为减少以至不再出现，即产生负强化作用。

个体在日常生活中，经常会同时产生两个或两个以上的动机。假如这些并存的动机无法同时获得满足，而且互相对立或排斥，其中某一个动机获得满足，其他动机将受到阻碍，这种情况被称为动机冲突。动机冲突会形成进退两难、犹豫不决的心理状态，产生挫败感，使人痛苦。

5.1.3 激励

1．激励的含义

激励是指影响人们内在需求或动机，从而加强、引导和维持行为的活动或过程。《韦氏新世界大学词典》中的激励（Motivate）是指"向别人提供积极性或以积极性影响别人"，其中"积极性"的意思是"促使一个人做事或以某种方式行事的内心的动力、冲劲或意欲"。所以，激励涉及如何激发一个人行动的内心深处的东西，即潜能。因此，激励即是激发人的内在动机或潜能。

从管理活动的角度讲，激励的目的是为了使人形成工作动力，也就是人们常说的调动积极性，它也是一种组织满足员工的需要、引导和强化其行为的过程。

2．激励的过程

心理学家指出，人类的行为基本上都是动机性的行为，即人的行为都是有一定的目标的。人为了实现目标，就会产生需要和欲望，有了需要和欲望就会产生动机，有了动机就会有行为。当需要未被满足时，就会产生紧张感，使人的身体或心理失去平衡而感到不舒服，进而激发个体的动机，这种动机将导致个体寻求特定目标的行为。如饥饿时，人的大脑会支配人去寻找食物；口渴时，人的大脑会支配人去寻找水源。这种大脑指挥人去行动的心理过程就是动机。当需要与欲望得到满足、目标达到之后，原有的需求和动机也就消失了。

激励不仅是一种行为，也是需要获得满足的过程。因此，激励的过程就是从未能得到满足的需要开始，到需要得到满足（或未得到满足而产生新的需要）为止（见图5-1）。

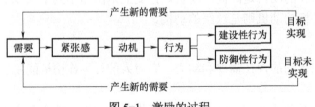

图 5-1　激励的过程

5.2 激励理论

激励理论是现代管理学的重要内容，从激励的起点和过程的不同角度可以分为内容型激励理论和过程型激励理论。内容型激励理论重点研究激发动机的诱因，主要包括马斯洛的需要层次理论、奥尔德弗的 ERG 需要理论、麦克利兰的成就激励理论和赫茨伯格的双因素激励理论等；过程型激励理论则是着重研究人从动机产生到采取行动的心理过程，它的主要任务是找出对行为起决定作用的某些关键因素，弄清它们之间的相互关系，以预测和控制人的行为，主要包括亚当斯的公平理论、弗鲁姆的期望理论和斯金纳的强化理论等。

5.2.1 内容型激励理论

1．马斯洛的需要层次理论

马斯洛需要层次理论是人本主义科学的理论之一，由美国心理学家马斯洛（A. H. Maslow）于 1943 年在其著作《人的动机理论》中所提出。书中将人类需要从低到高按层次分为五种，分别是：生理需要（Physiological Needs）、安全需要（Safety Needs）、情感与归属需要（Love and Belonging Needs）、尊重需要（Esteem Needs）和自我实现需要（Self-Actualization Needs），在自我实现需要之后，还有自我超越需要（Self-Transcendence Needs），但通常不作为该理论的必要层次，而是与自我实现需要合并。1954 年，马斯洛在《动机与人格》一书中又探讨了他早期著作中提及的另外两种需要：求知需要和审美需要，认为这二者应居于尊重需要与自我实现需要之间。马斯洛需要层次理论中的五个需要层次的具体内容如图 5-2 所示。

扫一扫看微课：
马斯洛需要层次理论

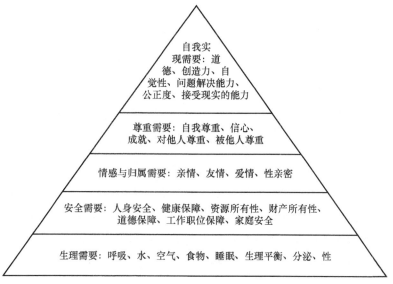

图 5-2　马斯洛需要层次理论

马斯洛需要层次理论解析：

① 马斯洛需要层次是一种刚性的阶梯式上升结构，即认为较低层次的需要必须在较高层次的需要满足之前得到充分的满足，二者具有不可逆性；并认为一个人在其某一层次需要尚未得到满足时，可能会停留在这一需要层次上，直到获得满足为止。

② 需要层次理论有两个基本出发点：一是人人都有需要，当某一层次的需要获得满足后，另一层次的需要才出现。二是在多种需要未获满足前，首先满足迫切需要；该需要获得满足后，后面的需要才能显示出其激励作用。

③ 一般来说，某一层次的需要相对满足了，就会向高一层次发展，追求更高一层次的需求就成为驱使行为的动力。相应的，获得基本满足的需要就不再是一股激励力量。

④ 五种需要可以分为两级，其中生理需要，安全需要以及情感与归属需要都属于低级需要，这些需要通过外部条件就可以满足；而尊重需要和自我实现需要属于高级需要，须通过内部因素才能满足，而且一个人对尊重和自我实现的需要是无止境的。同一时期，一个人可能有几种需要，但每一时期总有一种需要占支配地位，对行为起决定作用。任何一种需要都不会因为更高层次需要的发展而消失。各层次的需要相互依赖和重叠，高层次的需要发展后，低层次的需要仍然存在，只是对行为影响的程度大大减小。

2. 奥尔德弗的 ERG 需要理论

美国耶鲁大学的奥尔德弗（C. Alderfer）在马斯洛需要层次理论的基础上，进行了更接近实际经验的研究，提出了一种新的人本主义需要理论。奥尔德弗认为，人们共存在三种核心的需要，即生存（Existence）的需要、相互关系（Relatedness）的需要和成长发展（Growth）的需要，因而这一理论被称为"ERG"理论。马斯洛需要层次理论与奥尔德弗 ERG 需要理论的对比如图 5-3 所示。

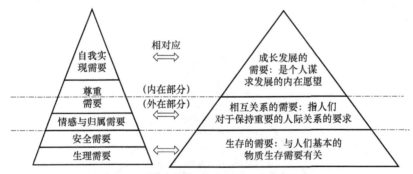

图 5-3 马斯洛需要层次理论与奥尔德弗 ERG 需要理论对比

ERG 需要理论的解析：

① ERG 理论并不强调需要层次的顺序。奥尔德弗认为，同一时间可能有不止一种需要对人的行为起作用；某种需要在一定时间内对行为起作用，而当这种需要得到满足后，人可能去追求更高层次的需要，也可能没有这种上升趋势。如果较高层次需要的满足受到抑制，那么人们对较低层次的需要的渴望会变得更加强烈。

② ERG 理论并不认为各类需要层次是刚性结构。比如说，即使一个人的生存和相互关系需要尚未得到完全满足，他仍然可以为成长发展的需要工作，而且这三种需要可以同时起作用。

③ ERG 理论还提出了"受挫—回归"的思想。ERG 理论认为，当一个人在某一更高等级

的需要层次受挫时，那么作为替代，其某一较低层次的需要可能会有所增加。例如，如果一个人的社会交往需要得不到满足，可能会增强其对得到更多金钱或更好的工作条件的愿望。

④ ERG 理论认为较低层次的需要满足之后，会引发对更高层次需要的愿望。ERG 理论认为多种需要可以同时作为激励因素而起作用，并且当满足较高层次需要的企图受挫时，会导致人们向较低层次的需要回归（见图 5-4）。

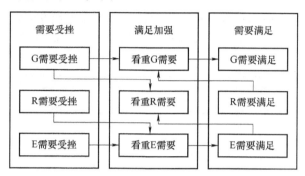

图 5-4　ERG 理论的"受挫-回归"思想

3．麦克利兰的成就激励理论

成就激励理论是由美国哈佛大学教授麦克利兰（D. C. McClelland）通过对人的需要和动机进行研究，于 20 世纪 50 年代在一系列文章中提出的。麦克利兰把人的高层次需要归纳为对成就、权力和亲和的需要。

① 成就需要（Need for Achievement）：争取成功，希望做得最好的需要。麦克利兰认为，具有强烈成就需要的人渴望将事情做得更加完美，提高工作效率，获得更大的成功。他们追求的是在争取成功的过程中克服困难、解决难题、努力奋斗的乐趣，以及成功之后的个人成就感，而并不看重成功所带来的物质奖励。个体的成就需要与其所处的经济、文化、社会、政府的发展程度有关，社会风气也制约着人们的成就需要。

② 权力需要（Need for Power）：影响或控制他人且不受他人控制的需要。不同的人对权力的渴望程度也有所不同。权力需要较高的人对影响和控制他人表现出很大的兴趣，喜欢对别人"发号施令"，注重争取地位和影响力；喜欢争辩，健谈，直率且头脑冷静；善于提出问题和要求；喜欢教训别人，并乐于演讲；喜欢具有竞争性和能体现较高地位的场合或情境，并会为了获得地位和权力或与自己已具有的权力和地位相称而追求出色的成绩。权力需要是管理成功的基本要素之一。

③ 亲和需要（Need for Affiliation）：建立友好亲密的人际关系的需要。亲和需要就是寻求被他人喜爱和接纳的一种愿望。亲和需要较高的人更倾向于与他人进行交往，至少是为他人着想，这种交往会令其产生愉快感。高亲和需要者渴望亲和的人际关系，喜欢合作而不是竞争的工作环境，希望增进彼此之间的沟通与理解，对环境中的人际关系更为敏感。有时，亲和需要也表现为对失去某些亲密关系的恐惧和对人际冲突的回避。亲和需要是保持社会交往和人际关系和谐的重要条件。

4．赫茨伯格的双因素激励理论

20 世纪 50 年代末期，美国的行为科学家赫茨伯格（F. Herzberg）和

扫一扫看微课：
双因素激励理论

他的助手们在美国匹兹堡地区对 200 名工程师、会计师进行了调查访问。访问主要围绕两个问题：①在工作中，哪些事项是让他们感到满意的，并估计这种积极情绪会持续多长时间；②有哪些事项是让他们感到不满意的，并估计这种消极情绪会持续多长时间。赫茨伯格对这些问题的回答进行了研究，归纳出哪些事情使人们在工作中感到快乐和满足，哪些事情造成不愉快和不满足。结果他发现，使员工感到满意的，都是属于工作本身或工作内容方面的；使员工感到不满的，都是属于工作环境或工作关系方面的。赫茨伯格把前者称为激励因素，后者称为保健因素，即构成双因素激励理论，又称激励因素-保健因素理论，具体如图 5-5 所示。

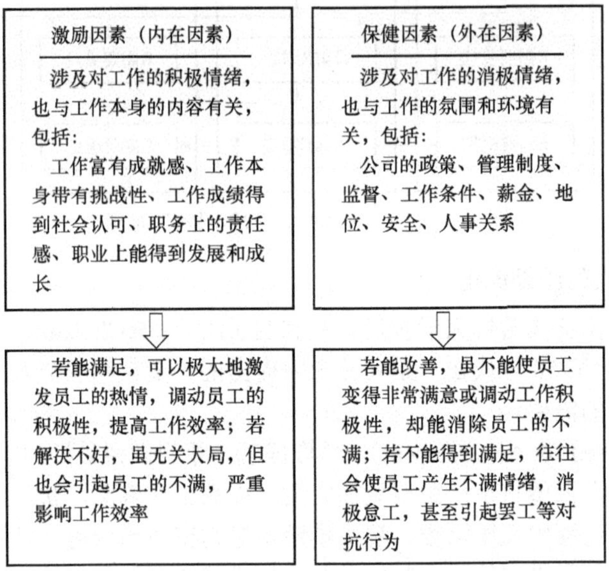

图 5-5　双因素激励理论

一个人过去的成就、被人认可以及担负过的责任都与双因素中对工作的积极情绪有关。激励因素与个人对他们的工作积极情绪有关，但有时也涉及消极情绪；而保健因素却几乎与积极情绪无关，只会令人精神沮丧，甚至产生脱离组织、缺勤等消极行为。

赫茨伯格的理论认为，满意和不满意并非共存于单一的连续体中，而是截然分开的，这种双重的连续体意味着一个人可以同时感到满意和不满意，还暗示着工作条件和薪金等保健因素并不能影响人们对工作的满意程度，而只能影响对工作的不满意程度。

赫茨伯格双因素理论的核心在于"只有激励因素才能够给人们带来满意感，而保健因素只能消除人们的不满，但不会带来满意感"这一论断，因此如何认定与分析激励因素和保健因素并"因材施政"才是关键。

5.2.2　过程型激励理论

1. 亚当斯的公平理论

公平理论又称社会比较理论，由美国心理学家亚当斯（J. S. Adams）于 1965 年提出，侧重研究工资报酬分配的合理性、公平性及其对员工生产积极性的影响。该理论研究人的动机和知觉关系，认为员工的激励程度来源于对自己和参照对象的报酬和投入的比例的主观比较感觉。公平理论认为，人们的工作投入或付出包括自己的受教育程度，工作经验，用于工作的时间、精力和其他消耗等；人们所获得的工作报酬包括物质上的金钱、福利和精神上的受重视程度、表彰奖励等。而人的积极性取决于其所感受的分配上的公正程度（即公平感），而这种公平感取决于一种历史比较或社会比较，见图 5-6。

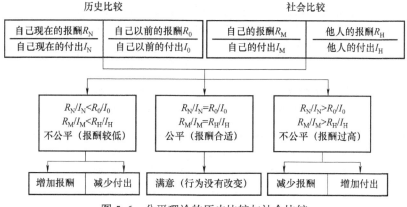

图 5-6 公平理论的历史比较与社会比较

在社会生活中，每个人都会自觉或不自觉地进行自己的投入与所得报酬的历史比较和社会比较。当人对自己的报酬做历史比较或社会比较，认为自己的收支比率过低时，会产生报酬不足的不公平感，比率差距越大，这种感觉越强烈。这时员工就会产生挫败感、义愤感、仇恨心理，甚至产生破坏心理。少数时候，员工也会认为自己的收支比率过高而产生不安的感觉或感激心理。当人感到不公平时，可能会千方百计地进行自我安慰，如通过自我解释，从主观上造成一种公平的假象，以减少心理失衡或选择另一种比较基准重新进行比较，以便获得主观上的公平感；还可能采取行动，改变对方或自己的收支比率，如要求把别人的报酬降下来、增加别人的劳动投入，或要求给自己增加报酬、减少劳动投入等；还可能采取发牢骚、讲怪话、消极怠工、制造矛盾或弃职他就等行为。

公平感直接影响人的工作动机和行为。因此，从某种意义上讲，动机的激发过程实际上是人与人进行比较，做出公平与否的判断，并据以指导行为的过程。

2．弗鲁姆的期望理论

期望理论，又称"效价—手段—期望理论"，是由北美著名心理学家和行为科学家弗鲁姆（V. H. Vroom）于 1964 年在其著作《工作与激励》中提出来的。

（1）期望理论的基本内容

弗鲁姆的期望理论阐明了激励员工的方法。他认为，某一活动对于调动某人的积极性，激发出人的内部潜力的激励（Motivation）强度，取决于效价（Valence，即达成目标后对于满足个人需要的价值大小）和期望值（Expectancy，即根据以往经验进行判断能导致该结果的概率），公式表示为：

$$激励力量 = 效价 \times 期望值$$

（2）期望模式

怎样使激励力量达到最高值，弗鲁姆提出了人的期望模式：

个人努力→个人绩效（成绩）→组织奖励（报酬）→个人需要

在这个期望模式中的四个因素，需要兼顾以下三个方面的关系，这也是调动人们工作积极性的三个条件。

① 个人努力与个人绩效的关系。人总是希望通过一定的努力能够达到预期的目标。如果个人主观认为通过自己的努力达到预期目标的概率较高，就会有信心，就可能激发出较强的工作热情；但如果个人认为再怎么努力都不可能达到目标，就会失去内在动力，导致工作消极。但能否达到预期目标，不仅仅取决于个人的努力，还与其个人能力和上级提供的支持程度有关。

② 个人绩效与组织奖励的关系。人总是希望取得成绩后能够得到相应的奖励，这种奖励既包括提高工资、多发奖金等物质奖励，也包括表扬、自我成就感、同事信赖、提高个人威望等精神奖励，还包括得到晋升等物质与精神兼具的奖励。如果员工认为取得绩效后能够得到合理的奖励，就可能产生工作热情，否则就可能没有积极性。

③ 组织奖励与个人需要的关系。人总是希望获得的奖励能够满足自己某方面的需要。然而由于人们各方面的差异，其需要的内容和程度都不同。因此，针对不同的人，采用同一种奖励能满足其需要的程度不同，所能激发出来的工作动力也就不同。

3．斯金纳的强化理论

强化理论是由美国的心理学家和行为科学家斯金纳（B. F. Skinner）、赫西和布兰查德等人提出的，也称为行为修正理论或行为矫正理论。

扫一扫看微课：
强化理论-1

斯金纳认为人们做出某种行为，或不做出某种行为，只取决于一个影响因素，那就是行为的后果。他提出了"操作条件反射"理论，认为人或动物为了达到某种目的，会采取一定的行为作用于环境。当这种行为的后果对其有利时，这种行为就会在以后重复出现；行为的后果对其不利时，这种行为在之后就减弱或消失。

斯金纳认为，人们可以用多种强化方式来影响行为的后果，从而修正其行为。强化的具体方式有以下几种：

① 正强化（Positive Reinforcement）。又称积极强化，即当在环境中增加某种刺激，有机体反应概率增加，这种刺激就是正强化，也就是奖励那些符合组织目标的行为，以使这些行为得以进一步的加强、重复出现。正强化的方法包括奖金、对成绩的认可、表扬、改善工作条件和人际关系、岗位提升、安排担任挑战性的工作、给予学习和成长的机会等。

② 惩罚（Punishment）。当员工出现一些不符合组织目标的行为时，采取惩罚的办法可以约束这些行为少发生或不再发生。惩罚的目的是力图使所不希望的行为逐渐削弱，甚至完全消失。

扫一扫看微课：
强化理论-2

③ 负强化（Negative Reinforcement）。又称消极强化，即当某种刺激在环境中消失时，有机体反应概率增加。这种刺激就是负强化，是有机体力图避开的那种刺激。负强化强调的是一种事前的规避。俗语"杀鸡儆猴"可以形象地说明惩罚与负强化的联系与区别：对出现了违规行为的"鸡"加以惩罚，意欲违规的"猴"会从中深刻地意识到组织规定的存在，从而加强对自己行为的约束，这种约束即为负强化。有时不给予奖励或少给奖

励也是一种负强化。

④ 消退（Extinction）。又称忽视，就是对已出现的不符合要求的行为进行"冷处理"，以达到"无为而治"的效果。

案例链接 5-1　海尔的员工激励

海尔文化特色之一就是从研究和满足员工的需要来调动其工作的积极性。海尔考虑得很细，认为研究人们的需要，目的就是在完成组织目标的前提下，尽可能满足个人需要，只有这样把员工的利益与组织联系在一起，才能调动员工积极性。海尔 CEO 张瑞敏常提到的"人之四大特性"分别是：具有个体差异、生理与情趣完整、需要即时激励、追求个人价值的实现。员工为企业努力工作，企业就要主动考虑员工的需要，甚至个人的特殊需要。

海尔允许员工竞争领导岗位，甚至在员工层面海尔也制定了"三工并存，动态转换"等奖罚措施，既通过设置切实可行的目标给人以期望，又通过制度办法刺激动机，如成为"优秀员工"就升级，成为"不合格员工"就降级。通过这样反复不断的刺激过程，促使每个人认同新的、更高的目标。张瑞敏说："我们靠的是建立一个让每个人在实现集体大目标的过程中充分实现个人价值的机制，这种机制使每位员工都能够找到一个发挥自己才能的位置。我们创造的是这样一种文化氛围，你干好了，就会得到正激励与尊重；同样，干得不好，会受到负激励。"他解释说，为什么不叫惩罚而叫负激励，其目的在于教育你不再犯同样的错误，而不仅仅是简单地让你付出点代价。

好的公司内部都存在表扬文化，海尔也不例外。《海尔企业文化手册》中明确规定了海尔的奖励制度：海尔奖，用于奖励集团内各个岗位上的员工对企业所做的突出贡献；海尔希望奖，用于奖励企业员工的小发明、小改革及合理化建议；命名工具，凡海尔集团内员工发明、改革的工具，如果明显地提高了劳动生产率，可由所在工厂逐级上报厂职代会研究通过，以发明者或改革者的名字命名，公开表彰宣传。

这些奖项无疑是一种激励的源泉。当获奖者的新闻通过分发到每位员工手中的《海尔人》、领导讲话和闲聊传开之后，这样的竞争就成为成千上万员工的强大力量。

5.3　激励理论的应用

5.3.1　马斯洛需要层次理论的应用

马斯洛认为人的需要包括：生理需要、安全需要、情感与归属需要、尊重需要和自我实现需要等若干层次。当一种需要得到满足之后，员工就会转向其他需要。由于每个员工的需要各不相同，对某个人有效的奖励措施可能对其他人就没有效果，因此管理者应当针对员工的差异对他们进行个别化的奖励。例如，有的员工可能更希望得到更高的工资，而另一些人也许并不在乎工资，而希望有自由的休假时间。又如，对一些工资高的员工，增加工资的吸引力可能不如授予其"A级业务员"的头衔吸引力大，因为荣誉的获得可以使其觉得自己享有了地位和受到了尊重。每个人都有自己的性格特质，员工的个性各不相同，他们适合从事的工作也不同，而与员工个性相匹配的工作才能让员工感到满意和舒适。

马斯洛的需要层次理论认为，人的需要结构是动态的、发展变化的，只有低层次需要得到部分满足以后，高层次需要才有可能成为行为的重要决定因素，高层次需要比低层次需要更有价值。因此，在企业管理过程中，管理者应该：

① 正确认识被管理者需要的多样性和层次性。

② 努力将组织的管理手段、管理条件同被管理者多样化的各层次需要联系起来。

③ 在科学分析的基础上，找出受时代、环境及个人条件差异影响的优势需要，然后有针对性地进行激励。

5.3.2 赫茨伯格双因素激励理论的应用

赫兹伯格认为令员工非常不满意的因素大都属于工作环境或工作关系方面的，如公司的政策、行政管理、员工与上级之间的关系、工资、工作安全、工作环境等。他发现上述条件如果达不到员工可接受的最低水平时，就会引发员工的不满情绪。但是，具备了这些条件并不能使员工受到激励。赫茨伯格把这些没有激励作用的外界因素称为"保健因素"。他还认为，能够使员工感到非常满意的因素大都属于工作内容和工作本身方面的，如工作的成就感、工作成绩得到上司的认可、工作本身具有挑战性等。这些因素的改善能够激发员工的热情和积极性。赫茨伯格把这种因素称为"激励因素"。在企业管理过程中，管理者首先应该注意满足员工的"保健因素"，防止员工产生不满情绪，消极怠工；同时还要注意利用"激励因素"，尽量使员工感到满意。因此，在实际的企业管理工作中，管理者应该注意：

① 区分管理实践中存在的保健因素和激励因素，对于保健因素要给予基本的满足，以消除职工的不满。

② 抓住激励因素，进行有针对性的激励。

③ 正确识别与挑选激励因素。

5.3.3 弗鲁姆期望理论的应用

弗鲁姆认为，激励因素作用的大小取决于两个方面：一是人对激励因素能够实现的可能性大小的期望；二是激励因素对其本人效价的大小。

在管理工作中应用期望理论要注意三点：第一，要科学地设置目标，使目标给人以希望，从而产生心理动力；第二，要提高期望水平，提高员工对目标重要意义的认识，这样就会提高效价；第三，正确处理好期望与结果之间的关系，防止员工期望过高，导致失望太大。

因此，在实际的企业管理工作中，管理者应该注意：

① 选择激励手段时，一定要选择员工感兴趣、评价高，即效价大的项目或手段。

② 确定目标的标准不宜过高。

③ 如果不从实际出发，只从管理者的意志或兴趣出发，推行对员工来说付出很大努力也不可能实现期望的激励措施是无法起到激励作用的。

5.3.4 亚当斯公平理论的应用

亚当斯的公平理论认为，一个人对其所得到的报酬是否满意不是只看绝对值，而是要进行社会比较和历史比较,即看其相对值。当个人觉得自己的收支比率与历史或与他人相等时,就会感到公平,就能激励人的行为;反之,就会使人感到不公平从而产生紧张、不安和不满等情绪,影响工作积极性的发挥。例如,由于地区、行业、单位、个人等条件的不同,加上制度和政策上的某些弊端,造成了人们在报酬上的较大差异,由此还会引发一些矛盾,就是因为让人感觉到不公平而产生的。公平激励,就应努力地减少和消除不公平现象,正确的做法不是搞绝对平均主义,而是领导者要做到公平处事、公平待人,不论亲疏,不以个人好恶论人。如对激励对象的分配、晋级、奖励、使用等方面,要力争做到公正合理,员工才能感到心情舒畅,提高工作的主动性和积极性。

在管理工作中应用亚当斯公平理论时,要加强对员工的思想教育,防止在工作评定中出现贬低别人、抬高自己,或是拨弄是非、左右舆论、制造矛盾等不良倾向。同时,应用公平理论时还要注意:

① 在管理中要高度重视相对报酬问题,尽量做到公平公正。
② 尽可能实现相对报酬的公平性。
③ 当出现不公平现象时,要积极做好引导工作,防止负面作用的产生。

5.3.5 斯金纳强化理论的应用

斯金纳的强化理论把激励行为分为正激励与负激励。所谓正激励就是对个体符合组织目标的期望行为进行奖励,以使这种行为更多地出现,提高个体的积极性。所谓负激励就是对个体违背组织目标的非期望行为进行惩罚,以使这种行为不再发生,使个体积极性朝正确的目标方向转移。在组织工作中,正激励与负激励都是必要而有效的,因为这两种方式的激励效果不仅会直接作用于个人,而且会间接地影响周围的个体与群体。通过树立正面的榜样和反面的典型,扶正祛邪,形成一种良好的风气,就会产生无形的正面行为规范,比枯燥的教条和规定更直观、更具体、更明确,能够使整个群体的行为导向更积极,更富有生气。

斯金纳的强化理论认为,人的行为结果对动机有反作用。如果行为产生了好的结果,就能对动机起正强化作用,使人的行为得到加强和重复;如果行为产生了不好的结果,就会对动机起负强化作用,使人的行为削弱或消失。

对强化理论的应用要考虑强化的模式,并采用一整套的强化体制。强化模式主要由"前因""行为"和"后果"三个部分组成。"前因"是指在行为产生之前确定一个具有刺激作用的客观目标,并指明哪些行为将得到强化,如企业规定车间安全生产中每月的安全操作无事故定额。"行为"是指为了达到目标的工作行为。"后果"是指当行为达到目标时,对其给予肯定和奖励;当行为未达到目标时,则不给予肯定和奖励,甚至给予否定或惩罚,以求控制员工的安全行为。

运用强化理论来影响、加强或改变员工的行为时,要注意:
① 按照员工的不同需要采用不同的强化物。
② 奖惩结合,以正强化为主。

案例链接 5-2 硅谷高科技员工的激励

凯西就职于硅谷的某高科技公司，担任公司娱乐产品部的项目经理，主管电脑游戏软件的制作。她一贯的作息安排是：白天工作 12 个小时，晚上 9 点锻炼身体，然后接着工作，每周 6 天，一般每周工作 100 小时左右，可以一直坚持好几个月。和她在硅谷的那些同事们一样，她并不需要遵守严格的工作时间规定，只是在自己想工作的时候才工作，只不过她大多数时候都想工作而已。

是什么激励凯西和她的那些同事们过这样的一种生活呢？是硅谷内部强大的激励机制。

在硅谷，一种普遍的激励因素是金钱。硅谷有 1/3 以上的高科技公司会给员工分配股权，而非高科技公司中这一比例不到 1/12。因此，在高科技公司工作的人想要在短时间内暴富是完全可能的，即使有人赚不到钱，也能得到非常诱人的基本补偿金。例如，硅谷的软件、半导体工人平均每年可以得到 7 万美元的补偿金，而美国普通工人平均每年只能得到 2.7 万美元的补偿金。

对于在硅谷工作的人来说，对所从事工作的热爱是另一个重要的激励因素。虽说金钱很重要，但很多人认为，如果只是为钱，他们是不会像现在这么努力的。事实上，很多人都认为自己的工作可以与音乐家的工作相媲美，因为工作能够给他们带来发自内心的快乐，工作本身就是最吸引他们的地方。

在硅谷的工作容易为人所认可是第三个激励因素。相对于其他行业的人来说，在硅谷工作有更多的机会在客户中闻名。比如说，娱乐产品部发行了凯西监制的游戏软件，成千上万的客户会来买这种软件，并在电脑上使用，这样她的名字就会出现在制作人员的名单中，就像电影制片人的名字出现在影片结尾一样。

来自同行的压力和认同也是非常重要的激励因素。这个行业中的人工作时间都很长，这也成了整个行业通行的"标准"。人们去上班时就知道自己必定要工作很长时间，这是既定的事实。他们这么做是因为这里的每个人都这样，不这么做的人就会遭到同行的讥讽。

还有一个激励因素是在硅谷工作所享有的自主性。事实上，现在流行的很多管理方式，比如说授权，就诞生于硅谷。诸如惠普和苹果一类的公司已经摈弃了传统组织机构中指令控制式的管理。高科技公司从不对员工的工作时间安排、工作进度以及服装规范等方面加以规定。相反，员工可以来去自由，可以带宠物上班，也可以在家工作。他们可以自主选择在何时、何地以及以什么方式开展工作。对于今天的很多员工来说，这种弹性是非常有吸引力的。

5.3.6 激励方式的应用

1. 目标激励

人的动机多起源于人的需要和欲望，一种没有得到满足的需要是激发动机的起点，也是引起行为的关键。因为未得到满足的需要会造成个人内心的紧张，从而导致个体会采取某种行为来满足需要以解除或减轻其紧张程度。目标激励就是把企业的需要转化为员工的需要。为了解除这一需要带来的紧张，员工会更加努力地工作，当员工取得阶段性进展的时候，管理者把成果反馈给员工，让员工知道自己的努力水平是否足够，是否需要更加努力，从而有助于他们在完成阶段性目标之后进一步追求更高的目标。

运用目标激励必须注意三点：

① 目标设置必须符合激励对象的需要。即要把激励对象的工作成就同其正当的获得期望挂钩，使激励对象表现出积极的目的性行为。

② 提出的目标一定要明确。比如，"本月销售收入要比上月增长10%"这样的目标就比"本月销售收入要比上月有所增长"这样的目标更有激励作用。

③ 设置的目标既要切实可行，又要具有挑战性。目标难度太大，会让人可望而不可即；目标过低，则影响人们的期望值，难以催人奋进。无论目标客观上是否可以达到，只要员工主观认为目标不可达到，他们努力的程度就会降低。目标设定应当像树上的苹果那样，站在地面上摘不到，但只要跳起来就能摘到。另一方面，管理者应将长远目标分解为阶段目标。

2．物质激励

物质激励就是从满足人的物质需要出发，对物质利益关系进行调节，从而激发人的向上动机并控制其行为的趋向。物质激励多以加薪、减薪、奖金、罚款等形式出现，在当前的社会经济条件下，物质激励是激励不可或缺的重要手段，它对强化按劳取酬的分配原则和调动员工的劳动热情有很大的作用。

3．情感激励

人具有丰富且复杂的情感世界，感情因素对人的工作积极性和创造性有很大的影响。古代有许多典故都表达出通过感情沟通，以心交心，增强归属心理，激励下属的思想。"士为知己者死"就是最典型的例证。还有刘备三顾茅庐，也是用真诚感动了诸葛亮，使其用了一生的精力和智慧来报答刘备。

情感激励既不是以物质利益为诱导，也不是以精神理想为刺激，而是领导者与被领导者之间以感情联系为手段的激励方式。每个人都需要关怀与体贴，一句亲切的问候，一番安慰的话语，都可成为激励人们行为的动力。运用情感激励要注意情感的两重性：积极情感可以增强人的活力，消极情感则会削弱人的亲和力。情感激励主要是培养激励对象的积极情感，其方式有很多，如沟通思想、排忧解难、慰问家访、交往娱乐、批评帮助、共同劳动、民主协商等。只要领导者真正关心体贴、尊重爱护激励对象，通过感情交流充分体现出"人情味"，下属就会将领导者所表现的真挚情感化作自愿接受其领导的自觉行动。

4．表率激励

榜样的力量是无穷的，在我国古代就十分推崇领导者的榜样作用。孔子曾指出，管理者"其身正，不令而行；其身不正，虽令不从"。即是指管理者个人的举止行动就是下属模仿的对象，是无声的命令。"大禹治水三过家门而不入"的故事以及成语"身先士卒"的典故都反映了表率激励所起的作用。

5．荣誉激励

荣誉可满足人的自尊需要，从而激发人们的斗志和工作积极性。墨子早就提出过荣誉激励："诸守柞格者，三出却适，守以令召赐食前，予大旗，署百户邑，若他人财物，建旗其署，令皆明白知之，曰某子旗。"即对于有功的士兵，要给予物质奖励，还要以他的名字命名一面大旗，立于各营之中，使其在全军享有很高的名声和荣誉。这种荣誉激励不仅使有功的士兵得到了激励，也对其他士兵起到了榜样激励的作用。

6．信任激励

信任激励就是领导者要充分相信下属，放手让其在职权范围内独立地处理问题，使其有职有权，能够创造性地做好工作。古人说"疑则勿任，任则勿疑"。现代领导活动中的用人不疑，更是重要的用人原则。应用信任激励，要注意三点：

① 用人不疑的对象必须是德才兼备、在工作上能放心放手的人才。对那种投机钻营的"奸臣"和平庸无能的"草包"，决不可轻信重用，否则贻误大业。

② 切忌轻信闲言碎语。在现实社会中，有爱才荐才之士，也有妒才诬才之徒。领导者一定要头脑清醒，是非分明，以免影响人才智慧和创造性的发挥。

③ 授以职权之后，必须放手让其自主工作，不要横加干涉。只有给予被任用者真正的信赖和授权，才能使其产生最佳心理，从而激励他们充分发挥主观能动性。

案例链接 5-3　华为的年终奖

每到发年终奖时，华为都是"别人家的公司"，奖励之丰厚常常令人惊叹。任正非曾在一次讲话中说："所有细胞都被激活，这个人就不会衰落。"而激活细胞的办法很简单，"跑到最前面的人，就要给他奖励"。

华为人力资源部下的荣誉部，设立于1997年，首任荣誉部部长由公司党委书记兼任；遵照奖励的基本原则"小改进，大奖励；大建议，只鼓励"，"在合适的时间，利用合适的方式，奖励该奖励的事，奖励该奖励的人"。

华为的奖品很"奇葩"，有法国造币公司做的奖牌，有"成吉思汗的马掌"，有废料做的奖品，有的获奖者还会获得一项殊荣——与任正非在总部天鹅湖边合影，可以带家属。

华为还有公司级大奖，如"市场部集体大辞职"奖、"蓝血十杰"奖、家属奖。

任正非曾说过："世界上最伟大的激励，就是自我激励，自己相信自己，自己鼓励自己。"

练习题

一、单项选择题

1. （　　）是人的行为的动力和源泉，是人脑对生理和社会需求的反映。（　　）是为实现一定的目的激励人们行动的内在原因。

　　A．需要，动机　　B．动机，需要　　C．激励，动机　　D．期望，需要

2. （　　）属于赫茨伯格的双因素激励理论中的激励因素。

　　A．工作条件　　B．人事关系　　C．工作的挑战性　　D．管理制度

3. 弗鲁姆的期望理论认为激励力＝效价×（　　）。

　　A．期望值　　B．报酬值　　C．人际关系　　D．心理需要

4. 在强化理论中，（　　）强调的是一种事前的规避。

　　A．惩罚　　B．负强化　　C．消退　　D．正强化

5. （　　）是从满足人的物质需要出发，对物质利益关系进行调节，从而激发人的向上动机并控制其行为的趋向。

　　A．情感激励　　B．信任激励　　C．荣誉激励　　D．物质激励

二、多项选择题

1. 人的需要特征有（　　）。

　　A．对象性　　B．阶段性　　C．社会制约性　　D．独特性

　　E．单一性

2. 马斯洛的需要层次理论认为人的需要有（　　）。
   A．生理需要　　　　　　　　　　B．安全需要
   C．情感与归属需要　　　　　　　D．尊重需要
   E．自我实现需要

3. 奥尔德弗的ERG需要理论认为人的三种核心需要是（　　）。
   A．生存需要　　　　　　　　　　B．安全需要
   C．相互关系需要　　　　　　　　D．自我实现需要
   E．成长发展需要

4. 麦克利兰的成就激励理论认为人的需要有（　　）。
   A．权力需要　　　　　　　　　　B．亲和需要
   C．相互关系需要　　　　　　　　D．成就需要
   E．成长发展需要

5. 斯金纳的强化理论中强化的具体方式有（　　）。
   A．正强化　　　　B．惩罚　　　　C．负强化　　　　D．消退
   E．反强化

三、思考题

1. 结合实际工作，谈谈哪些因素属于双因素理论中的"激励因素"，哪些因素属于双因素理论中的"保健因素"？并分析两种因素的区别。
2. 结合实际工作，谈谈对公平理论的理解。
3. 如何在实际工作中恰当地使用强化理论中的具体方式？
4. 根据所掌握的激励理论，试述在管理实践中如何有效地激励员工。

四、案例分析

红烧肉的激励

某企业老板接到一桩业务，需要将一批货物搬运至码头，且必须在半天内完成，任务相当繁重，但他的手下只有十几个伙计。

第二天一早，老板亲自下厨做饭。开饭时，老板给伙计一一盛好饭，并亲自送到他们每个人手里。

伙计王接过饭碗，拿起筷子，正要往嘴里扒，一股浓香的红烧肉味扑鼻而来。他急忙用筷子扒开一个小洞，三块油光发亮的红烧肉被焐在米饭中，他立即扭过身，一声不响地蹲在屋角，狼吞虎咽地吃起来。这顿饭，伙计王吃得特别香。他边吃边想：老板看得起我，今天一定要多出点力。于是他把货装得满满的，一趟又一趟地来回飞奔着，搬得汗流浃背……

整个上午，其他伙计也都像他一样卖力，个个搬得汗流浃背。一天的活儿，一个上午就干完了。

中午伙计王不解地偷偷问伙计张："你今天咋这么卖力？"张反问王："你不也干得起劲嘛？"王坦言："不瞒你说，早上老板在我碗里塞了三块红烧肉啊！我总要对得住他对我的关照嘛！""哦！"伙计张瞪大了眼睛，惊讶地说："我的碗底也有红烧肉哩！"两人又问了别的伙计，原来老板在大家碗里都放了三块红烧肉。众伙计恍然大悟，难怪吃早饭时，大家都不声不响地吃得那么香。

如果老板将红烧肉装在盘中放在桌子上，让大家夹来吃，可能就不会让伙计们对老板这么感激，也就不会产生那么大的激励作用了。同样是几块红烧肉，同样是几张嘴吃，不同的方式却能产生不同的激励效果。

问题思考：

1．为什么碗底的红烧肉比桌上的红烧肉更有激励作用？
2．该案例对你今后的管理工作有何启示？

实训项目

实训内容：激励游戏

实训说明：

1．人数：10人一组。
2．时间：5分钟。
3．场所：较宽敞的场地。
4．道具：纸杯（每人一个）、水、计时秒表。

实训步骤：

1．活动场所应该安排在开阔一些的场地，方便活动中学员来回运动。

2．将所有学员分成10人一组，最好能够男女混合。每位学员获得纸杯一个；各组以纵队形式排列，间隔1米左右。让排头学员将杯子衔在口中，然后在杯中注水至刚满不外溢为止。

3．宣布游戏开始：每组学员依次将杯中的水往下传递，传递时杯子必须衔在口中，不能用手辅助。还没有传递或者已经完成传递的学员可以在一旁进行鼓励或者技术指导。传递到最后一名学员时杯中的水最多的小组获胜，要求其他小组成员给他们热烈的祝贺。

4．就本次游戏展开讨论：

① 这个目标是否超过了小组的能力范围？小组完成得怎么样？
② 队友的鼓励对小组完成任务有多大影响？小组是否因此更加期望好的结果？
③ 当水洒出来时，小组成员会很紧张还是一点都不紧张？这说明了什么？

5．教师总结，进一步巩固理论知识点。

第 6 章　群体心理与管理

━━━━━■ 学习目标 ■━━━━━

知识目标
- 理解群体的定义、类型、发展阶段与群体心理。
- 掌握群体行为的基本规律。
- 掌握群体效率的影响因素。

能力目标
- 能解析群体的类型及其所处的阶段。
- 能运用群体的有关知识分析群体心理与行为。
- 能灵活运用群体的有关知识提高组织运行效率。

引导案例　单干的小张

小张大学毕业后，在某知名快餐厅的职务从兼职员工变成全职员工，并且成为经理重点栽培的对象。凭借自己的勤奋和努力，小张的职业生涯有了一个良好的开始。可是小张并不满足，在他心里，自己创业当老板才是他的理想。

毕业两年后的一天，小张上班时经过一幢贴有"出租"标志的房屋，这幢房屋坐落于车水马龙、商业繁荣的街道上，小张意识到这是一个开快餐店的绝佳位置，这让原本就有创业想法的小张心动不已。"在这个位置开一个以上班族为目标客户的中式快餐店，想来应该是一个非常不错的选择。"小张心想自己有经验、有技术，对快餐行业也比较了解，如果餐厅能开起来，几乎可以说稳赚不赔。但开个快餐店怎么说也需要几十万，这些钱从哪里来呢？小张的亲友们纷纷建议他选择一些资金充裕的朋友作为合伙人，不仅可以解决资金不足的问题，还可以规避许多创业风险。可小张却认为："合伙的生意不好干，三个和尚没水喝的故事在现实生活中实在太多了！我宁可不干，也不愿意和其他人一起合伙干。"不管别人怎么劝说，小张始终不为所动，坚持要自己单干。一心想创业的小张四处奔走、东拼西凑，终于凑足了创业所需的第一桶金。钱有了，还需要找人。小张通过亲友介绍和社会招聘相结合的方式为自己的新店选拔了 8 位他认为非常适合的厨师和勤杂工，为了更好地激励员工，小张承诺只要他们做得好，将来会给予一定的奖励或者分红。就这样，小张的新店开业了！开业期间，生意兴隆、热闹非凡，尽管非常忙碌，但通过大家的齐心协力，总算没有出现大问题。小张也

把这些员工都当作了自己人，大家一起工作、一起吃饭，小张觉得非常满意，觉得当初自己单干的决定是对的，如果当初是和别人合伙，彼此肯定会有很多争议和矛盾，自然不可能像现在这样大家都听从自己的指挥。"以后等这家店做好了，我还可以5家店、10家店、20家店这样开下去，打造一个知名的连锁快餐品牌！"小张美美地想着。可是没过多久，小张发现自己过于乐观了，对面很快又新开了一家港式茶餐厅，不仅抢走了自己的大量生意，还高薪挖走了自己的厨师老王，员工萍萍和小李不知道什么时候开始偷偷地恋爱了，现在决定要回乡结婚并自己开店，媛媛和娜娜两个人有点不对盘，总是针锋相对……小张感觉大家工作的积极性已经慢慢退却，人心开始涣散。小张当初坚持单干，就是觉得人少矛盾就少，便于管理，可为什么就这么难实现呢？

【引入问题】
1. 案例中小张单干的想法是否合理？他是真的在单干吗？
2. 面对现在的局面，小张应该怎么做？

群体无处不在。现实生活中，依从于经济和政治地位、民族、社区、年龄、性别、职业、血缘、兴趣、信仰等诸多方面因素的影响，人们总要与他人形成一定的社会关系，参加一定的群体生活。小到一对朋友、夫妻，大到一个学校、集团，乃至一个民族、国家都可以被视作一个群体。由个体集合而成的群体，既可能汇聚成一股强大的力量，同样也可能成为一盘散沙。一个优秀的管理者所要做的工作之一就是了解群体和群体心理，将个体之力汇聚成一股强大的合力。

6.1 群体与群体心理

常言道："物以类聚，人以群分。"结群是人类的基本特征，社会中任何个体都从属于一定的群体。人们往往通过归属于一定的群体而意识到自己是归于社会的，且通过群体活动参与整个社会的活动。然而，群体并非个体的简单集合，其自身具有一定的形成和发展规律。管理者在了解个体心理发展特征和规律的基础上，还应掌握群体心理的特点及规律，从而增强管理效果。

6.1.1 群体的定义

心理学界对于群体的内涵尚存在着不同的认识，未形成一个统一的定义。一般而言，我们认为群体是指两个或两个以上的人在同一目标指引和同一规范的约束之下，彼此影响、相互作用、共同活动的集合体。从上述定义我们也可以看出，群体是个体的集合，但不是一定数量个体的简单偶然的集合。那些萍水相逢、偶然聚合的电影观众、商场顾客、候车乘客、街头围观者等，都不能称之为群体。一般来说，构成一个完整的群体必须具备以下特征：

① 两个或两个以上的人以某种方式结合。
② 群体的各个成员之间有共同的目标和利益。任何群体都有一定的目标，这个目标是群体所有成员进行活动的方向、目的及标准。群体目标可能是任务目标，也可能是社会情绪需要的目标。群体的每个成员不论是否能清醒地意识到目标的价值及意义，都要通力合作实现目标。
③ 群体成员都有一定的群体意识和群体归属感。在心理上意识到自己属于某个群体，从

而建立起"我们同属一群"的"我们感"和"归属感",这种群体成员在群体中形成的"群体意识"是群体存在的关键因素。

④ 群体有一定的组织机构。在群体中,每个成员都占有一定的地位,在其中担当某种角色,执行相应的任务,并承担一定的责任与义务。一般情况下,核心成员占据领导地位,掌握支配群体的权力,并指导控制群体的活动。而多数成员处于从属地位,配合核心成员的指挥和分配。

⑤ 群体成员有共同的价值规范。每个群体内都有共同的价值标准和行为规范,以及由此而形成的约束和控制群体成员的强大压力。尽管这些规则未必以条文的形式存在,但却客观存在于群体中。群体中的每个成员在行为、思想、态度上都必须遵守这些规范准则,违反者将受到孤立与惩罚,甚至被取消成员资格。

以上是群体存在的因素和特征,任何一个特征的缺失都表明该群体还不成熟,不能称为真正的群体。

6.1.2 群体的类型

群体的类型有很多,每一种群体的性质、结构、作用和存在方式都各不相同。根据不同的标准,可把群体分为若干种类:

1. 初级群体与次级群体

根据群体成员之间关系的亲密程度和互动特点,可以将群体划分为初级群体和次级群体。

① 初级群体,又称首属群体、直接群体、基本群体,是在初级关系的基础上形成的人类社会生活的基本单位,是人们参与社会生活时最初接触到的、经常面对面地直接互动的群体,具有紧密的人际关系和浓厚的感情色彩。家庭、邻里、朋友和亲属等以血缘和地缘关系为纽带的群体多属于初级群体。

② 次级群体,又称次属群体、间接群体、后起群体,是指人们为了实现特定的社会目标集合在一起,通过明确的规章制度结成正规关系的社会群体。典型的次级群体是各种各样的以业缘关系为纽带的社会组织,如学校、工厂、企业等。

当然,两者的界限不是绝对的,如某种次级群体的业缘关系如果长期存在下去,也有可能发展为初级群体关系。

2. 正式群体与非正式群体

根据社会群体中社会关系的规范化和正规化程度,可以将群体划分为正式群体和非正式群体。

① 正式群体,是按照正式的社会规范建立起来并受正式规范制约和控制的社会群体,如部门、班级、公司、部队等,其组织结构确定,职务分配明确。在正式群体中,人们从事着由组织目标所规定的行动,并使自己的行动指向这个目标。正式群体又可依据其存在时间的长短而分为永久性正式群体(如国家机关中的各级科室)和暂时性正式群体(如各种临时性的检查团)。

② 非正式群体,是指自发形成的,没有明文规定和定员编制,成员间以喜爱、兴趣、需要等相似为基础而形成的群体。如在大学校园中经常出现的由学生自发结成的朋友群体、同

乡群体、兴趣小组等。非正式群体既没有正式结构，也不是由组织确定的联盟，而是人们为了满足社会交往需要而自然形成的，往往以共同利益、观点、兴趣为基础，以感情为纽带，有较强的内聚力和较高的行为一致性。非正式群体的存在对个人和组织的影响是非常巨大的，它既可能是独立存在的各种邻里和趣缘群体，也可能是包含在正式群体之中的非正式群体，即群体中的群体。

3．内群体与外群体

根据成员对群体的心理归属感不同，可以将群体划分为内群体和外群体。

① 内群体，又称我群，是指一个人经常参与的，在其间生活、工作或进行其他活动，并且具有情感认同和强烈归属感的群体。人们的社会生活是以内群体为中心的。

② 外群体，又称他群，泛指内群体以外的所有社会群体，是人们没有参与也没有归属感的群体。

内群体和外群体的划分是相对的，二者之间的范围是不断变化的。在一定的条件下，内群体与外群体之间可能发生相互转化。

4．成员群体与参照群体

根据成员的身份归属不同，可以将群体划分为成员群体与参照群体。

① 成员群体，又称隶属群体，是指个体实际参加或隶属的群体。如个人所在的小组、班级、社团、球队。成员群体和内群体是成员参与的群体，成员群体与内群体的区别在于是否具有归属感。

② 参照群体，又称参考群体，是指个人没有参与但又接受其规范来比较、评价及指导自己行为的群体。或者说，参照群体是指对人们的思想观念和行为方式具有特殊引导意义，其团体目标、规范可以成为个人行为参照的团体，如先进班级、优秀球队。

5．统计群体和实际群体

根据群体是否真实存在，可以将群体划分为统计群体和实际群体。

① 统计群体，是指实际上并不存在，只是为了研究和分析的需要，把具有某种特征的人在想象中组织起来而形成的群体。这种群体主要存在于统计学中，如老年群体、大学生群体。

② 实际群体，是指在一定空间和时间范围内存在的群体。这类群体有着明显的界限和实际交往，如学校的班级。

6．大群体和小群体

根据群体规模的大小，可以将群体划分为大群体和小群体。

① 大群体，是指人数众多，成员间只有很少或间接的联系，没有直接的交往与互动的群体。一个国家、民族等都可称为大群体。

② 小群体，一般是指人数较少，成员间有直接交往和联系，关系密切，交往频繁的群体。学校、企业的班组都可看作小群体。

此外，还可以根据群体的开放程度，将群体分为开放群体和封闭群体；根据群体所要实现的特定目标，将群体分为命令型群体、任务型群体、利益型群体和友谊型群体等。社会生活的复杂性决定了现实中的社会群体是多种多样的，对群体进行分类有助于加深对群体及群体心理的理解。

6.1.3 群体的发展阶段

知识链接 6-1　群体形成实验

1961年，社会心理学家穆扎弗·谢里夫进行了一项经典研究，揭示了人们从个体到形成群体的全过程。研究人员邀请了一群互不相识的12岁男孩参加夏令营。他们来自不同学校和街区，社会阶层上都属于中产阶级白人家庭。研究分几个阶段进行。第一阶段为一个星期，研究人员将参加研究的被试分为两组，相互不知道对方的存在。在这个阶段，研究人员分别安排两组被试进行一系列活动，如一起做饭、修游泳池、玩垒球、做绳梯。结果，经过这一阶段的共同活动和交往，两个小组都从原来的聚合状态转变成了群体。每个小组都发展起了自己不成文的规则，产生了非正式的领导者，并且具有组织化群体所具有的其他特点。他们甚至自发地为自己的群体起了名字，一个叫"响尾蛇"，一个叫"雄鹰"。至第一阶段结束，小组成员的角色已发生明显分化，并且稳定下来。

在研究的第二阶段，研究人员安排两个小组之间开展一系列诸如橄榄球、垒球及其他项目的比赛。结果两个小组出现了明显的"我们情感"，"我们"和"他们"的意识发生了明显分化。小组成员分别将自己所在的群体看作是内群体，认为自己所属的群体更优越，而将对方看成外群体，似乎对方的特点都不合自己的愿望。竞争引起了对于对方群体的敌意。在实验第二阶段结束时，研究人员请被试在两个群体中择友，结果两个小组的成员选择本组成员作为朋友的比例分别达到92.5%和93.6%。

研究第三阶段的目的是探索如何减轻或消除群体间的冲突。研究人员安排两个小组的被试一起进行一系列共同活动。如玩撒豆子游戏，即由一组的某位被试先把豆子撒下，然后捡起来，再由另一组的某位成员猜捡到的豆子数目；一起用餐、看电影短片。然而，这样的操作并未有效减轻双方的敌意。有一次两组被试还在吃饭时发生了直接冲突。

研究的进一步安排是让两组被试协同活动。如一起修野营基地的贮水池，否则大家都会缺水；协力将卡车拖出泥潭等。结果，两个小组的敌对情绪明显减缓。夏令营生活结束时，研究人员要求两个小组再次进行择友测验，结果两个小组的成员选择对方成员作为朋友的比例达到了1/3左右，与第二阶段的结果形成了鲜明对比。

群体的形成和发展并非一蹴而就，而是有一定阶段性和规律的。总体来说，群体遵循着一种可预测的顺序进行演变，代表性的理论主要有"五阶段模型"，即群体的发展要经过五个阶段的标准程序，分别是：形成阶段、震荡阶段、规范化阶段、执行任务阶段和中止阶段（见图6-1）。

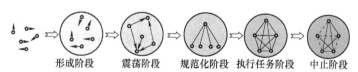

图6-1　群体发展的"五阶段模型"

① 形成阶段。群体的结构、目的、领导都不确定，群体成员各自摸索群体可以接受的行为规范。这是一种很表面的互动，成员需要被告知该做什么。当群体成员开始把自己看作群体的一员时，此阶段结束。

② 震荡阶段。本阶段是群体内部冲突阶段。成员接受了群体的存在，但抵制群体对他们的约束和控制，同时，领导权的竞争也会引起冲突，对于谁可以控制这个群体，成员们存在争执。如果无法克服这些问题，群体就会出现矛盾和冲突，甚至提前中止。因此，本阶段群体应妥善处理分歧和冲突，保持自由和平等的交流意见，以顺利完成工作任务。当群体内部出现了明确的领导层时，此阶段结束。

③ 规范化阶段。群体内部成员之间开始形成亲密的关系。成员不仅接受了群体，并且发展出解决冲突、制定决策以及完成任务的规范。这时群体开始表现出一定的凝聚力，成员对群体有一种强烈的认同感和身份感。当群体结构稳定下来，对群体行为规范达成共识时，此阶段结束。

④ 执行任务阶段（高效工作阶段）。这时群体的结构完全功能化，并被群体成员完全接受和认可。群体已经有明确的结构、目的、角色，并对完成任务做好了准备。成员的注意力已经从试图相互认识和理解转移到完成手头的任务上，开始履行自己的职责和相互合作。群体进入成熟期。

⑤ 中止阶段。不同群体的存在时间是不确定的。对于长期性的工作群体而言，执行任务阶段是最后一个发展阶段。但暂时性的群体（如项目小组、攻关小组、委员会等）多是为了完成某一特殊任务而设置的群体，其存在时间可能是三个月至半年不等。任务完成后，这种群体就面临着中止。在这个阶段，群体关注的首要问题不是高水平的工作绩效，而是群体的收尾工作。成员的反应各不相同，有人陶醉于群体的成就之中，有人却为失去原有的群体而产生失落感。

案例链接 6-1 / **风雨之后**

朝阳公司于 2011 年由小王、阿华、杰仔三位创始人创立，是一家高新技术企业，其主营业务范围是智能家电系列产品，近年来在国内的销售取得了很好的成绩，公司伴随其核心团队的发展而逐渐在行业内建立起龙头地位。然而，回顾其整个团队的发展过程，并非一帆风顺，而是经历了团队组建、发生矛盾、解决问题、发展成熟等一系列过程。

三位创始人是大学时代的玩伴。三人因为学校轮滑社团而结缘。毕业以后，小王去了英国，获得博士学位后，从事金融工作。到 2011 年开始筹划组建公司时，小王已经有了一定的资金和海外市场的人脉基础。阿华和杰仔毕业后一起在杭州打拼。多年后，阿华已经是某公司的市场部经理，拥有一定的客户资源，而杰仔则成为所在公司的研发骨干，并且有自己的专利技术和产品。三人毕业以后仍有着密切的联系，大家不时通过网络和电话交流近况。

几经协商，三人决定共同创业。小王出了大部分的资金，任公司的董事长，但是只把握企业战略，不参与具体运营。阿华和杰仔负责公司的具体运营。阿华任总经理，分管国内市场和企业运营；杰仔任技术总监，分管研发和生产。他们俩只出少量资金，其余以人力资本入股。于是阿华带着自己手头的资源，杰仔带着自行研发的产品，开始创建自己的事业，小王则留在国外做甩手掌柜。

2011～2014 年是创业起步期，创业初期的热情随着时间的流逝和资金的流出慢慢开始冷却下来。面对巨大的市场压力和资金压力，创业团队内部开始出现了分歧。杰仔的技术研发能力非常强，所以公司产品的开发并不是问题。但是由于公司没有在行业内的商誉积累，而且资金投入不足，难以支撑其市场像预期那样高速发展。这时阿华和杰仔的心理也发生了微妙的变化。

阿华觉得杰仔只知道做技术开发，和市场不接轨，不能给市场开发带来价值。杰仔觉得实际的市场拓展跟不上他的技术发展，开始对阿华的市场能力产生了怀疑，他们心里对彼此的不满之情与日俱增。一家竞争公司联系上了杰仔，对方有市场、没技术，承诺给杰仔优厚的待遇并转赠股份，为其提供资金、厂房和设备，只要他把研发团队带过去就可以开展工作了，其他方面完全不用操心。最终杰仔被说服，带着研发团队干起了私活儿。

很快事情被阿华知道了。阿华非常生气，自己的盟友居然背叛自己，在最艰难的时候帮竞争对手干活儿去了。两个人大吵了一架。原本是很好的朋友，应该互相理解，但不同的角色分工导致两人看问题的角度和出发点都不同，加上没有充分进行有效的沟通，最终导致了分歧。他们都找到了小王。小王分析了情况后，觉得企业没有杰仔想象的那么不可救药，这次分歧也没有严重到要拆伙的程度，于是特地回国把大家召集起来开董事会，敦促团队成员面对面地沟通。同时，在进行市场评估后，他决定辞掉高薪职位，正式加入公司的管理中，专管海外市场。

在小王的协调下，面临崩溃的团队重新出现了转机，三人再次明确了自己想建立事业的初衷。每个人前期已经对公司投入太多的时间和精力，也不想自己的前期付出成为沉没成本。现在任何人的退出都会导致别人的损失，是一种不负责任的行为。至此，事情告一段落。

董事会结束后，大家约定由阿华出面和研发团队中跟着杰仔干私活儿的技术人员进行谈话，不开除任何一位员工，最后用时间平息了整个事件。而小王依靠自己的海外优势，迅速帮助公司建立了外贸平台，打开了海外市场。阿华在国内的市场开拓也开始有了起色，客户慢慢开始增多，杰仔也带着研发团队取得了新的研发成果。在三人的努力下，公司很快开始盈利，并迅速发展壮大。

现在阿华和杰仔虽然还是各自分管不同的领域，但是经常会找些时间加强沟通，吃饭时也经常在一起，很多决定都是两人有商有量后，再由阿华以总经理的身份统一向公司发布。事业有了起色以后，三位创始人对企业的将来更加坚定了信心，也痛定思痛，将之前的教训进行了总结。如果当初坚定成功的信心，对彼此多一些信任、责任感和有效的沟通，就不会出现矛盾。当然，从另一个角度来看，危机的出现也造就了今天的团队和事业的成功，是成功必须付出的代价。

问题：
① 案例中朝阳公司创业团队的发展经历了哪几个阶段？
② 朝阳公司创业团队当前处于什么阶段？这一阶段管理者的主要任务是什么？

分析提示：
① 案例中的朝阳公司创业团队先后经历了形成阶段、震荡阶段、规范化阶段、执行任务阶段。

② 朝阳公司创业团队当前处在执行任务阶段。这个时期群体的生产效率最高，运作上也最顺畅，但是管理者需要注意不能将收获和成果归结在自己身上，而应该公平地分享成果，体会成功的喜悦。同时，要注意监控，关注群体运行过程中有没有什么问题发生。最后，管理者还应该注意变革，根据群体所处环境的变化，采取相应的改变，并注意目标的提升和培养。

6.1.4 群体心理

个体心理是头脑的机能，是对外部世界的主观映象。群体心理则是普遍存在于群体全部或者大部分成员头脑中，反映群体特点和特定社会关系的共同心态或占优势的心理倾向。群体心理是群体成员交互作用的产物，即群体成员在进行共同的活动和相互交往中形成的共同心理。群体心理一方面表现为长期社会历史沉淀形成的稳定的心理结晶，如风俗、传统、习惯、偏见等；另一方面表现为随着社会变化、群体发展而产生的多变的心理反应，如从众、模仿、暗示等。人作为个体存在的同时，也是群体的一分子（个体通常不只属于一个群体，而是若干群体的成员），个体心理并非完全是个人意志的产物，还会受到群体中其他成员的影响。群体心理在个体心理的基础上，也不断制约和影响个体心理。群体心理一旦形成，就会成为群体成员共有的心理体验，并进一步影响群体成员的行为。

6.2 群体行为的基本规律

群体行为是指行为主体在组织内进行的活动。群体行为既不同于群体内个体的行为，也不是群体所有成员行为的简单相加，而是在个体心理、外在环境、群体氛围等多种因素相互作用的情况下，呈现自身独特规律性的行为。

6.2.1 从众行为与偏常行为

1．从众行为

扫一扫看微课：
从众行为

从众行为是人们在真实的或想象的群体影响和压力下，放弃自己的意见而使自己与大多数人保持一致的行为，即知觉、判断、信仰以及行为的表现与群体中多数人一致的现象。生活中常说的"随波逐流""人云亦云"就是从众行为。

> **知识链接 6-2** 　**从众效应——阿希实验**
>
> 1952 年，美国心理学家所罗门·阿希设计实施了一个实验，旨在研究人们会在多大程度上受到他人的影响，而违心地做出明显错误的判断。他邀请大学生自愿做他的被试，并告诉他们这个实验的目的是研究人类的视觉情况。当某个来参加实验的大学生走进实验室的时候，他发现已经有 5 个人先坐在那里了，他只能坐在第 6 个位置上。事实上，他不知道，其他 5 个人是跟阿希串通好了的假被试。
>
> 阿希要大家做出一个非常容易的判断：比较线段的长度。他拿出一张画有一条标准线的卡片，然后让大家比较这条线和另一张卡片上 3 条线里的哪一条等长（见图 6-2）。判断共进行了 18 次。事实上，这些线条的长短差异很明显，正常人可以很容易做出正确的判断。
>
>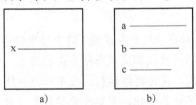
> 图 6-2　阿希实验的卡片
> a）标准线段　b）比较线段
>
> 然而，在两次正确的判断之后，5 个假被试故意异口同声地说出一个错误答案。于是

> 许多真被试开始迷惑了，是自己的眼睛有问题，还是别人的眼睛有问题？是相信多数人的判断，还是相信自己的判断？如果多数人的判断是错误的，我是否应该坚持自己的判断？从总结果来看，平均有33%的人的判断是从众的，有76%的人至少做了一次从众的判断，而在正常情况下，人们判断错误的可能性还不到1%。当然，还有24%的人一直没有从众，他们按照自己的正确判断来回答。

从众现象发生在多种群体中，是哪些因素导致了从众行为的产生呢？在阿希之后，许多心理学家进一步对产生从众行为的原因进行了研究。研究结果大都表明，从众行为的产生主要与个体因素和情境因素有关。

（1）个体因素

个体自身的智力、自控能力、个性特点、性别、责任心、人际关系以及在所处群体中的地位等因素都会对其是否出现从众行为起着重要作用。一般而言，智商高的人有较强的独立思考和判断的能力，不轻易相信他人，不易产生从众心理；情绪稳定、自控能力强的人，面对群体压力时能镇定自若，坚持自己的观点。反之，则容易出现两种极端的行为：轻易从众或者极端拒绝从众。个体情绪高涨或低落的时候容易从众；冷静下来，则不易从众。个体的自信心缺乏时，遵从别人判断的可能性就更大，更容易出现从众行为。服从性与受暗示性强的人容易从众。墨守成规者容易从众。在女性熟悉的项目中，如家务、服装，男性产生从众行为的较多；而在男性熟悉的项目中，女性产生从众行为的较多。如果一个人对某一个问题产生了责任感，则责任感越强，从众的可能性越小。重视人际关系，依赖他人者易从众；人际关系较好的人，至少在非重大问题上易从众。在群体中地位高的人，由于可以偏离群体而不受惩罚，因此不易从众。

（2）情境因素

在不同的情境中，个人的从众程度往往不同。①群体的一致程度。遵从性的强弱随多数人一致性程度的增长而增长。当群体一致反对一个人时，这个人所受的压力就非常大，就易从众。②群体凝聚力。凝聚力越高的群体中，越容易出现从众行为。③群体的氛围。若一个群体对坚持己见者没有容纳的心理氛围，而是加以反对或威胁，那么从众行为易发生。④问题的性质。问题越难，个体对自己的自信心就会越弱，从众的可能性就越大；要求人们知觉、判断的客体越是模糊不清，从众的可能性就越大。

需要说明的是，以上所列的因素只是表明一种倾向性，并非绝对的，不能简单地一概而论。

作为管理者，看待从众行为要注意其两面性。从积极方面讲，从众对于个体、群体都具有非常重要的意义。对于个体来说，一个人只有在更多方面与社会的主导倾向取得一致才能适应社会，从众行为可以使个体达到心理平衡，在最可靠的程度上迅速适应社会。对于群体来说，只有群体中成员的意见统一，才能够形成一个群体成员所必须遵从的社会规范，使对群体成员的必要约束得以实现。从众行为有助于群体规范、秩序的形成和领导意图的贯彻、执行，进而在一定程度上帮助管理者实现预定的目标。因此从众是必要的，有值得肯定的一面。对于积极的从众行为，管理者应该给予理解、肯定、支持和引导。

从消极方面讲，如果消极或者错误思想占据主导地位，而人们迫于外在的压力，改变自身正确的观念和态度，与某些错误的行为和思想保持一致，那这种从众行为就是消极的，会助长不良思想的巩固和歪风邪气的蔓延。此外，从众行为也易给个体和群体带来惰性，抑制群众的创造性，容易使决策或决定出现偏差，给组织造成重大的损失。对于消极的从众行为，管理者要尽量予以避免和消除，注意营造宽松的气氛，淡化群体规范的不良作用，提高个体的认知能力，鼓励个体提出不同的意见。

案例链接 6-2　从抢盐风波看从众心理

2011 年 3 月 11 日下午，日本东北部海域发生九级地震，并引发强烈海啸。在随后的几天中，核反应堆出现爆炸，核泄漏随之发生。"日本地震，核电爆炸，导致核辐射，对抗辐射要补碘""日本核辐射会污染海水，导致以后生产的碘盐都无法食用"等谣言开始在网络上大量扩散。3 月 16 日起，中国大陆各地陆续出现抢购含碘食用盐的风潮，各大超市、小卖部排长队抢盐的现象比比皆是，有些人甚至整箱整箱地买，导致许多地区食盐脱销。部分地方超市的酱油、醋、食用油、方便面及饮用水也遭遇疯抢。当不明真相的人们遇上有心人的渲染，恐慌情绪便很容易蔓延开来，转化为跟风的行动。好在有关机构及时控制住了局面，否则不知道还会发生什么样的事情。

2．偏常行为

案例链接 6-3　工作中的偏常行为

刚刚走上工作岗位的三位好朋友周末聚会聊天，诉说自己在工作中遇到的烦恼。苏珊说自己的顶头上司脾气阴晴不定，经常会冲自己大发雷霆，甚至在会上公开侮辱其人格。薇薇则因为同事李丁对自己的追求而颇为烦恼，李丁示好不成就在外散布有关薇薇的一些无中生有的恶毒谣言，同时联合其他同事排挤、孤立薇薇。小丽则常因为她的搭档张志强而苦恼。张志强工作能力很强，但规则意识和时间观念较差，导致小丽这组的工作经常不能如期完成，连累小丽经常被批评。

以上三件事情是否存在共同点？

偏常行为也称不当行为或者工作场所中的无礼行为，它指的是违反重要的组织规则，从而威胁组织或者其他成员利益的主动行为。工作中的偏常行为不仅会增强员工的离职意愿，还会加重员工的心理压力甚至是身体疾病。表 6-1 列出了工作场所中的偏常行为分类。

表 6-1　工作场所中的偏常行为分类

类　别	内　容
生产方面	提前离开；蓄意拖延工作时间；浪费资源
财产方面	破坏公物；虚报工作时间；偷窃组织财物
政治活动	偏袒自己人；传播谣言；指责同事
个人攻击	性骚扰；骂人；偷窃同事物品

没有组织愿意容忍偏常行为，但是偏常行为却又或多或少地存在。是哪些因素影响着偏常行为的发生呢？

① 群体规范。工作场所中的偏常行为受到群体规范的支持时，它们更可能泛滥成灾。

② 群体规模。与独自工作的个体相比，那些在群体中工作的人更有可能说谎、欺骗和偷盗。群体可以提供一种匿名的保护，于是那些平时担心会被抓住的人或许觉得其他成员也会这么做，从而使自己蒙混过关。

③ 个体特征。态度消极的人更容易出现偏常行为。

管理者对偏常行为应该采取及时预防、纠偏的态度，以防止偏常行为在企业里泛滥。应不断用道德标准提醒成员，对一些态度消极的员工进行引导，同时加强制度管理和监管，构建积极的组织行为规范，减少管理漏洞。

6.2.2 社会助长、干扰与惰化行为

1. 社会助长

社会助长是指因他人在场或与别人一起活动从而使个人的活动效率与水平提高的现象，也称为社会助长作用。如马拉松、歌咏比赛，因有人观看或有啦啦队的助阵，往往比个人独自跑步和唱歌的效果更好些，这称为"共同行为者效应"。还有一些演说家、演员等在观众很多的场合演讲或表演非常成功，而且观众越多，情绪和气氛越热烈，其演讲或表演的效果就越好，这称为"观众效应"。

> **知识链接 6-3　社会助长现象实验**
>
> 最早发现社会助长这一现象的是心理学家特里普利特。他研究发现，别人在场或群体性的活动会明显促进人们的行为效率。他让被试在三种情境下骑自行车完成 25 公里路程。结果表明，单独计时情境下，平均时速为 38 公里；有人跑步陪同时，平均时速为 49 公里；而与其他骑车人同时骑行时，平均时速为 52 公里。特里普利特在实验室条件下，让被试完成计数和跳跃等活动，也发现了同样的社会助长现象。

2. 社会干扰

社会干扰与社会助长相反，指的是别人在场或与别人一起活动，使个人行为效率下降的现象。他人在场或者同时活动并不总是导致个人工作效率提高，很多情况下也会起到抑制的作用。比如，有些同学尽管在台下练习得非常熟练，但走上台正式表演或演讲时，会因为紧张、焦虑而出现头脑空白、忘词、结巴等情况。

他人在场对个体是促进还是干扰，取决于活动的性质、个体技能的熟练程度与动机水平。一般而言，在复杂的脑力活动中，群体情境对个人有干扰作用；在简单的机械活动中，群体情境对个人有助长作用。但即使是简单活动，也只有在个体已经十分熟练地掌握了活动技能的情况下，群体情境才有助长作用，否则也有干扰作用。而个体动机水平的高低在不同的情况下对社会都有不同的影响。若一个人技术水平不熟练，动机水平又高，则有他人在场就会起到干扰作用，效果不会很好。在现实生活中，管理者应该根据活动的内容、工作的性质，以及个人的特点来安排工作和学习环境，利用群体情境的社会助长作用，避免干扰作用，从而提高活动效率。

案例链接 6-4　瓦伦达心态

瓦伦达是美国一位著名的钢索表演艺术家,以精彩而稳健的高超技艺闻名。他从来没有出过事故,因此,当演艺团要为一位重要的客人献技时,决定派他上场。瓦伦达知道这次上场的重要性:全场都是美国知名人物,这次的成功不仅将奠定自己在演艺界的地位,还会给演艺团带来前所未有的支持和利益。因而他从前一天开始就一直在仔细琢磨,每一个动作、每一个细节都想了无数次。

演出开始了,这一次他没有用保险绳。因为多年以来他从没有出过差错,他有100%的把握不会出错。但是,意想不到的事情发生了。当他刚刚走到钢索中间,仅仅做了两个难度并不大的动作之后,他就从10米高的空中摔了下来,一命呜呼。

事后,他的妻子说:"我知道这次一定要出事。因为他在出场前就这样不断地说:'这次太重要了,不能失败'。以前每次成功的表演前,他只是想着走好钢索这件事本身,不去管这件事可能带来的一切。"瓦伦达太想成功,太不专注于事情本身,太患得患失了。如果他不去想这么多走钢索之外的事情,以他的经验和技能是不会出事的。心理学家把这种为了达到目的而总是患得患失的心态命名为"瓦伦达心态"。

3. 社会惰化

社会惰化是指个人与群体其他成员一起完成某种事情时,或个人活动有他人在场时,个人所付出的努力往往比单独时偏少,个人的活动积极性与效率下降的现象,也称为社会惰化作用。所谓"出工不出力""三个和尚没水喝",就是这种现象的具体形象化。与社会干扰不同的是,社会惰化作用往往发生在那些为一个共同目标而合作,但个人成绩不能单独计算的情况下,而社会干扰则关注他人在场对个体行为的影响,即使和别人一起工作,也并非是做同一件事,而是个人完成自己的工作。

知识链接 6-4　林格曼实验

法国工程师林格曼做了一个实验。他要求被试分别在单独情境下与不同规模的群体情境下拉绳子,同时测量他们的拉力。结果发现,随着被试人数的增加,每个被试平均使出的拉力减少了。个人拉时,平均出力63公斤;3个人的群体拉时,每人平均出力53.5公斤;8人群体时是31公斤。其他一些相似的任务研究也支持了这一发现:群体规模增大,则每位成员付出的努力减少。

社会惰化的产生原因主要有以下几方面:①群体共同活动掩盖了个人活动价值,降低了个人积极性。当个人的被评价焦虑减弱时,其在群体中的行为责任意识就会下降,行为动力也会相应降低。②群体成员认知上的主观性和个人责任的模糊性。群体中的成员认为其他人可能会偷懒,根据公平理论,他们自己也会开始偷懒,因而付出的努力会下降。

研究也发现,人们在以下几种情境下,倾向于较少出现社会惰化现象:群体成员之间关系密切;群体有鼓励个人投入的团体精神;工作本身具有挑战性、号召性或能有效激发人们的参与水平;有以群体整体成功为目标的奖励引导;个人相信群体成员也像自己一样努力;个人知道自己在群体中的努力程度可以被鉴别出来;感到任务艰巨而个人有责任多做贡献等。从管理的角度来说，要想在群体中减少社会惰化现象，除了针对上述情境，创造有利条件或环境外，还必须在激发每个人的责任感和成就感的基础上，做到分工明确、职责清晰、奖惩分明。因为社会惰化最易产生在职责模糊、勤懒无法鉴别或不予鉴别、赏罚不明的情境之中。

6.2.3 群体思维与群体极化

1. 群体思维

群体思维是指注重保持群体的内聚力更甚于务实地思考事实的一种思维方式。它是指在一个高凝聚力的群体内部，人们在决策及思考问题时由于过分追求团体的一致性，而导致群体对问题的解决方案不能做出客观及实际的评价的一种思维模式，这种思维模式经常导致灾难性的事件发生。如果个人的观点与绝大多数群体成员不一致，则在群体压力下，其可能会屈从或退缩，或者调整自己的真实情感和内心信念。

群体思维有多种表现：①群体成员把他们所做出假设的任何反对意见合理化。不管事实与他们的基本假设的冲突多么强烈，成员的行为都是继续强化这种假设；②对于那些时不时怀疑群体共同观点，或怀疑大家信奉的论据的人，群体成员对他们施加直接压力，以促使他们和群体观点保持一致；③那些持有怀疑或不同看法的人，往往通过保持沉默，甚至降低自己看法的重要性，来尽力避免冲突；④存在一种无疑议的错觉，如果某个人保持沉默，大家往往认为其表示赞成。

案例链接 6-5 "泰坦尼克号"沉没事件

1912年4月14日，"泰坦尼克号"在首航北大西洋的途中沉没，这次事件一下子夺去了1500多名乘客的生命，在当时的社会引起了巨大的震荡。那么，到底是什么原因导致了这次事故的发生呢？

事后调查发现，当时一些设计师和造船工人确实有过一些顾虑，但是并没有人当众将他们的顾虑讲出来，因为他们害怕他们提出的问题在考虑如此周全的专家面前会显得非常愚蠢。很多人内心认为，专家都没有对结构和安全性提出异议，那就说明应该没有问题，是自己多虑了。

另外，当"泰坦尼克号"启航后，附近有很多船只向它发出了周边有冰山的警报，但是"泰坦尼克号"并没有任何向其他船只询问冰山具体信息和最新情况的记录。如果当初船上能够有人勇敢地从众多乐观的、有丰富经验的管理者中站出来，也许一场灾难就可以避免了。

2. 群体极化

群体极化是指群体成员中原已存在的倾向性得到加强，使一种观点或态度从原来的群体平均水平加强到具有支配性地位的现象。群体极化假设指出，群体的讨论可以使群体中多数人同意的意见得到加强，使原来同意这一意见的人更相信意见的正确性。也就是说，原先群体中持支持态度的人，其在讨论后会变得更为支持；而原先群体中的反对者，其讨论后反对的程度也会加强，最终使群体的意见出现极端化倾向。而个人在参与群体讨论时，由于受群体气氛的影响，也会出现支持极端化决策的心理倾向。这种群体决策极端化的倾向可以区分为两种情况,一种叫冒险偏移,另一种叫谨慎偏移。如果群体成员中冒险激进者较多,则群体所做出的决策就会比个人决策更趋向冒险激进,这种情况称为冒险偏移。如果群体成员中谨慎保守者较多,则群体所做出的决策就会比个人决策更为谨慎保守,这种情况称为谨慎偏移。群体的观点、意见和决策向两个极端方向发展。当然,在双方势均力敌、难以统一时,还有可能会出现折中的情况。

> **知识链接 6-5　冒险偏移**
>
> 　　心理学家斯托纳曾设计了一份两难问卷,问卷是一篇短文,大意是:某位工程师,他有两家公司可选择。一家是工资一般的大公司,这家公司有很好的医疗和退休保障;另一家是新成立的风险较大的公司,该公司工资很高,如果公司成功了,他将有美好的前程。现在这一新公司成功的概率分别是 1/10、3/10、5/10、7/10、10/10,斯托纳问被试至少要达到哪种概率才值得去这家公司。他首先让被试在单独情境下独自选择,然后让其所属群体共同讨论如何选择,最后再让被试单独进行选择。两者比较后发现,被试在群体讨论的情境下所提的决策意见更具冒险性,即发生冒险偏移。

　　个人参与群体决策为什么会比单独决策时表现出更大冒险倾向呢?主要原因有以下几点。①决策责任分散。群体决策使得参与决策者责任分散,风险共担,即使决策失败也不会由一个人单独承担,加之权责往往不够分明,所以群体决策不如个体决策谨慎,具有更大的冒险性。②群体气氛。群体成员的关系越融洽,认识越一致,则决策时就越缺乏冲突的力量,越可能发生群体转移。③领导的作用。群体决策往往受到领导的影响,而这些人的冒险性或保守性会影响到群体转移倾向。④文化价值观的影响。群体成员所具有的社会文化背景和信奉的价值观会反映在群体决策中。

　　为了实现群体目标,人们总是希望凡事应该大家共同讨论,集体决定,这种期望是合理的。但是群体思维和群体极化现象的研究结果提示我们,追求决策的一致性固然有必要,但也应防止出现整体偏离、冒险偏移的情况,否则会给工作带来不良的甚至严重的后果。

　　群体的领导和成员都应该意识到群体思维和群体极化现象,及其产生原因和后果。在群体决策过程中,领导者要保持公正,不要偏向任何立场;多鼓励成员提出反对意见和怀疑,甚至在必要时强制成员逆向思考;在群体规模过大时,可以将群体先分成小组,让他们分组交流后,再全体交流讨论;充分研究一切警告性信息,并确认对手群体会采取的各种可能行动;在决议达成前,请群体外的专家与会并提出质疑等。

6.2.4　模仿、暗示与社会感染

1. 模仿

　　模仿是在没有外在压力的条件下,个体受他人影响而效仿他人,使自己与之相同或相似的行为。模仿是人们相互影响的一种重要方式。当个体感知到他人行为时,会有重复这一行为的愿望,模仿便随之而来。它具有以下特征:①非控制性。榜样是模仿的对

象,但模仿是自愿产生的,有时可能是无意识的。②相似性。模仿者的举止近似于其所模仿的榜样。

法国社会学家塔尔德最早对模仿进行研究。在 1900 年出版的《模仿律》一书中,他提出模仿是基本的社会现象,模仿的定律是:①下降律。社会下层人士喜欢模仿上层人士。②几何级数律。模仿一旦开始,便按几何级数增加,蔓延迅速。例如,时尚、谣言的传播可能会像滚雪球一样一发不可收拾。③先内后外律。一般情况下,个体对本土文化的喜爱总是优于外域文化。

模仿是个体反映与再现他人行为最简单的形式,是掌握人类成长所需经验中最简单、最有效率的一种形式,它是个体学习的基础,是个体适应社会生活的一种有效手段。在个体发展的早期,这种行为的优势尤其突出。没有模仿,个体可能很难适应他们所面临的各种情景。模仿也有助于群体成员在态度、情感和行为上提高一致性,增进凝聚力。

2. 暗示

暗示是在非对抗的条件下,通过语言、表情及符号对他人的心理与行为发生影响,使之接受暗示者的意见和观点,或者按所暗示的方式去活动的行为。暗示往往以一种较含蓄、间接的形式进行,对于个体的心理和行为影响也因人而异。但是当一个高凝聚力的群体得到一个有影响力的暗示后,将可能进一步刺激集体行为的参与者,使其更加亢奋、激动,从而对周围的信息失去理智的分析和批判能力,表现为一味地盲信和盲从。

暗示效果也受暗示者、被暗示者和暗示情境等多种因素影响。暗示者的社会地位、权力、威望及人格魅力对暗示效果有明显影响。被暗示者的个性也会影响暗示效果,如独立性差、自信心缺乏、知识水平较低的人更容易接受暗示;暗示效果还与被暗示者的年龄、性别有关,一般情况下,年龄越小越容易接受暗示,女性比男性更易受暗示。被暗示者所处情境是暗示效果的客观因素,它同样会对暗示效果产生影响。如当个体处于困难情境又缺乏社会支持时,他往往易受暗示。

3. 社会感染

社会感染是一种较大范围内的信息与情绪的传递过程,即通过语言、表情、动作及其他方式引起众人相同的情绪和行为的过程。其特点如下:①双向性。感染者与被感染者可相互转换,即你感染我,我感染你。②爆发性。在较大群体内会产生循环感染,反复振荡,反复循环,引发强烈的冲动性情绪爆发,导致非理性行为的产生。③接受的迅速性。在感染的氛围中,感染者发出的信息及情绪刺激会为被感染者迅速接受。

社会感染主要包括:①个体间的感染。发生在个人之间或小群体成员间的感染。如朋友之间的情绪可能会互相感染。②大众传媒的感染。随着社会的发展与进步,精神生活与文化生活日趋丰富,电视、电影、广播、报刊、文艺作品及互联网等大众传媒的感染日益突出,影响巨大、深远,一些网络暴力往往也由此而来。③大型开放群体的感染。发生在同一物理空间,但其成员又不可能人人都能接触到的大型群体内的感染。例如球迷闹事、邪教狂热、战争与灾变情境中的惊慌失措都是此类社会感染造成的结果。在某些特殊的情境中,个体的情绪可引发他人产生相同情绪,而他人情绪又会反过来加剧原有情绪。在这种感染中,情绪反复激荡,易于爆发,会导致非理性行为的发生。

案例链接 6-6 法国多地通宵庆祝世界杯夺冠，砸店抢酒、球迷跳河

北京时间 2018 年 7 月 16 日，法国队 4:2 击败克罗地亚，获得 2018 年世界杯冠军。法国多地发起通宵庆祝活动，狂欢者砸店抢酒，与警察发生冲突，多名闹事者被捕，还有一男子因庆祝而跳入运河身亡。

据英国《每日邮报》报道，从巴黎北部的圣心大教堂，到左岸的索邦大学，"我们是冠军"的喊声震耳欲聋，响彻全城。狂欢者在凯旋门前燃放蓝色、白色和红色的烟幕弹，警方不得不用高压水枪冲散人群。

据法国《世界报》报道，法国各地在庆祝世界杯夺冠时均有事故发生。在法国小镇安纳西，一名五十多岁的男子在庆祝时头朝下跳入运河中。由于河水过浅，该男子因颈部伤势过重而死亡。

据法新社报道，有三十余人在当地时间 22 点前砸碎窗户，闯进巴黎香榭丽舍大街上的一间杂货铺，抢劫红酒和香槟，随后警方出动保护店铺。

据报道，在大街上，警察与闹事者之间发生数次冲突。警察向人群施放催泪瓦斯，闹事者向警察投掷酒瓶和椅子回击。在里昂有 8 人被捕；在马赛有两名警察受伤，10 人被捕。

在科西嘉岛的阿雅克肖，比赛结束时，法国和克罗地亚两队的支持者之间爆发冲突，所幸无人受伤。在斯特拉斯堡和鲁昂，当地年轻人与警察之间发生冲突，7 名闹事者被逮捕。

模仿、暗示和社会感染作为社会影响的三种形式，属于大众社会心理现象，其性质取决于这些现象的效果及社会评价。有益于他人、公众和社会的模仿、暗示和社会感染具有积极的社会意义，反之则具有消极意义；介乎二者间的模仿、暗示和社会感染，既非有益，也谈不上有害。

6.3 群体绩效与管理

在管理实践中，有时会发现有些群体比另一些群体更有成效、更和谐，工作成绩更突出。不同群体间的这些差异是由什么原因引起的呢？研究表明，群体的规模、结构、成员的角色和地位、规范、凝聚力和士气等都是影响群体绩效的主要原因。

6.3.1 群体规模

群体规模的大小是影响群体动力、群体行为和工作绩效的主要因素之一。群体规模与人均效率的关系如图 6-3 所示。任何工作群体的规模根据群体任务和性质都有最佳人数，也有上限和下限。这个下限应保证能一般地完成工作任务，上限应确定人数一旦超过它，群体的人均效率会急剧下降。发生这种现象的原因有两个：①群体规模的大小会影响群体成员的行为。群体规模越大，个人责任分散现象越突出，产生机会主义行为的可能性越大。②群体规模越大，意味着群体成员之间的关系越复杂。成员数量与群体潜在的关系之间是正相关关系，呈几何级数增加。

一般而言，当一个群体既要做出高质量的决议，又要达成协议时，最好由 5～7 人组成；当一个群体的主要任务是做出高质量的复杂的决策时，最恰当的人数是 7～12 人，要有一个正式的领导者；当一个群体的主要任务是解决矛盾、达成协议时，最好由 3～5 人组成，不要有正式领导者；在大规模的生产中，则要根据生产规模的大小来决定所需要的人员数量，从而确定群体规模的大小。

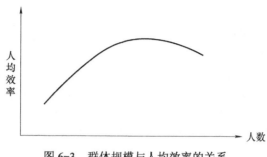

图 6-3 群体规模与人均效率的关系

6.3.2 群体结构

群体结构又称群体成分，是指群体成员的构成。群体结构是一个多层次、多要素的综合体，一般可分为群体成员的年龄结构、能力结构、知识结构、性格结构等。群体不是个体的简单相加，而是由不同个体所组成的有特定功能的有机体。群体成员具有不同特点，包括年龄、性别、教育背景、社会经验、能力、个性、价值观等，这些特点的分布情况和配置特点的不同，对群体行为都会产生一定的影响。若群体成员搭配得当，则能使群体各成员协调一致，密切配合，从而提高工作效率；若群体成员搭配不当，则会使群体涣散，从而降低工作效率。

群体结构的同质和异质问题对群体的个体心理有很大的影响。如果群体成员在年龄、知识、能力、性格等方面都比较接近，那么这个群体就趋向于同质性；反之，如果群体成员在上述因素上差异性较大，呈现出多元化的局面，那么这个群体就趋向于异质性。

一般而言，在下述三种情况下，同质结构的群体可能达到更高的工作效率：①工作比较单纯，不需要复杂的知识和技能，如会计小组编制职工工资表的工作；②完成一项工作需要大家密切配合；③一个工作群体的成员从事的是连锁性的工作，如流水线上的操作工人。由上述情况可见，一般来说，工作组织中的基层群体应为同质结构。

在下述三种情况下，异质结构的群体将会达到更高的工作效率：①需完成复杂的工作；②当过快做出决策时可能产生不利后果；③需要有创造性的工作。

6.3.3 群体成员的角色和地位

每个群体成员因角色和地位的不同，对其他成员有着不同的态度和行为，因此对群体工作效率颇具影响。

群体角色是人们对于在群体中占据特定位置的个体所期望的一套行为模式。不管工作还是生活，每个人都需要扮演不同的角色。要理解一个人的行为，关键在于弄清其现在所扮演的角色。群体角色的种类大致可以分为以下三大类：①维护角色，包括鼓励者、协调者、折中者、监督者；②任务角色，包括建议者、信息加工者、总结者、评价者；③自我中心角色，包括阻碍者、寻求认可者、支配者、逃避者。其中，维护角色和任务角色对群体工作绩效能够起到比较积极的影响，而自我中心角色在一定程度上会起到消极阻碍作用。管理者不仅要清楚成员在群体中扮演的角色，还要通过一定的管理手段，帮助成员树立正确的角色认知，

化解角色冲突，以提高群体工作绩效。

案例链接 6-7　培训部负责人辞职

上海某公司王总从事教育培训工作二十多年，在行业内也算是前辈，工作态度非常严谨。自创立培训公司以来，他对公司组织的培训工作非常重视，但凡公司的培训业务，他总是事无巨细、亲力亲为，从培训课程内容设置、讲师选聘、酒店场地签订到证书印制、现场条幅悬挂、培训期间餐饮订单等，从头抓到尾。尽管有专门的培训部，但为了更好地做好培训工作，他还经常亲自蹲点于培训教室现场，甚至不时打断讲师指正讲授内容。由于公司人员排队签字，他还要不时召唤秘书往返培训现场办理公文处理文件。

一次，王总突然指示培训部下周分别开设公司内部销售顾问培训班和市场经理培训班，这完全不在培训工作计划之中。培训部不得不马上开始确定培训讲师、拟制培训日程表、商谈培训教室、拟订培训通知等事项。由于种种原因，实际报到人数没有达到理想状态，王总在培训报到现场果断指示将两个班合并为一个班举办，以节省开销。尽管前期已经安排妥当，培训师林教授也强调培训对象不同，培训内容侧重点不一样，最关键的是报到时间也不同，但王总置之不理。结果，经销商参训学员得知培训信息突然变更，怨声载道，全部怪罪培训部。王总在知悉以后，竟然也在众人面前大声斥责培训部负责人将培训工作做得一塌糊涂，然后命令公司其他部门的负责人全部到场蹲点。这下更热闹了，培训工作不光王总亲自指导，各部门的负责人也不时指东道西，一个简单的培训活动最终搞得乱七八糟。培训结束第二天，培训部负责人递交了辞职报告。

问题：
培训部负责人为什么会递交辞职报告？公司管理者的角色定位是什么？

分析提示：
① 该公司王总不懂授权的必要性，对自身作为公司管理者的角色定位模糊，一定程度上压制了下属的工作积极性。
② 公司管理者应更多地把注意力放在自己的角色范围内，把握住"要事第一"的原则。高层管理者管大局、战略、目标、过程，精力应更多地放在不紧急但重要的事情上；中层管理者管人、管事情，处理那些紧急又重要的事情。

群体地位是指个人在群体中所占有的位置或层次的社会性界定，它渗透到社会的各个角落。地位较高的群体成员常常享有比其他成员更大的自由来偏离群体规范。如果一名成员很受群体器重，而他又不需要或者不在乎群体给他提供的社会性奖励，那么他尤其可能漠视群体的规范。地位高的人往往经常发言，更加果断。地位低的群体成员参与集体讨论的积极性较低。使群体成员认为本群体的地位层级是公平的，这一点至关重要，如果成员觉得群体中存在地位不公平的现象，就会引起群内失衡。

6.3.4　群体规范

在共同的工作和生活中，人们都有一种将外界事物的经验加以格式化、模式化与标准化的倾向。这种格式化、模式化与标准化的倾向一旦被固定下来，就成了群体规范。群体规范是指群体所确定的行为标准，是直接制约个人行为的某个群体所特有的共同观念。

无论是在正式群体还是非正式群体中都存在着规范，一旦形成规范，就形成了一种无形的压力，这种压力约束着人们的行为。非正式群体规范的形成是群体成员在彼此相互作用的条件下发生的一种内化过程，是由于群体成员相互模仿、受到暗示，在顺从的基础上形成的。这种规范所形成的压力可能不被意识到。如果群体成员承受不住这种群体压力，就可能向其他群体逃避，或者采取偏离行为。

人们对于群体规范所形成的群体压力的感受是通过评价表现出来的。因此，对于同一种群体规范，由于评价不同，个人感受到的压力大小也不同。这就是说，群体规范一经形成，就是一种公认的社会力量，而这种社会力量只有在变为人们的心理尺度时才能起作用。

知识链接 6-6　梅奥的霍桑实验与群体规范

20 世纪 30 年代，梅奥等人在霍桑工厂进行了一系列著名的实验，其中有一个群体实验。研究人员选择 14 名工人在单独的房间里从事绕线、焊接和检验工作，并对这个班组实行特殊的计件工资制度。实验结果表明，这套奖励办法对工作效率不起任何作用。

经过调查发现，这 14 名工人组成的工作组已经形成了一个紧密的群体，他们建立起了一套大家共同遵守的群体规范。这就是：

① 群体成员不应该完成太多的工作。
② 群体成员不应该完成太少的工作。
③ 群体成员不应向任何主管汇报任何可能使自己同事陷入麻烦的事情。
④ 群体成员不应保持社会距离，或者试图在行动上对其他成员发号施令。

这 4 条群体规范使群体保持了稳定的生产率。

群体规范的形成来自以下几个方面：规章制度；领导或某个有影响力的人物所做出的明确规定；群体历史上的关键事件；私人友谊；过去历史中的保留行为。

群体借助规范的力量形成了一种对其成员心理上的强迫力量，使群体内每一个成员自觉或不自觉地保持着与大多数人的一致性。因此，群体规范对群体效率和行为有着显著的影响。群体规范既有积极的，也有消极的，什么样的群体规范就会引导人们出现什么样的行为。在管理工作中，要注意通过教育和引导，使工作群体形成积极的群体规范。

6.3.5　群体凝聚力

群体凝聚力也称群体内聚力，是指群体吸引其成员，把成员聚集于群体中并整合为一体的力量。高凝聚力的群体一般表现为：群体成员之间有良好的沟通，人际关系和谐；群体对成员有较强的吸引力、向心力，成员积极参与群体活动；群体成员愿意承担更多的责任，注意维护群体的利益和荣誉；群体中每个成员都有较强的归属感、尊严感、自豪感。

群体凝聚力具有重要的意义，它不仅是增强群体效能、实现群体目标的重要条件，而且是群体能否存在的必要条件。如果一个群体丧失了凝聚力，不再能吸引它的成员，那么它本身就失去了存在的意义，最终将导致群体离散。

群体凝聚力是一个复杂的变量，影响和制约群体凝聚力的因素很多，主要包括以下几点：① 群体的领导方式。勒温等人的经典实验比较了在民主、专制和放任这三种领导方式下各实验小组的凝聚力和群体气氛。结果发现，民主型领导方式组比其他组的成员之间更友爱，成员相互情感更积极,思想更活跃,凝聚力更高。②外部的影响。外来的威胁会增强群体成员间的价值观念,从而提高群体的凝聚力。群体间的竞争会使群体增强凝聚力,如运动会、合唱比赛等会增强班级凝聚力。③成员间的共同性。如果群体成员具有共同的目标、利益、兴趣、爱好以及愿望等,则群体的凝聚力较高。④成员对群体的依赖。成员在满足需要上对群体的依赖性越大,则群体对其吸引力也越强。⑤群体内部的奖励方式和目标结构。不同的奖励方式会影响群体成员的情感和期望。个人与群体相结合的奖励方式有利于增强群体的凝聚力。群体成员的任务目标有机结合,可以增强集体观念和群体凝聚力。⑥其他因素。诸如信息的沟通方式不同,对群体成员的满意感、士气和群体凝聚力的影响也不同。群体成员的个体特征、兴趣和思想水平也会影响群体凝聚力。

群体凝聚力对活动效率有重要的影响。人们通常认为,群体凝聚力高,活动效率就高,群体凝聚力低,活动效率就低,因为群体凝聚力的高低直接影响到群体成员的士气、满足感和群体的一致性。但事实上群体凝聚力并不是影响活动效率的唯一条件,群体凝聚力和活动效率的关系,还取决于管理者的诱导方向,以及群体的态度及其与组织目标的一致性程度。由于高凝聚力的群体更容易受诱导因素的影响,因此,管理者一方面要加强团队的凝聚力,另一方面也要注意诱导因素的正反性。只有高凝聚力的团队,加上正性的诱导,才能够促进活动效率的提高。

知识链接 6-7 沙赫特的实验——群体凝聚力和生产效率的关系

沙赫特将被试分成 5 个小组做棋盘实验,在严格控制的条件下检验群体凝聚力和对群体成员的诱导这两个因素对生产效率的影响力。实验分两个阶段:前 16 分钟没有进行诱导,5 个组的工作效率基本相同;后 16 分钟每组都收到 6 次诱导,诱导方式为以团体其他成员的名义写积极的或消极的字条给被试,积极诱导要求增加生产,消极诱导要求限制生产。具体如下:

A 组:高凝聚力,积极诱导"提高生产量"。
B 组:高凝聚力,消极诱导"不要工作太快"。
C 组:低凝聚力,积极诱导"提高生产量"。
D 组:低凝聚力,消极诱导"不要工作太快"。
E 组:对照组,不做任何要求。

结果,A 组生产效率明显提高;B 组生产效率明显受到抑制;C 组生产效率有所提高,但是没有 A 组明显;D 组生产效率有所抑制,但是没有 B 组明显;E 组生产效率没有什么变化,如图 6-4 所示。沙赫特的实验证明,仅仅靠群体的凝聚力,不一定能提高生产效率,只有加上积极的诱导,才能有助于生产效率的提高。

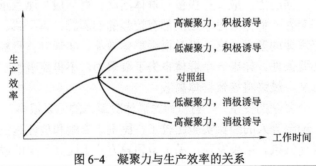

图 6-4 凝聚力与生产效率的关系

6.3.6　群体士气

"士气"一词原用于军队，表示作战时的集体精神，现在也应用于组织管理中，表示群体的工作精神。群体士气是指群体成员对群体的认同与满意，并愿意为群体目标而奋斗的精神状态。它代表一种个人成败与群体兴衰休戚相关的心理，是群体的工作精神和成员对组织的态度表现。

心理学家克瑞奇等认为，一个士气高昂的群体具有以下七种特征：①群体的团结来自内部的凝聚力，而非外部压力；②群体成员没有分裂为互相敌对的小群体的倾向；③群体本身具有适应外部变化的能力，并具有处理内部冲突的能力；④群体成员之间有强烈的认同感和归属感；⑤群体内每一位成员都明确掌握群体的目标；⑥群体成员对其目标及领导者都抱肯定、支持的态度；⑦群体成员都承认群体的存在价值，并具有维护它继续存在的意向。高昂的群体士气可以激发员工的生产热情，以保证群体或组织生产任务的完成。同时，高昂的群体士气可以使群体或组织获得广大公众的赞誉和支持。

群体士气是群体成员的群体意识，它与群体凝聚力有密切关系。群体士气高，凝聚力必然就强；群体士气低，凝聚力就会下降。群体士气对组织绩效有一定影响，高昂的士气虽不一定能提高组织的绩效，但要想提高组织绩效，提高士气是不可缺少的重要条件。在组织管理中，要想提高工作和生产效率，保持高昂的士气是不可缺少的必要条件，而要提高员工的士气，就要了解影响员工士气的因素，主要包括：成员对组织目标的赞同程度、成员对工作的满足感、经济报酬和奖励制度、群体成员参与管理的程度、领导者是否优秀、意见沟通以及工作心理环境。管理者应该了解群体士气的状况，并研究如何提高群体士气，从而获得较高的工作效率。

练习题

一、单项选择题

1．以下不属于社会心理学意义上的"群体"的是（　　）。
　　A．夫妻二人组成的两口之家　　　　B．喜欢看肥皂剧的观众
　　C．NBA 的休斯敦火箭队　　　　　　D．保险公司中的营销团队

2．美国社会学家研究犯罪问题时发现，在犯罪率较高的社区内，一些男孩子自幼就模仿犯罪团伙中大男孩的行为，认为他们勇敢、大胆，是真正的男子汉，视他们为楷模，直至最后堕落成犯罪团伙成员。这类犯罪团伙在该社区内成了许多小男孩心目中的（　　）。
　　A．非正式群体　　B．越轨群体　　C．正式群体　　D．参照群体

3．以下对群体规范的叙述中，错误的是（　　）。
　　A．群体规范都是由群体领导者根据该群体的情况制定的
　　B．群体规范可能是与社会主体文化规范相一致的，但也可能是反社会规范的
　　C．群体规范可能是在工作和学习生活中自然形成的
　　D．群体规范能起到维系群体、定向行为等作用

4．（　　）是人们在真实的或想象的群体影响和压力下，放弃自己的意见而使自己与大多数人保持一致的行为，即知觉、判断、信仰以及行为的表现与群体中多数人一致的现象。
　　A．从众行为　　B．社会助长　　C．社会堕化　　D．群体极化

二、多项选择题

1. 一般来看，要构成一个群体必须具备以下条件（　　　）。
   A．成员间要有频繁的互动
   B．成员间有生活、学习或工作上的交往，有信息、思想、感情上的交流
   C．有共同的目标与利益
   D．具有群体意识
   E．成员必须在三人以上（包括三人）

2. 对群体凝聚力的高低产生影响的因素主要有（　　　）。
   A．群体的目标
   B．群体成员的同质性或互补性
   C．满足成员需要的程度
   D．群体成员的性别比例
   E．群体的成熟程度

3. 以下对群体规模的叙述中，正确的有（　　　）。
   A．群体规模的大小，会影响成员的参与程度
   B．群体规模的扩大，不仅会使成员参与机会减少，还可能导致机会分配的失衡
   C．群体规模的扩大，可能会增强成员的约束感，进一步影响成员的参与程度
   D．群体规模越大，成员间沟通的机会越少，人际关系开始转向群内群的沟通，成员间更多以间接方式交往
   E．群体规模扩大超过一定限度，将影响群体功能的发挥

三、思考题

1. 群体的形成和发展一般经过哪几个阶段？
2. 影响从众行为的因素有哪些？
3. 工作场所中有哪些常见的偏常行为？
4. 群体规范的形成来自哪些方面？
5. 影响群体士气的因素有哪些？

四、案例分析

凝聚力的负面效应

前不久，某公司老总觉得内部人员管理有些不对劲，但具体原因还不能确定。一位专家顾问应邀前往，经过一番深入细致的摸底调查后，方恍然大悟。

这是一家年轻的中美合资民营企业，主要生产微型汽车发动机的零部件，经济效益也算不错。调查工作从了解公司概况、参观公司全貌开始。开始的几天，专家感觉情况还不错。这里的人，不管是老总还是白领、蓝领，大家都很随和，相处融洽，好似一个温馨的大家庭。但在接下来的几天里，这位专家感觉到随着了解的逐步深入，情况开始有了些变化，在这融洽的表象下似乎还隐藏着什么东西。大家对此都不明示，但却都小心翼翼地维护着。专家还说不清这种东西是什么，是好是坏，于是便急于找到能证明他直觉的事实。

恰好公司举办了一个"有奖征集意见及建议"的活动，奖励力度到位，活动声势也造起来了。但出乎专家意料的是，员工普遍反应冷淡，响应者甚少，且提出的仅有的那几条意见

也都不过是无关痛痒的应付罢了。为什么会是这个结果？公司在各方面都尽善尽美吗？还是员工们都缺乏这种意识与能力？专家决定顺藤摸瓜探个究竟。

对于前一个问题，答案当然是否定的，但专家还是做了调查。据观察，公司存在的问题还真不少，深层次的暂且不谈，仅表面的小毛病就很多，如上下班考勤制度、库房管理、车间作业等都存在不少有待改善的地方。

为了回答后一个问题，这位专家与上下层广泛接触，甚至与一些人交上了朋友，最终得出了否定的答案。公司从老总到工人，年龄结构都较年轻；从人员素质上看，这并不是一个僵化的群体。通过进一步的沟通，专家发现他们不时流露出对一些制度的不满，同时也都有自己的见解，这些见解都极为有利于问题的解决。但他们为什么不公开提出来呢？专家问了许多人，他们大都笑而不答。最终一个刚毕业的大学生坦言道："我也知道这个建议可能很好，但你想没想过，一旦被采用执行，其结果如何？"他顿了顿，接着说："人，毕竟是群居动物！"专家终于明白了，这就是问题的关键：他们知道公司的问题可能因自己的建议而得到解决，但若因此而损害了多数人的利益，那自己作为群体中的一员，就会受到群体的"惩罚"。

紧接着，专家在车间里也发现了类似的情况：工人的工作效率大都保持在相近的水平，有更强生产能力的工人宁愿多休息、做慢点也不全力以赴。因为他若不如此，将可能导致公司重新制定计件工资率，而由此引起工友的不满，最终将给自己带来无尽的麻烦。

问题思考：

请从群体心理的角度，分析该企业存在的问题，并给出改进意见。

实训项目

实训内容：提升群体凝聚力

实训步骤：

1．按小组分析班级的群体状况（和谐程度、优势与不足、群体氛围等），并描述群体的目标，然后根据分析讨论结果制订一个提升班级凝聚力的方案。

2．各小组将分析讨论结果制作成PPT进行展示。

3．其他小组对展示小组的方案进行点评，同时提出疑问，分析讨论各组方案的合理性。

4．各小组根据讨论结果修改完善自己小组的方案。

第 7 章 群体沟通与人际关系

■ 学习目标 ■

知识目标
- 理解群体沟通的含义、特点。
- 掌握群体沟通的类型。
- 掌握如何有效进行群体沟通。
- 了解群体沟通的相关理论。

能力目标
- 能解析群体沟通的类型与人际关系的管理。
- 能运用相互作用理论和乔哈里视窗理论提高群体沟通的有效性。
- 能运用人际需要和人际吸引理论改善人际关系。

引导案例 >>> 弗吉尼亚的困难

作为密苏里州圣路易斯地区 KBH 百货商店的人力资源主任，弗吉尼亚·斯图特斯（Virginia Stutes）知道她早就该安排好她的工作。在 12 个月之内，公司将实现开设 10 个新商店的目标。KBH 已经在 35 个商店中雇用了 480 名员工，另外还有总部的 31 名员工。弗吉尼亚知道为 10 个新商店配备员工需要招聘大约 150 个人，她感到自己的低层职位不足以完成这项任务。

她坐在办公桌旁，认真考虑如何为自己配备人员的需要提出建议。弗吉尼亚早就通过办公室的传闻知道了这个扩充计划，因为她不想对公司的事一无所知。但由于没有人正式地告诉她这个扩充计划，所以她的挂念之一便是与老板就这个问题进行讨论。KBH 的总裁格伦·萨利文（Glenn Sullivan）以他独裁专制的领导作风而著称。弗吉尼亚早就被告诫过，格伦只告诉下属那些他想让他们知道的事，并且他期望每一位为他工作的人都毫无疑问地服从他的命令。弗吉尼亚与他相处得一直很融洽，但是她从没有直接地与萨利文先生讨论过任何事情，因此在走进他的办公室时有一些顾虑。

"萨利文先生，"她开始说，"我听说我们明年将开设 10 个新商店。"

"是的，弗吉尼亚，"萨利文说，"我们已经安排好信贷额度并挑选了几个地点。"

"员工配备如何？"弗吉尼亚问。

"好，我想你会对此很关心，弗吉尼亚，现在我们便来谈谈这个问题。"

"我自己的人员配备如何？"弗吉尼亚问，"我认为我将至少需要三四个人。我们的办公室已经非常拥挤了，因此我希望您能扩大一下人力资源办公室。"

"不行，"萨利文说，"对人力资源人员的新需要将是暂时的。不需要花费过多的费用来雇佣和培训那些明年就要裁减的额外增加的人员。我希望你能在我们目前提出的对人力资源办公室预算允许之内，做好员工的扩充计划。为此可能需要再进行一些分派，但我相信你能够处理好。"

【引入问题】
1. 案例中弗吉尼亚与她的老板在沟通中出现了什么问题？
2. 问题出现的深层次原因是什么？

在企业中工作，遇到两难的困境是在所难免的，关键是如何去看待和分析所面对的困难。良好的沟通能力和人际关系能够助你在企业的工作中化解困境。

7.1 有效的群体沟通

美国著名的未来学家约翰·奈斯比特（John Naisbitt）曾说："未来竞争将是管理的竞争，竞争的焦点就在于每个社会组织内部成员之间及其与外部组织的有效沟通。"在群体中，沟通是灵魂，有效的沟通决定了一个群体的工作效率与发展水平。

7.1.1 群体沟通的概念

1．沟通（Communication）

沟通是人与人之间、人与群体之间思想与感情传递和反馈的过程，以求思想达成一致和感情通畅。沟通是桥梁，每个人面前都有这样一座沟通的桥梁，如果能够到达桥的另一头，人的接触面、见识就广了，心理也更成熟了。走过这座桥的过程就是人与人之间沟通的过程，是人走向成熟的过程。

沟通的桥梁由三个要素构成：信息的发送者、信息的接收者和信息。信息是沟通的基础，信息的接收者能否接收并处理信息是关键。沟通的基本模式如图7-1所示。

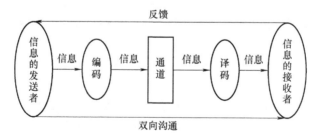

图7-1 沟通的基本模式

2．群体沟通（Communication in Groups）

群体沟通指的是组织中两个或两个以上相互作用、相互依赖的个体，为了达到基于其各自目的的群体特定目标而组成的集合体，并在此集合体中进行交流的过程。

群体是两个或两个以上的人，为了达到共同的目标，以一定的方式联系在一起进行活动的人群。群体的特点包括：群体中成员的目标一致；群体中成员对群体有归属感；对其他成员有认同感；群体中成员的价值观一致；群体中成员会形成一定的结构等。群体成员思想和行为上的一致性决定了群体的价值，而这种一致性则取决于群体成员的良好沟通。

群体的特点也决定了群体沟通内容的复杂性，群体沟通既是一般信息的交流，也是思想、感情、态度和观点的交流。按照费斯廷格（L. Festinger）的观点，群体沟通至少包括传递信息和沟通感情两个方面。

7.1.2 群体沟通的类型

扫一扫看微课：
沟通的类型

群体沟通可以改变沟通双方的关系，这种改变有两种趋势：一是趋向密切；二是趋向疏远，甚至是敌对。

1. 按照沟通的表现形式，分为语言沟通（口头和书面）和非语言沟通

口头沟通（Verbal Communication）是指借助于口头语言实现的信息交流，它是日常生活中最常采用的沟通形式，主要包括：口头汇报、讨论、会谈、演讲、电话等。口头沟通是成员在群体中、管理者在工作中要做的最重要的事情之一，沟通技能是群体成员必须掌握的技能。

口头沟通的优点是：有亲切感，可以用表情、语调增加沟通的效果，可以马上获得对方的反应，具有双向沟通的好处。口头沟通的缺点是：口头表达随机性较强，信息难于保存、复现，容易歪曲原意。

书面沟通（Written Communication）是公共关系的工作途径之一，用书面媒介的形式与公众交流信息、沟通情况，主要用于内部公众之间的沟通，其形式有内部报刊、信件、公告板、标语等。

书面沟通的优点是：规范、严肃，具有较强的权威性，不易被歪曲，可以复查，利于保存，易于深入领会。书面沟通的缺点是：书面沟通缺乏及时反馈，一般需要更长的时间，并且这种形式不够灵活。

非语言沟通（Nonverbal Communication）是指利用除语言符号以外的各种符号系统，包括形体语言、副语言、空间利用以及沟通环境等进行信息的交流，是语言沟通的重要补充形式。在成功的面对面沟通中，38%与语音语调有关，55%与非语言系统有关，7%与沟通的内容有关。

案例链接 7-1

小李是新上任的经理助理，平时工作积极，效率高，很受上司器重。某天早晨小李刚上班，电话铃声就响了，为了抓紧时间，她边接电话边整理文件。这时，普通员工老王来找小李，他看见小李正在忙公事，就站在桌前等候。然而小李一个电话接着一个电话地接，最后老王终于等到可以与小李说话了，小李却头也不抬地问他有什么事情，并且一脸严肃。当他正要回答时，小李突然想到什么事情，与同办公室的小张又交代了几句。老王忍无可忍，怒道："你们领导就是这样对待我们下属的么？"说完愤然离去。

问题：
① 案例中沟通问题出现在谁的身上？为什么？
② 如何改进非语言沟通技巧？

分析提示：

面对面沟通时要正视对方，最好做到与对方平视，表示尊重；在与其他人进行沟通时，如果需要做其他事情，如不紧急则稍后处理，如遇紧急事情可与正在沟通的人解释并另找时间接着沟通。

2．按照沟通的方向，分为上行沟通、下行沟通和平行沟通

上行沟通（Upward Communication）是指下级向上级报告工作情况，提出建议、意见，或表达自己的意愿等。上行沟通是一种自下而上的沟通形式，是员工向上级领导反映情况、汇报工作、提出建议的正常渠道。上级领导主动搜集信息、征求意见、听取汇报，也属于上行沟通。上行沟通的优点是方便上级了解下属需求，员工有机会表达意见、释放情绪；缺点是会产生沉默效应和信息过滤。

下行沟通（Downward Communication）是指信息由组织层次的较高处向较低处流动，通常下行沟通的目的是为了控制、指示、激励及评估。下行沟通的优点是增强组织结构；缺点是影响下级发挥积极性，信息损失。在组织中，当下行沟通需经过许多组织层级时，许多信息会遗失，层级低的信息接收者真正能收到的只是一小部分。

平行沟通（Horizontal Communication）是指组织内同层级或部门间的沟通，是正式沟通的一种，如员工间的沟通、管理者内部之间的沟通。平行沟通的优点是加强成员的互相了解，提高工作兴趣，改善工作态度，节省时间和促进协调；缺点是破坏了统一指挥的原则。

3．按照组织的结构特征，分为正式沟通和非正式沟通

正式沟通（Formal Communication）是通过组织明文规定的信息通道进行的与工作相关的信息传递和交流。正式沟通的优点是沟通效果好、信息量大、约束力强、易于保密、具有权威性；缺点是必须依靠组织系统层次传递，沟通速度一般较慢，且不够灵活。

非正式沟通（Informal Communication）是在正式沟通渠道之外进行的信息传递和交流。非正式沟通的优点是操作简便、内容广泛、方式灵活、信息传播速度较快；缺点是散播信息的准确性和可靠性欠缺，容易造成歪曲。

案例链接 7-2

斯坦福德航空公司是美国西北部一家发展迅速的航空公司。然而，最近在其总部产生了一系列的传闻。公司总经理波利想出售自己的股票，但又想保住自己的总经理的职务，这已经是公开的秘密了。他为公司制订了两个经营战略方案：一个是把航空公司的附属单位卖掉；另一个是利用现有的基础重新振兴发展。他自己曾经对两个方案的利弊进行了认真分析，并委托副总经理本查明提出一个参考意见。本查明为此起草了一份备忘录，然后叫秘书比利打印出来。比利打印完即到员工咖啡厅去。在喝咖啡时，比利碰到了另一位副总经理肯尼特，并把这一秘密告诉了他。

比利对肯尼特悄悄地说："我得到了一个最新消息，他们正在准备成立另外一家航空公司。他们虽说不会裁减员工，但是，我们应联合起来，有所准备啊。"这些话又被办公

室的通信员听到了，他又立即把这个消息告诉他的上司巴巴拉。巴巴拉又为此事写了一份备忘录给负责人事的副总经理马丁。马丁也加入了他们的联合阵线，并认为公司应保证兑现其不裁减员工的诺言。

第二天，比利正在打印两份备忘录。备忘录又被前来探听消息的摩罗看见了，摩罗随即跑到办公室说："我真不敢相信公司会做出这样的事情，我们要卖给航空公司了，而且要大量削减员工呢！"

这消息传来传去，三天后又传回总经理波利的耳朵里。波利也接到了许多不友好甚至是充满敌意的电话和信件，大家纷纷指责他企图违背诺言而大批解雇工人，有的人也表示为与别的公司联合而感到高兴，而波利则被弄得迷惑不解。

问题：

① 总经理波利怎样才能使问题得到澄清？

② 这个案例中发生的事情是否具有一定的现实性？

③ 你认为应该采取什么态度对待非正式沟通的问题？

分析提示：

① 小道消息的特点是：不受管理层控制；大多数员工认为它比高级管理层通过正式渠道发布的消息更可信、更可靠；在很大程度上服务于其内部成员的自我利益。

② 容易传出小道消息的条件是：十分重要的场合；模棱两可的事情；会导致人们焦虑的事情。

4. 按照沟通过程中是否有反馈，分为单向沟通和双向沟通

单向沟通（Unilateral Communication）是信息发送者主动发送信息，接收者被动接受信息和理解信息的沟通形式。单向沟通的优点是沟通速度较快，信息具有权威性；缺点是准确性较差。

双向沟通（Two-way Communication）是信息发送者与接收者不断交换角色，信息在双方之间反复流动的沟通形式。双向沟通的优点是准确性高，反馈信息有利于增进沟通双方的了解，加深感情，建立良好的人际关系；缺点是需要花费很多的时间，沟通过程中信息发送者必须承担更大的心理压力。

互动游戏 7-1

1. 组成一个 6~8 人小组，任选一个人拿图（事先准备好的任意一张图片），其余人每人拿一支笔和一张纸。拿图的人不能让别人看到这张图，并由其指导其他 7 人画这张图。指导者只可用语言表达，不能做手势或画任何符号，组中其他人按其表达的意思绘画，但不得发问，也不能相互交谈或参看别人画的图。然后把图收上来，看看有多少人全画对了。

2. 换一张图（事先准备好的另一张图片），规则稍做修改，这次组员可以向指导者提问相关问题，指导者可以回答提问，但组员仍然不准相互交谈或看别人画的图，看看有多少人全画对了。

互动启示：上述游戏中，游戏 1 采取的是单向沟通，游戏 2 采取的是双向沟通，从游戏结果可以看出，双向沟通效果会优于单向沟通，且个人的沟通技能确实存在着差异。

7.1.3 有效沟通的障碍

任何信息在沟通过程中都可能被有意或无意地扭曲、遗漏，从而使其准确性和完整性受到影响，出现失真现象。想要达成有效的沟通必须具备两个条件：①信息发送者清晰地表达了信息，能够被信息接收者正确理解；②信息发送者重视信息接收者的反馈，免除不必要的误解。因此阻碍有效沟通的因素主要有两个方面，即沟通者的因素（内部因素）和沟通环境的因素（外部因素）。

1．沟通者的因素

（1）过滤

过滤是指故意操纵信息，使信息显得对接收者更为有利。例如，管理者汇报给上司的信息都是其想听到的内容，这位管理者就是在过滤信息。过滤的程度与组织结构的层级和组织文化两个因素有关。在组织层级中，纵向层次越多，过滤的机会就越多。组织文化则通过奖励系统来鼓励或抑制这类过滤行为。奖励越注重形式和外表，管理者便越有意识地按照对方的品位调整和改变信息。

（2）选择性知觉

选择性知觉是指人们根据自己的兴趣、经验和态度而有选择地去解释所看或所听到的信息。在沟通过程中，接收者会根据自己的需要、动机、经验、背景及其他个人特点有选择地去看或去听取信息。理解信息的时候，接收者还会把自己的兴趣和期望带进信息之中，进而影响对他人的判断。

（3）情绪

在接收信息时，接收者的感觉也会影响其对信息的解释。不同的情绪感受会使个体对同一信息的解释具有截然不同甚至极端的情绪体验，如狂喜或抑郁，都可能阻碍有效的沟通。这种状态常常使我们无法进行客观而理性的思维活动。因此最好避免在过于兴奋或沮丧时做决策，因为此时可能无法清楚地思考问题。

（4）防卫

关注与保护自我是人的本性，当沟通者一方感受到尊严被侵犯或挑战，感觉自己在沟通中受对方操纵时，心理上自然产生抵抗，并启动自我防卫模式，从而获得心理上的平衡。这种防卫主要体现为曲解信息、贬损对方和全部拒绝。因此，在沟通的过程中，沟通一方有任何控制他人的企图，都有可能会引起对方的反感和抗拒，导致沟通的效果大打折扣，甚至产生相反的效果。此时可利用非语言信息抵消负面影响，即通过沟通者的面部表情、语音语调、目光手势等身体语言来打动对方，确保所发出的信息不被对方曲解而产生防卫和抗拒心理。

（5）语言障碍

同样的词汇对不同的人来说含义是不一样的。词汇的意义不存在于词汇中，而存在于我们这些使用者中。年龄、教育和文化背景等因素都影响一个人的语言风格及其对词汇的界定。在一个群体中，成员往往来自于不同的背景，有着不同的说话风格。另外，部门的分化使得专业人员发展了各自的行话和技术用语。例如，诱因和配额这样的词汇，对不同的管理者有着不同的含义。高层管理者常常把它们作为需要，而低层管理者则更多地把它们理解为操纵和控制，并由此而产生不满。同一群体中，我们可能说的语言是同一种，但是在使用上却并不一致，如果我们能够知道每个人是如何使用语言的，就会极大地减少沟通的障碍。

(6) 个体差异

个体差异主要指由于人们不同的个性倾向和个性心理特征所造成的沟通障碍。气质、性格、能力、兴趣等方面的不同，会造成人们对同一信息的不同理解，为沟通带来困难。个性的缺陷也会对沟通产生不良影响。一个虚伪、卑劣、欺骗成性的人传递的信息往往难以为人接受。

2．沟通环境的因素

(1) 沟通距离

沟通双方占有一定的空间，并且需要保持一定的沟通距离，沟通距离一般可分为物理距离和心理距离。

(2) 沟通渠道

沟通渠道障碍主要包括：①选择沟通媒介不当，比如重要事情的传达，用口头传达效果较差，因为接收者会认为"口说无凭""随便说说"而不加重视。②几种媒介相互冲突，当信息用几种形式传送时，如果相互之间不协调，会使接收者难以理解传递的信息内容。如领导表扬下属时面部表情很严肃甚至皱着眉头，就会让下属感到迷惑。③沟通渠道过长，组织机构庞大，内部层次多，从最高层传递信息到最低层，从低层汇总情况到最高层，中间环节太多，容易使信息损失较大。④外部干扰，信息沟通过程中经常会受到自然界各种物理噪声、机器故障的影响或被其他事物干扰，也会因双方距离太远而沟通不便，影响沟通效果。因此，在选择沟通渠道时，要综合考虑沟通的目的、沟通对象的特点和技术条件等因素，尽量避免沟通渠道上的障碍。

7.1.4 群体沟通的相关理论

1．相互作用分析理论

相互作用分析理论是通过沟通双方的行为分析，以提高人际交往能力和促进信息沟通的方法。伯恩（Eric Berne）于1964年在《人间游戏》一书中提出了这个著名的理论。他认为每个人在心理上有三种自我状态：父母自我状态、成人自我状态、儿童自我状态。

父母自我状态由父母或父母型人物的行为内化而来，是个人早年获得并积累在大脑里的一些印象深刻的外部经验，包括"必须"和"应该"。父母自我状态是"权威的""教诲的"。常用语言包括"你应该……""你必须……""你不能……"等。

成人自我状态是能够预计到事情的结果及延续下去的喜悦，更关心和维护个体的发展。成人自我状态的特征是"理智的""逻辑的"，注意事实资料的搜集，能够客观、冷静地分析问题。这时的行为表现为待人接物有礼有节、理智冷静和注重事实。常用语言包括"我个人认为……""你认为怎样……"等。

儿童自我状态的特征是"情绪的""冲动的""自发的"，常常凭感觉做事。他的行为表现像儿童那样，有时感情冲动，有时又任凭他人摆布。常用语言包括"我猜想……""我想要……""我不知道……"等。

人作为独立的个体常常在这三种状态之间转换，相互作用分析理论认为，成人自我状态不像儿童自我状态那么脆弱、冲动、情绪化，也不像父母自我状态那么陈旧和循规蹈矩。相互作用分析理论的目的是帮助人们建立成熟的成年自我状态，促进人在群体中成长、成熟，完成良好的群体沟通，建立良好的人际关系。

案例链接 7-3　顺利解决的口角

某火车站售票窗口，一位女售票员正在忙碌地工作着。窗外正排着长长的队伍等待购票。此时，她在接待两位外地男旅客，向他们介绍车次，因而放慢了售票的速度。后面一位女旅客等得不耐烦，挤到售票窗口斥责这位女售票员："你是在售票还是在谈情说爱？"后面的旅客也不分青红皂白地起哄起来。面对这种情况，这位女售票员并没有针锋相对、反唇相讥，而是非常谦和地说："非常抱歉，让您久等了。"接着简要地向这位女旅客解释了放慢售票速度的原因。听其这么一说，女旅客心平气和地回到了自己的列位上，售票工作又正常进行了。

2．乔哈里视窗理论

乔哈里视窗理论由乔瑟夫（Joe Lufthe）和哈里（Harry Ingam）于 20 世纪 50 年代提出，又称沟通视窗。视窗理论将人际沟通的信息比作一个窗子，并根据："自己知道—自己不知道"和"他人知道—他人不知道"这两个维度，依据人际传播双方对传播内容的熟悉程度，将窗子划分为四个区域：开放区、隐秘区、盲目区、未知区（见表 7-1）。

表 7-1　乔哈里视窗理论模型

	自己知道	自己不知道
他人知道	开放的自我（开放区）	不自觉的自我（盲目区）
他人不知道	隐蔽的自我（隐秘区）	不可知的自我（未知区）

开放区：自己知道他人也知道的事情，比如父母与你之间开放区就比较大，因为父母比其他人知道更多你的事情，开放区大的人还有明星和国家领导人等。

盲目区：自己不知道而他人知道的事情，比如说话时无形中得罪人而自己不知道的情况。

隐秘区：自己知道而他人不知道的事情，即自己埋藏在内心深处的秘密，不好意思说或者忘记说的事情。

未知区：自己不知道而他人也不知道的事情，未知区的区域最大，事情也最多。如果不去挖掘，你根本不知道自己的潜能有多大。

通过将隐秘区和盲目区扩展成为开放区，可以让他人知道你的事情、了解你的想法，以此获得成熟的群体沟通。比如通过与其他人进行语言交流、发表写作作品等能够让其他人了解你的观念、想法，扩展隐秘区成为开放区；而盲目区域可以通过听取他人对自己的反馈，同时反思和改进自己的不足之处，将盲目区扩展成为开放区。

视窗理论最常见的应用就是新员工的入职，对新员工来说，这个行业是未知的，但是其同事都已经了解了，这就是盲目区。新员工的实力在其他人眼中是隐秘区。公司培训的内容是开放区。未来新员工的可能则是未知区。

互动游戏 7-2　你来比画我来猜

每组两人参加，一人比画一人猜，限时两分钟，只有比画者能看到词语，并可以用肢体语言和口述语言表达的形式来向猜词者传达信息，但是不能说出词语中带有的字。猜不

到可以喊"过"，但最多只能过四个词语，其他组员不可提醒。

互动提示：

（1）可用类似手机 APP 完成该游戏。

（2）这个互动游戏可以说明乔哈里视窗理论在沟通中的重要性，要达到清楚沟通，首先要把事情描述清晰，其次让信息接收方重复你的描述，再次让信息接收者猜想可能出现的结果以及如何处理结果，最后让信息接收者思考这件事情具体应该怎么做。

7.2 群体的人际关系

人际关系是人生重要的一课，在群体中生活，每个人都有自己的人际关系。无论与谁交往，我们都想得到实际的效果，比如舒适感、安全感、利润、财富等。为了实现这些目标，我们需要让这种关系最大限度地发挥作用。简单来看，人一生中的人际关系大致可以分为三类：亲人之间、熟人之间以及陌生人之间。理论上讲，与亲人亲，与熟人更熟，与陌生人不来往就是处理好了自己的人际关系。事实并非如此简单，在人际交往的过程中，既要理清关系，也要掌握方法。

7.2.1 人际关系的概念

心理学将人际关系（Interpersonal Relationship）定义为人与人在交往中建立的直接的心理上的联系。汉语词典中关于人际关系的解释是人与人之间在社会生活的相互作用中发生的关系。人与人之间交往的所有关系都可称为人际关系，它包括亲属关系、朋友关系、同学关系、师生关系、雇佣关系等。

通常人际关系的成功建立需要满足以下条件：

① 信息的发出者和接收者双方对交往信息的理解保持一致。

② 交往过程中信息能够及时反馈。

③ 选择合适的传播渠道或网络。

④ 具备交往的技能，有一定的交往愿望。

⑤ 互相保持应有的尊重。

案例链接 7-4

小王，女，20 岁，是大学二年级的学生。在高中时期，她是一个学习刻苦的好学生，除了学习没有其他爱好，也没有朋友。考入大学后，班主任安排她当了寝室长，她暗自对自己说要好好与寝室同学相处，在大学期间多交几个朋友。时间一久，她发现自己与室友无法相处。小王习惯早睡，而室友们喜欢聊天到深夜；小王喜欢干净，室友们却乱丢乱搭，寝室卫生很差。当她以寝室长的身份给室友们提出建议和要求时，她们不听反而与她发生争执。

在这段关系中，小王自认为自己没有过错，她的要求都是合理的，但是室友们并不买账，几乎没人与小王说话。两方的关系越来越糟糕，小王成为被孤立的人。

问题：

① 小王在与室友交往的过程中违背了上述的哪几个条件？

② 小王如何做才能改善已经糟糕的人际关系？

7.2.2 人际需要与人际吸引

1. 人际需要

美国心理学家舒茨（W.Schutz）于1958年提出人际需要的三维理论。他认为，具有社会属性的人不能脱离群体而单独生活。

人际需要（Interpersonal Needs）是指人为什么要同他人形成一定的人际关系。每个个体在与他人互动的过程中，都有三种基本的需要，即包容需要、支配需要和情感需要，每一种需要还具有主动和被动两种不同取向的表现形式。根据需求和取向的不同，可以将人际关系划分为六种人际关系倾向（见表7-2）。

表7-2 舒茨的人际关系倾向分析

需要		主动取向	被动取向
包容	高	个体主动与别人交往	个体期待别人接纳自己
	低	个体不主动与别人交往	个体不期待别人接纳自己
支配	高	个体要求支配别人	个体期待别人领导自己
	低	个体不要求支配别人	个体不期待别人领导自己
情感	高	个体愿意对别人表示亲密	个体期待别人对自己表示亲密
	低	个体不愿对别人表示亲密	个体不期待别人对自己表示亲密

包容需要是指个体希望与别人接触、交往并建立和维持和谐关系的需要。该需要下主动取向的人际关系表现为主动与人交往，积极参与社会生活；被动取向的人际关系表现为退缩、孤立、期待他人接纳。个体成长阶段的经历直接影响了个体包容需要下的取向，如果个体成长过程中缺少适量的人际交往，在儿童时期的包容需要没有得到满足，成年后就会形成被动取向，行为上表现为寡言少语，拒绝参加群体活动，与人交往过程中保持距离；如果个体在早期成长过程中能够与父母或者其他人有更多适当有效的交往，在成年后就不会产生焦虑，会主动决定自己的行为，决定自己是否应该参加群体活动，产生适当行为，进而能够融入社会群体生活中。

支配需要是指个体控制他人或者被他人控制的需要。该需要下主动取向的人际关系表现为喜欢运用权力影响及控制他人，被动取向表现为期待他人引导和支配。如果个体早期成长于自由又民主的环境里，则会成长为既可以顺从又可以支配的类型，在他们的人际交往中能够解决任何与控制有关的问题；而如果个体早期生活在高度控制或者控制不充分的环境里，则会形成专制型或者服从型的行为方式。

情感需要是指在感情上与别人建立和维持亲密联系的需要。该需要下主动取向的人际关系表现为对他人友善、喜爱和同情等，被动取向表现为冷漠、期待他人对自己亲密。如果个体早期经历中没有获得充足的爱，个体会倾向于形成个人行为，即与他人保持距离，处在个人感情的深处，避免与他人有亲密的人际关系；如果个体早期经历中被过分溺爱，个体会形成超个人行为，即过分希望自己与他人有亲密的关系，总是试图与他人产生情感羁绊，保持情感联系；而如果早期个体经历中的关心和爱是适当适量的，则对待他人和自己的行为总能比较恰当，能够表现出自己和他人都能接受的情感行为。

2．人际吸引

人际吸引（Interpersonal Attraction）是指人与人之间的相互接纳和喜欢，是人际关系中的一种肯定形式。人际吸引大部分情况下是一种积极的心理状态，对人际交往起到积极有利的作用；小部分的人际吸引会呈现为消极的心理状态，以至于产生违法行为。不良的人际吸引会干扰秩序，形成犯罪的隐患。

影响人际吸引的因素主要有：

（1）熟悉和邻近

人与人之间的熟悉程度会增加吸引力，当条件相当时，人们会喜欢与自己比较接近的人。交往频率会直接影响熟悉度和邻近性，距离比较近的人们，接触的机会多，更容易了解彼此，进而产生吸引力。

（2）相似与互补

人们往往喜欢与自己相似的人，比如相似的价值观、相似的兴趣爱好、相似的社会背景、相似的年龄、相似的经验等。当双方某些方面互补的时候，彼此也会增加吸引力。互补可以看作相似性的特殊形式。比如需求的互补、社会角色的互补、性格特征的互补。当双方的需求、社会角色和性格特征都呈现互补状态时，产生的吸引力是最大的。

（3）吸引人的个人特征

个人特征包括个人的外貌、才能和人格品质。个人的第一印象是人际交往初期非常重要的因素，如果一个人的容貌、体态、服饰、举止、风度等外在因素较好，则容易给人留下较好的第一印象，这就是我们常说的"以貌取人"。虽然实际上外貌好的人不一定具有优秀的品质，但是会吸引其他人有进一步熟悉了解的想法。才能也会增加个人的吸引力，但这种吸引力建立在对其他人没有构成压力的情况下。

人格品质是影响人际关系中吸引力的最稳定因素，也是个体吸引力最重要的因素之一。美国学者安德森（N. Anderson）研究了影响人际关系的人格品质（见表7-3）。我们可以看出，排在序列最前面、受喜爱程度最高的六种人格品质是：真诚、诚实、理解、忠诚、真实、可信，它们或多或少、直接或间接同真诚有关；排在序列最后、受喜爱水平最低的几个品质如不可信、虚假、不老实等也都与真诚有关。安德森认为，真诚受人欢迎，不真诚则令人厌恶。

表7-3　影响人际吸引的主要人格品质

高度喜好的特征	中　间　特　征	高度厌恶的特征
真诚	固执	古怪
诚实	刻板	不友好
理解	大胆	敌意
忠诚	谨慎	饶舌
真实	易激动	自私
可信	文静	粗鲁
智慧	冲动	自负
可依赖	好斗	贪婪

(续)

高度喜好的特征	中间特征	高度厌恶的特征
有思想	腼腆	不真诚
体贴	易动情	不善良
热情	羞怯	不可信
善良	天真	恶毒
友好	不开朗	虚假
快乐	好动	令人讨厌
不自私	空想	不老实
幽默	追求物欲	冷酷
负责	反叛	邪恶
开朗	孤独	装假

知识链接　A-B-X 模式

人际关系的发展不仅仅是由人际交往的双方决定的，往往还会涉及第三方。美国社会心理学家纽科姆用 A-B-X 的模式来表示人际关系。其中，A、B 分别是人际关系中的两个主体，X 是第三方，可能是某个人，也可能是某件事情。

A 与 B 之间是否能够建立协调的人际关系，很关键的一点就在于他们对于 X 的态度是否一致。如果他们对 X 的态度基本一致，那么他们通过 X 建立起来的人际关系就是协调、平衡的；如果他们对 X 的态度有较大的分歧，那么他们的关系就会紧张、不协调。纽科姆认为为了缓解或消除 A 与 B 之间这种紧张的关系，双方应该加强彼此之间的沟通，改变态度，最终实现人际关系的平衡与协调。

假设当前 A-B-X 之间的关系是 A 喜欢 B，A 对 X 持积极的态度，而 B 对 X 持消极的态度。通过交换意见，改变态度，可以使 A-B-X 的关系发生以下三种可能的变化：

① A 改变自己对 X 的态度，与 B 对 X 的态度保持一致，即 A、B 都对 X 采取消极态度，从而恢复人际关系的平衡状态。

② B 改变自己对 X 的态度，与 A 对 X 的态度保持一致，即 A、B 都对 X 采取积极态度，从而消除人际关系的紧张状态。

③ A 改变自己对 B 的态度，即 A 不再喜欢 B，这样也可以形成新的平衡状态。

7.2.3　人际关系的基本原则

1．交互原则

"交互"是指相互作用，包括相互重视、支持和接纳。人际交往的交互原则是指人们在人际交往中的喜欢与接纳是相互的，我们更倾向于喜欢那些喜欢我们的人，不倾向于喜欢那些不喜欢我们的人。

2．增减原则

增减原则是指人们喜欢那些对自己的喜欢水平不断增加的人，而厌恶那些对自己的喜欢水平不断减少的人。

3．功利原则

功利原则是指人们在人际交往中倾向于保持交换的对等性。如果某种人际关系对自己来说是值得的，或者是得大于失的，那么人们就倾向于建立和维持这种人际关系；如果某种人际关系对自己来说是不值得的，或者是失大于得的，那么人们就倾向于疏远、逃避或终止这种人际关系。

4．自我价值保护原则

人们为了确立和保持自我价值，有一种防止自我价值遭到否定的自我支持倾向，这就是自我价值保护。如果人际交往能够满足这一需要，那么交往将会持续下去并有所发展；反之，就会对人际关系造成损害。

案例链接 7-5　人际关系与人力技能才是真正的第一生产力

美国著名的福特汽车公司新泽西州的一家分工厂，过去曾因管理混乱而差点倒闭。后来总公司派去了一位很能干的人物，在他到任后的第三天，就发现了问题的症结：偌大的厂房里，一道道流水线如同一道道屏障隔断了工人之间的直接交流；机器的轰鸣声、试车线上滚动轴发出的噪声更使人们关于工作的信息交流难以实现。

由于工厂濒临倒闭，过去的领导一个劲地加强生产任务，而将大家一同聚餐、厂外共同娱乐的时间压缩到了最低线。所有这些，使得员工们彼此谈心、交往的机会微乎其微，工厂的凄凉景象使他们工作的热情大减，人际关系的冷漠也使员工本来已经很差的心情雪上加霜。组织内出现了混乱，不必要的争议也开始增多，工厂的情势每况愈下，不得不到总部去搬救兵。

这位新上任的管理者在敏锐地觉察到这一问题的根本之后，果断地决定以后员工的午餐费由厂里负担，希望所有人都能留下来聚餐，共渡难关。这位经理的真实意图就在于给员工们一个互相沟通了解的机会，以建立信任空间，使组织的人际关系有所改观。

在每天中午大家就餐时，经理还亲自在食堂的一角架起了烤肉架，免费为每位员工烤肉。一番辛苦没有白费，在那段时间里，员工们餐桌上谈论的话题都是有关组织未来走向的问题，大家纷纷献计献策，并就工作中的问题主动拿出来讨论，寻求最佳的解决途径。

这位经理的决定是有相当风险的。他冒着成本增加的危险拯救了企业不良的人际关系，使所有的成员回到了一个和谐的氛围中。尽管机器的噪声还是不止，但已经挡不住人们内心深处的交流了。2个月后，企业业绩回转；5个月后，企业奇迹般的开始赢利了。企业后来也一直保持这一传统，中午的午餐大家欢聚一堂，由经理亲自派送烤肉。

案例链接 7-6　沃尔玛——企业成功源于沟通

美国沃尔玛公司总裁山姆·沃尔顿曾说过："如果你必须将沃尔玛管理体制浓缩成一种思想，那可能就是沟通。因为它是我们成功的真正关键之一。"

沟通是为了达成共识，而实现沟通的前提就是让所有员工一起面对现实。沃尔玛决心要做的，就是通过信息共享、责任分担实现良好的沟通交流。

沃尔玛公司总部设在美国阿肯色州本顿维尔市，公司的行政管理人员每周要花费大部分时间飞往各地的商店，通报公司所有业务情况，让所有员工共同掌握沃尔玛公司的业务指标。在任何一个沃尔玛商店里，都定时公布该店的利润、进货、销售和减价的情况，并且不只是向经理及其助理们公布，也向每个员工、计时工和兼职雇员公布各种信息，鼓励他们争取更好的成绩。

沃尔玛公司的股东大会是全美最大规模的股东大会，每次大会公司都尽可能让更多的商店经理和员工参加，让他们看到公司全貌，做到心中有数。山姆·沃尔顿在每次股东大会结束后，都和妻子邀请所有出席会议的员工到自己的家里举办野餐会，在野餐会上与众多员工聊天，大家一起畅所欲言，讨论公司的现在和未来。为保持整个组织信息渠道的通畅，他们还与各工作团队成员全面注重收集员工的想法和意见，通常还带领所有人参加"沃尔玛公司联欢会"等。

山姆·沃尔顿认为，让员工们了解公司业务进展情况，与员工共享信息，是让员工最大限度地干好其本职工作的重要途径，是与员工沟通和联络感情的核心。而沃尔玛也正是借用共享信息和分担责任，满足了员工的沟通与交流需求，达到了自己的目的：使员工产生责任感和参与感，意识到自己的工作在公司的重要性，感觉自己得到了公司的尊重和信任，并积极主动地争取更好的成绩。

沟通的管理意义是显而易见的。同激励员工的每一个因素都必须与沟通结合起来一样，企业发展的整个过程也必须依靠沟通。可以说，没有沟通，企业管理者的领导就难以发挥积极作用，没有顺畅的沟通，企业就谈不上机敏的应变。

从某种意义上讲，沟通已成为现在员工潜意识的重要部分，是员工激励的重要源泉。管理者应重视每一次沟通所产生的激励作用。"士为知己者死"，企业管理者的"理解、认同"的"知遇之恩"也必将换来员工的"涌泉回报"。

作为一名企业管理者，要尽可能地与员工们进行交流，使员工能够及时了解管理者的所思所想，领会上级意图，明确责权赏罚。避免推卸责任，彻底放弃"混日子"的想法。而且，员工们知道得越多，理解就越深，对企业也就越关心。一旦开始关心，他们就会爆发出数倍于平时的热情和积极性，形成势不可挡的力量，任何困难也不能阻挡他们。这正是沟通的精髓所在。

如果企业管理者不信任自己的员工，不让他们知道公司的进展，员工就会感觉自己被当作"外人"，轻则会打击员工士气，降低部门工作效率；重则使企业管理者与员工之间形成相互不信任的氛围，产生严重隔阂，无法达成共识。当然，管理中的沟通误会并非都出自企业管理者与员工之间的隔阂，缺乏共同的沟通平台往往也会造成沟通误会。

由此可见，理解、认同、适应对方的语言方式和行为习惯，是强化管理、强化沟通的最基本的内在条件。

练习题

一、单项选择题

1. 沟通是企业中每时每刻都在进行的活动，没有良好的沟通，企业的运营就不可能顺畅，甚至可能中断。为此管理者必须要想方设法建立畅通的沟通渠道。在下列四种沟通做法中最不可取的是（　　）。

　A．通过建立各种沟通渠道，让企业的所有员工随时随地了解企业的全部情况

B．通过下达指令和文件的方式让企业的员工了解企业的使命目的和战略

C．经常利用口头沟通的方式和下属交流

D．策略地利用非正式组织在沟通中的作用

2．如果发现一个组织中小道消息很多，而正式渠道的消息较少。据此，你认为该组织存在什么问题？（　　）。

A．非正式沟通渠道中信息传递很通畅，运作良好

B．正式沟通渠道中信息传递不畅，需要调整

C．其中有部分人特别喜欢在背后乱发议论，传递小道消息

D．充分运用了非正式沟通渠道的作用，促进了信息的传递

3．沟通网络一般是垂直的，遵循权力系统，并只进行与工作相关的信息沟通为（　　）。

A．口头沟通　　　B．书面沟通　　　C．正式沟通　　　D．非正式沟通

4．人际关系是人与人在沟通与交往中建立起来的直接的（　　）的联系。

A．心理上　　　B．行为上　　　C．合作方面　　　D．利益上

5．"来而不往非礼也"，体现的人际关系原则是（　　）。

A．交互原则　　　　　　　　　B．功利原则

C．自我价值保护原则　　　　　D．增减原则

二、多项选择题

1．人际关系的三维理论的三维是指（　　）。

A．包容需要　　B．支配需要　　C．成就需要　　D．情感需要

E．从众需要

2．按信息流动的方向，可将沟通分为（　　）。

A．下行沟通　　B．平行沟通　　C．上行沟通　　D．语言沟通

E．书面沟通

三、思考题

1．简述乔哈里视窗理论。

2．简述口头沟通和书面沟通的优缺点。

3．影响人际关系的因素有哪些？

4．如何看待"利益"在人际关系中的作用？

四、案例分析

究竟是谁的问题

苏木化学公司是一家综合性企业，成立时间很早，兵强马壮，分公司遍布全国，其中工程设计是企业的强项之一，并以一贯的高质量设计得到行业各界的赞誉和尊敬。

辽宁分公司的工程设计小组由八名男工程师与高级工程师张立组长组成，该工作小组已成立七八年之久，业务能力强，彼此感情融洽，关系密切。张立组长工作经验丰富，与组员关系都非常要好。由于工作量逐渐增加，张立组长雇用了一名刚从国内著名工科大学毕业的研究生马欣，她朝气蓬勃、大方直爽，并且充满自信。张立安排她参加苏木化学公司辽宁分公司工厂扩建工程的设计工作。同时参加这项设计工作的，还有同组的另外三位工程师：汪泷（38岁，已在本公司工作15年）、刘波（40岁，已在本公司工作10年）和佟刚（32岁，

已在本公司工作 8 年）。

马欣初来乍到，作为新人，工作十分热情。她非常热爱她的工作，虽然觉得担子不轻，但却是很好的锻炼机会，提高快，能充分运用她从学校学到的专业知识，一展抱负。她在工作中埋头苦干，全身心都投到设计任务中。马欣跟同组同事们的关系是友好的，不过无论上班时还是下班后，她很少跟他们有工作以外的非正式交流。

马欣对工作很认真，是一位勤奋的员工，态度严谨，碰到困难问题，她会主动加班到深夜，查文献，翻资料，总要自己搞个水落石出不可。因为她这样坚韧不拔，再加上基础扎实，所以总是比别的同事早好几天就完成了分给她承担的那部分设计任务。这让她很是烦恼，她总说："我有使不完的劲。"任务一做完，就坐立不安，总是又去找组长要新的任务干。起初，她曾想在工作完成后帮助其他三人完成他们的工作，但每回都被断然拒绝。

在马欣来小组工作了六个月后，有一回老汪来找张组长，说是谈谈小组里的一些问题。以下是他们的对话。

张立："老汪，我知道你想要和我谈的问题。"

汪泷："好，张主任。我也不拐弯抹角浪费您的时间了，组里其他几位同事都希望我来找您谈谈小马的事。她把咱组里的人全得罪遍了，总是一副狂妄自大、不可一世的样子，好像就她是'万能博士'，啥事都懂。我们不愿意与这种人共事。"

张立："老汪，我并不这么认为。她干得很不错，是一位很优秀的员工。她的设计任务总是完成得很好很快，没出啥差错。她正在做公司希望她做的事情，而且也做得很不错。"

汪泷："可公司也没布置要她搞乱组里的气氛，破坏小组的士气啊，也没有布置她指手画脚来指导我们该怎么干活。组里怨气挺大，再这么下去，会影响全组的工作质量。"

张立："那好，我看就这样吧。我找小马谈一次，讨论一下她这六个月的表现，我一定记住你刚才讲的意见，可我不敢保证她会改变她那种目空一切的态度。"

汪泷："我们并没指望她马上全改，关键是她没有权力指导其他人工作。她当众去指点别人该这样干，那样干，用毫无用处的方程和公式，不知道的还以为她是在那儿做什么高级报告。她最好赶紧收敛或者调离，不然真有人要打报告走人了。"

事后，张立仔细地思考了一下该怎么跟马欣谈。他知道，老汪是工程师中的非正式领导，这是代表组里的其他人来谈的。第二周周四下午，张立把马欣叫到自己的办公室，对她半年来的工作进行回顾和评价。下面是两人谈话的一部分。

张立："接下来我想谈谈你工作表现的另一方面。正如我刚才所说，你在技术方面的工作表现非常优秀，领导很满意；不过你跟组内其他同事的关系存在着问题。"

马欣："我不明白，您所指的是什么问题？"

张立："好吧，说得具体点，某位项目小组里的人，认为你那种'万事通'的态度，和总想告诉人家该怎么去干自己活的行为，对他人造成了很大的麻烦。你应当对他们更有耐心一些，别公开去评论别人的工作。这一组的工程师们是非常优秀的，多年来的工作一直是无可挑剔的。我不想有任何问题影响他们的工作质量。"

马欣："我的看法略有不同。首先，我从来没公开批评或指导过他们的工作，也没向您报告过。起初，我把活先干完，总要求帮他们干一点，这是出于好心，想要帮助他们。但次次都叫我'少管闲事'，多关心自己的工作。我听取了建议，埋头专注自己的工作。但是有些情况您不清楚，在项目组工作的这几个月，我发现，他们明明在磨洋工嘛。这些工程师们向

公司索取了过高的薪水，在工作中故意定一种很慢的工作节奏，远远低于他们的工作能力。他们感兴趣的是在上班的时候谈足球比赛，周末前感叹'谢天谢地又是星期天'了，商量着该怎么一块去看电影、逛商店。我很遗憾，让我跟他们一样，不符合我所受过的教育。于是，我就成了他们眼里不合格的工程师，是破坏他们职业规则的人。"

问题思考：

1．马欣与其他工程师间的矛盾是如何形成的？
2．你认为一名新员工到一个工作单位后应如何处理与其他员工之间的关系？

实训项目

实训名称：采访你身边熟悉的陌生人

实训步骤：

1．分组：5~6 名同学一组，组内最好男女生性别比例均等，采访、录制、制作等任务能够有足够的人完成。

2．小组确定采访对象，采访对象的要求如下：

① 不可以选择身边的同学。
② 每组选择的采访对象不得重复。
③ 有工作经验的采访对象优先考虑。

3．小组成员根据采访对象制作采访提纲，根据成员的性别和个性合理分配采访任务，小组中的每位成员都需要担当某种角色。安排时间进行采访任务。

4．采访成果汇报要求：

① 汇报内容：对采访对象进行评价，对小组和自我的沟通能力进行评价，结合群体沟通和人际关系知识点反思小组的沟通能力，对采访任务进行总结。
② 采访过程需要记录，并提交佐证材料，佐证材料包括采访视频、谈话记录、采访录音、采访合照等，选择 1~2 样佐证材料上交。
③ 汇报形式：制作 PPT 在课堂上演讲汇报，或者形成书面材料装订成册。

5．授课教师根据汇报情况，对采访结果、沟通效果进行点评。

第 8 章 群体冲突与谈判

■ 学习目标 ■

知识目标
- 理解冲突的三种类型和三个范围。
- 掌握冲突产生的原因和冲突的过程。
- 掌握冲突处理的策略。
- 理解谈判的类型和影响因素。

能力目标
- 能解析冲突的类型及与绩效的管理。
- 能运用冲突处理策略提高管理的有效性。
- 能区分谈判的类型,描述谈判的策略。

引导案例>>> 高业绩员工的冲突管理

有才者往往认为自己比他人、比领导聪明而恃才傲物,所以在面对顶头上司的管理时,其内心会有一种逆反情绪,这就是管理者常说的"不服管"。而管理者面对这样的员工也往往带着情绪和偏见来进行管理。A企业就发生过这样一件事。

一位业绩一直排名第一的员工,认为某项具体的工作流程是应该改进的,她也和主管包括部门经理提出过,但没有受到重视,领导反而认为她多管闲事。

一天,她私自违规改变工作流程。主管发现后就带着情绪批评了她。而她不但不改,反而认为主管有私心,于是就和主管吵翻了,并擅离职守。主管反映到部门经理那里,经理也带着情绪严肃批评了她,她置若罔闻。

于是经理和主管就决定严惩,认为应该开除她或者扣三个月奖金。这位员工拒不接受。于是部门经理就把问题报告到老总那里。

老总于是就把这位早有耳闻的业务尖子叫到办公室谈话。老总没有一上来就批评她,而是让她先叙述事情的经过,通过和她交谈,交换意见和看法。老总发现这位员工确实很有思路,她违反的那项工作流程确实应该改进,而且还谈出了许多现行的工作流程和管理制度中存在的不完善之处。

老总通过这种朋友式的平等交流,真诚地聆听她的意见,让这位员工感觉受到了重视和尊重,反抗情绪渐渐平息下来,并开始冷静地反思自己的行为,从一开始只认为主管有错,到最后承认自己做得也不对。在老总策略性地询问下,她也说出了她认为自己的错误应该受到的处罚程度。

之后,老总与部门经理以及主管交换了意见和看法,大家讨论决定以该员工自己认为应受的罚金减半罚款,让她在班前会上公开做了自我检讨,并补一个工作日。随后,公司以最快的速度改进了那项工作流程。

事情过后,大家发现这位员工一下子改变了原来的傲气和不服的情绪,并积极配合主管的工作,工作热情大增,好像变了个人似的。

【引入问题】
1. 案例中冲突产生的原因是什么?
2. 请问案例中老总的处理方式为什么能取得较好的效果?

企业中产生冲突在所难免,如何看待冲突并且化解冲突,是每位管理者必须面对的。虽然我们通常视冲突为消极,视谈判为积极,但事实上我们对积极和消极的判断往往取决于看问题的角度。

8.1 群体冲突

冲突是群体生活中的一部分。因为群体需要将各种各样的人聚在一起完成任务,但是这些人在价值观、目标或需要等方面存在一定的差异,于是冲突变得不可避免。

8.1.1 冲突的定义

冲突(Conflict)指当一方感觉到对方对自己关心的事情产生或者将要产生不利影响时随之产生的一个过程。这个冲突的定义里包含两个要素:①冲突必须被各方感知到,如果人们没有意识到冲突,则常常认为没有冲突;②存在利益或观点的对立或不一致,并具有某种互动作用。

人们对冲突的认识是一个逐渐发展的过程。传统的观点认为,冲突是消极的、有害的,会妨碍组织的决策和行动。冲突意味着管理失效,所以应该尽量避免。但是现在的观点认为,在一个组织中冲突是不可避免的,分为功能失调的、破坏性的冲突和功能正常的、建设性的冲突。而群体中的宁静、无争执的气氛可能会导致成员冷漠、缺乏创新和变革,阻碍群体的发展。因此管理的任务就是妥善处理破坏性的冲突,有效激发建设性的冲突,并将冲突的程度控制在适度的范围内。

1. 传统冲突观(Traditional View of Conflict)

传统冲突观是 20 世纪三四十年代对群体行为所持的主流态度。当时人们认为冲突是恶性结果,导致冲突的原因来自几个方面:沟通不良,人们之间缺乏坦诚和信任,管理者对员工的需求和抱负没有做出有效应对。冲突被冠以暴力、破坏性、不理性的标签。在看待冲突的问题上，尽管这种认为所有的冲突都是有害无益和必须避免的观点能为我们提供一种比较简单的思路，但研究者越来越意识到一定程度的冲突是不可避免的。我们需要了解引发冲突的因素，并纠正这些因素以提高群体和组织的绩效。

2．互动冲突观（Interactionist View of Conflict）

互动冲突观鼓励冲突，认为融洽、和平、合作的群体容易变得静止和冷漠，并且无法对变革和创新的必要性做出快速应对。其主要贡献在于认识到最低程度的冲突有助于一个群体保持旺盛的生命力、进行自我批评和不断推陈出新。互动冲突观并不认为所有冲突都是好的。良性冲突（Functional Conflict）能够支持群体的目标并提高群体的绩效，是具有建设性的冲突；恶性冲突（Dysfunctional Conflict）妨碍群体的绩效，是具有破坏性的冲突。如何区分良性冲突与恶性冲突，很大程度上取决于冲突的类型及其发生的地点。

8.1.2 冲突的类型

理解冲突的一种方法就是找出分歧的类型，即要了解冲突是关于什么的，是对目标产生了分歧、惹恼了别人还是为了寻找最好的解决方法。尽管每种冲突都是独特的，研究人员还是将它们分成了三类——关系冲突、任务冲突和程序冲突。

1．关系冲突（Relationship Conflict）

关系冲突侧重于人际关系。研究表明，绝大多数的关系冲突是恶性的。因为关系冲突中人与人之间的敌意、矛盾与摩擦，会加剧彼此之间的性格差异并削弱相互的理解，妨碍组织任务的完成。在这三种类型中，关系冲突似乎最有可能使个体出现心理耗竭，甚至具有一定的破坏性，因为它们基本上是围绕个性产生的。我们不能指望去改变同事的个性，如果有人批评我们的为人而不是行为方式的话，我们通常会很生气。

2．任务冲突（Task Conflict）

首先，任务冲突与工作的内容和目标有关。学者们一致认为关系冲突具有破坏性，但在任务冲突和程序冲突是否有用这一点上是有分歧的。有些因素可以在冲突和绩效之间建立起联系。其中一个因素是冲突发生在高层还是低层。高层管理团队之间的任务冲突与群体绩效呈正相关，而组织低层的冲突与群体绩效呈负相关。这项研究还有一个前提条件，就是其他类型的冲突有没有同时发生。如果任务冲突和关系冲突生同时发生，任务冲突更有可能是消极的；但如果任务冲突单独发生，则更有可能是积极的。

其次，冲突的强度也很重要。如果任务冲突水平非常低，那么说明群体成员并没有真正地投入或者去解决重要的问题；而如果任务冲突水平过高，暗斗很快会恶化成人格冲突。根据这一观点，适中水平的任务冲突是最理想的。在最初的发展阶段，适度的任务冲突可以提高群体的创造力，但高水平的冲突会使团队绩效降低。

最后，群体内成员的人格似乎也很重要。如果群体成员平均的开放性和情绪稳定性较高，则更有可能通过任务冲突提高群体绩效。这可能是因为开放性和情绪稳定性可以使人们正确地看待任务冲突，并利用想法上的差异来更好地解决问题，而不是任由任务冲突恶化成关系冲突。

3．程序冲突（Process Conflict）

程序冲突与完成工作的方式有关。程序冲突通常围绕着授权和角色发生。与授权有关的冲突通常表现为规避和推脱；与角色有关的冲突会使一些群体成员感到被边缘化。因此，程序冲突往往会变得高度个人化，并很快发展成关系冲突。群体中的成员可能会为了角色和责任而争论不休，最终不了了之，类似的情形在企业中时有发生。

8.1.3 冲突的范围

理解冲突的另一种方法是考虑它的范围，也就是冲突在哪里发生。按照冲突的范围，可将其分为以下三种类型：二元冲突（Dyadic Conflict）是两个人之间的冲突；群内冲突（Intragroup Conflict）是发生在群体或团队内部的冲突；群际冲突（Intergroup Conflict）是群体或团队之间的冲突。其中群内冲突最受关注，因为通常群体和团队存在的目的就是执行特定的任务。

要想使群内的任务冲突对绩效产生影响，团队就要有一个支持性的氛围，犯了错误不会惩罚，并且团队成员之间能够相互扶持。以美国国家橄榄球联盟为例，如果球队希望调整和改进的话，一定数量的任务冲突也许有利于提高团队绩效，尤其是当团队成员相互支持的时候。

个人在群体内的职位与其处理群际冲突的方式会相互影响。群体中相对来说不那么重要的成员能更好地处理自己所在群体和其他群体间的冲突，前提是这些成员仍然可以对他们所在的群体负责。因此，身处群体核心位置的人并不是解决群际冲突的最佳人选。另外，一项研究发现，团队之间高水平的冲突会使个人把重点放在遵守自己团队的规范上。

案例链接 8-1　墨尔系统公司团队的麻烦和困扰

墨尔系统公司是一家正在成长和走向成功的高科技公司。它重点开发新的计算机软件程序，该程序能使计算机网络以更快的速度向用户传送更多的信息，从而加快了在线视听和图像信息传输的速度。由于这些计算机程序比任何一个软件工程师自己编写的程序规模都更为庞大，因此需要研发团队中的工程师们共同编写。这就需要把研究和开发团队组合在一起，每个工程师负责编写很长的代码中的一个片段，最后整合成一个复杂程序。

要想成功编写出这样复杂的程序，不仅从技术上来看是一项富有挑战性的任务，而且团队成员之间复杂的人际关系也是关键的问题。墨尔系统公司的软件工程师团队在一起工作时经常遇到许多麻烦和困扰，往往一个项目要拖一年多的时间。以斯考特的研究和开发团队为例，他负责开发一个名为"马里兰"的程序。斯考特的团队最初有四名成员：斯考特、乔哈瑞、穆嘎拉和西。从一开始，斯考特和乔哈瑞就在团队会议上就项目取得进展的最好方式的问题发生了激烈的争论。虽然斯考特作为团队的领导者感到乔哈瑞是团队中一名有价值的成员，有许多很好的想法，但他也认识到，他们因各自的追求不同而很难共事。而乔哈瑞则认为，斯考特只是想在会议上占上风，对他的想法置之不理，从而导致许多无意义的争论。两人的争论使多次会议议而不决。

在此之后，斯考特意识到要想使项目取得进展，必须处理好人际关系问题，否则他们之间会一直处于紧张状态。

几个月之后，团队为了解决项目中存在的问题和其他人际关系问题，决定把团队的计算机编码任务分解为几个部分，根据成员的技术专长，把每个部分分派给团队中的相应成员。成员之间需紧密配合，因为一个成员编写的内容会影响到另一成员的编写情况，而且最终所有片段需整合成一个统一的计算机程序。

随着团队工作节奏的加快，团队成员加班加点地工作，大家的工作任务都很紧张。当团队成员最后坐在一起，把每个人编写的部分整合为统一的程序时，他们遭受了沉重的打击。这个程序无法运行，因为每个成员都有自己不同于他人的编码方式，他们没有通过密切合作来保证编写出的代码能彼此吻合。

由于"马里兰"团队的日程安排是在一个月内将程序开发完毕，并在交易会上展示，斯考特的老板斯遂夫·汉德和软件工程部主任十分关注此事，并开始检查团队的工作。迫于这种压力，团队成员开始更密切地合作，把人际关系问题撇在了一边，他们要赶在交易会之前完成任务，向汉德证明他们是出类拔萃的。他们要向每个人，尤其是交易会上的竞争对手表明，他们的程序是一流的。在临近交易会召开之时，该团队完成了该程序的编写任务，参加交易会的团队成员非常自信地做了报告，证明他们的程序显然比其竞争对手的程序更好。

尽管"马里兰"团队在工作过程中有一些曲折，但事实却证明了这是一个高效的并达到了目标的团队。这取决于团队中成员之间良好的人际关系、团体的密切配合以及群体冲突的顺利解决。

问题：
① 案例中出现了哪几类冲突？
② 为什么该团队的冲突能够顺利解决？

分析提示：
① 案例中出现了关系冲突和任务冲突。斯考特和乔哈瑞在团队会议中的激烈争论已形成低程度的关系冲突。而任务冲突与工作的内容和目标有关，斯考特和乔哈瑞就项目取得进展的最好方式的问题发生了激烈的争论属于任务冲突。

② 首先，冲突的强度保持在较低水平，为冲突的处理提供了条件。其次，成员的高开放性和情绪稳定性让双方尤其是团队领导者斯考特能正确看待冲突。最后，交易会上将与其他公司竞争的高水平的外部压力，使大家把重点放在了遵守自己团队的规范和任务的完成上。

8.1.4 冲突的过程

冲突是一个动态的过程，是从冲突相关主体的潜在矛盾映射为彼此的冲突意识，再酝酿成彼此的冲突行为意向，然后表现出彼此显性的冲突行为，最终造成冲突的结果与影响的一个逐步演进和变化的互动过程。

管理学家斯蒂芬·P. 罗宾斯（Stephen P. Robbins）将冲突的过程分为如图 8-1 所示的五个阶段。

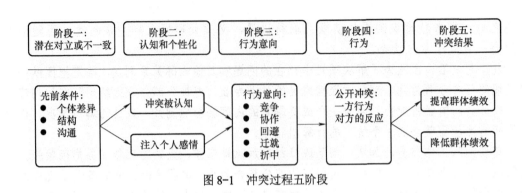

图 8-1 冲突过程五阶段

1．潜在对立或不一致阶段

潜在对立或不一致是因为团队中发生交互关系和互动过程的不同主体彼此之间存在能够引发冲突的一些必要条件。这些条件虽不一定直接导致冲突，但往往都潜伏在冲突的背后，成为冲突产生的"导火索"。

引起团队冲突的潜在因素可以分为以下三类。

（1）个体差异（Personal Variables）

你是否遇到过刚见面就不喜欢的人？他的大多数观点你都不赞同，即使是一些很细微的特点，比如说话的声音、表情、措辞等，都令你感到厌烦。有时我们对别人的印象是负面的，当你与这类人共事的时候，就可能导致冲突。

个人因素包括人格、情绪和价值观，它们构成了一个人的风格，使其不同于其他人。有证据表明，在不合群、神经质或低自我监控等人格特质方面得分较高的人更容易与他人产生冲突，而且不善于应对冲突。而价值系统的差异，例如对自由、幸福、勤奋、自尊、诚实、服从等的不同看法，也是导致冲突的一个重要原因。在团队中，成员在个人因素方面存在的这些差异会导致各种各样的冲突。

案例链接 8-2　都是"语音"惹的祸

小张今年 27 岁，在重庆一家公司上班。前不久有一家公司研发出新产品，需要对外发布和吸引投资，主管便安排他来协助跟进。接手这个项目后，小张想到什么点子，或是有什么情况，就直接给主管发送微信语音消息，两天发了六七条。主管收到第一天的语音消息后回复了一句"好"，第二天小张又发了四条语音消息，而领导回了一句"在开车，发文字"。小张按照要求转为文字消息重新发送后，以为此事就此结束了，没想到公司开总结会时主管在会议上突然提到工作态度问题，并翻开自己的手机微信称："看，有的同事给我发消息汇报工作，一大段一大段地发语音消息，难道就不能发文字消息吗？会浪费很多时间吗？总之，我认为这样显得态度很不端正。"

小张当时脸都羞红了，因为主管打开的正是他和主管的微信聊天界面。主管还宣布，以后汇报工作仍可以使用微信，但一律以文字的形式。

对此，小张的主管付女士表示，她只是想强调一下态度问题。其实不止小张，时不时都会有一些下属通过语音向她汇报工作情况，只是小张连续发送长语音的做法让她不能接受。付女士表示,有时候受环境限制或是对方语言表达能力的问题,需要反复听几遍才能理解其意思。此外,语音虽然可以转成文字,但转换出来时常有误,更何况重庆话不支持语音转换。所以她觉得在工作中的交流,使用文字表达更能显得态度端正,并且效果更好。

小张与主管对语音交流的看法不一致,导致了这场不大不小的尴尬。

(2)结构(Structure)

这里使用的"结构"概念包括了以下变量:群体规模、分配给群体成员的任务的专业化程度、管辖范围的清晰度、员工与目标之间的匹配性、领导风格、奖酬体系、群体间相互依赖程度。

研究表明,群体规模和任务的专业化程度可能成为激发冲突的动力。当团队规模越来越大,任务越来越专业化的时候,团队成员的分工就越细致,每个人都有明确的工作范围和界限,如果其他成员有所涉及或进行干预,发生冲突的可能性就会加大。另外,工作年限与冲突呈负相关,当群体成员都很年轻,而群体的离职率又很高时,出现冲突的可能性最大。

责任落实的模糊程度越高,冲突出现的可能性就越大。管辖范围的模糊性也增加了群体之间为控制资源和领域而产生的冲突,组织内不同群体有着不同目标,群体之间目标的差异是引发冲突的主要原因之一。研究表明,参与风格与冲突之间呈高度相关,这是因为参与方式鼓励人们提出不同意见;如果一个人获得利益是以另一个人丧失利益为代价的,这种报酬体系会产生冲突;如果一个群体依赖于另一个群体(而不是二者相互独立)或群体之间的依赖关系表现为一方的利益是以另一方的牺牲为代价的,也会成为激发冲突的力量。

案例链接 8-3 　 到底是谁的责任?

在一家企业的季度考评会上,营销部门经理 A 说:"最近销售做得不太理想,我们部门当然有一定责任,但主要的责任并不在我们,而是竞争对手纷纷推出新产品,比我们的产品更有竞争力,所以我们不好开拓市场,研发部门要认真总结。"

研发部门经理 B 说:"A 经理说得的确没错,我们最近推出的新产品确实是少了些,但是我们也是迫不得已,预算太少,可就是这少得可怜的预算,也被财务部门给削减了!"

财务部门经理 C 说:"不错,我是削减了你的预算,但是你知道吗,公司的采购成本也在不断地上升,我们当然没有多少钱。"

采购部门经理 D 也忍不住抱怨起来:"采购成本是上升了 10%,可是原因在哪里你们知道吗?俄罗斯一个铬矿爆炸了,导致不锈钢的价格上升。"

总经理最后说:"哦,原来如此呀,销售不好是因为俄罗斯的矿山爆炸了,你们大家就都没有责任了。这样说来,我只好去考核俄罗斯的矿山了!"

(3)沟通(Communication)

沟通不良是引起群体冲突的一个重要因素。群体成员之间彼此存在差异,如果能够顺利进行交流,相互理解,那么发生冲突的可能性就会大大减少。相反,如果沟通渠道不顺畅,沟通活动匮乏,冲突就会出现。

案例链接 8-4 变化无常的陈总监

某企业聘请了一位营销总监,但其下级营销员们私下对这位总监多有抱怨:"陈总监和过去的总监不一样,总是变幻无常,很难沟通和交流。你知道上一任总监可不是这样!"而这种抱怨并没有被新来的陈总监所了解,这就会成为发生冲突的潜在因素,一旦暴露出来,冲突就有可能发生。

沟通不良所引起的群体成员之间的冲突经常表现在以下几个方面:信息的差异、评价指标(如任务完成标准)的差异、倾听技巧的缺乏、语言理解的困难、沟通过程中的噪声(即干扰)以及团队成员之间的误解等。

2. 认知和个性化阶段

冲突的认知是指当潜在的对立和不一致出现后,双方意识到冲突的出现。也就是说,在这一阶段冲突的主体开始意识到客观存在的对立或不一致,产生相应的知觉,并推测和辨别是否会有冲突以及是什么类型的冲突。

扫一扫看微课:
冲突处理意向

意识到冲突并不代表着冲突已经个性化。对冲突的个性化处理将决定冲突的性质,因为此时个人的情感已经介入其中。双方面临冲突时会有不同的心理反应,他们对于冲突性质的界定在很大程度上影响着解决冲突的方法。例如,团队决定给某位成员加薪,这对于其他成员来说,有人可能认为与自己无关,从而淡化问题,这时冲突不会发生;而另外一些人可能会认为对别人的加薪就意味着自己工资的下降,这样就会使冲突发生甚至升级。

3. 行为意向阶段

冲突的第三个阶段是行为意向(Intentions)阶段,这一阶段的特点体现在人们意识到冲突后,要根据冲突的定义和自己对冲突的认识与判别,开始酝酿和确定自己在冲突中的行为策略和各种可能的冲突处理方式。我们根据两个维度,即合作性(一方愿意满足另一方愿望的程度)和自我肯定性(一方愿意满足自己愿望的程度),将行为意向的可能性概括为如图 8-2 所示的五种类型。

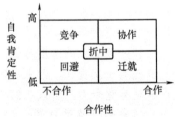
图 8-2 托马斯、科尔曼的冲突处理五种行为意向

(1) 竞争(Competing)

竞争是一种双方自我肯定但不相互合作处理冲突的行为意向。这种行为意向旨在寻求自我利益的满足,而不考虑他人,在团队中具有一定的对抗性。当团队需要在做出快速、重大的决策后采取重要的但不受欢迎的行动时往往会用到这种方法。

(2) 协作(Collaborating)

协作是一种双方都自我肯定并相互合作处理冲突的积极行为意向。这种行为意向旨在通过与对方一起寻求解决问题的方法,进行互惠互利的双赢(Win-Win)谈判来解决冲突。此方法适用于解决成员之间共同利益较多和具有理解、沟通基础的冲突。

(3) 回避(Avoiding)

回避是一种双方不相互合作处理冲突的消极行为意向。这种行为意向表现在对冲突采取既不合作，也不维护自身利益，使其不了了之的做法上。此方法适用于解决因琐碎小事引起的且与团队目标关联不大的冲突。

（4）迁就（Accommodating）

迁就是冲突的某一方自我不肯定并相互合作处理冲突的行为意向。这种行为意向旨在维持整体的友好共存关系，冲突一方做出让步，甚至愿意自我牺牲，以服从他人的观点。此方法适用于解决将工作的重点放在营造和谐、平静气氛条件下的冲突。

（5）折中（Compromising）

折中是一种冲突双方相互合作程度与自我肯定程度均处于中等水平的处理冲突的行为意向。折中可以看作是半积极的行为意向。具有这种行为意向的双方都会放弃一些应得的利益，以求事物的继续发展，双方也会共同承担后果。折中在一定程度上类似于合作。在处理复杂问题而寻求一个暂时的解决方案时常常用到这种方法。

每个人都有自己特定的偏好。也就是说，通过综合判断一个人的智力特征和性格特征，我们能够比较准确地预测其行为意向。但人的行为意向并不是固定不变的。在冲突过程中，如果双方能够发现对方的观点或立场，或者其中一方带着强烈的情绪来应对对方的行为，那么行为意向可能会发生改变。

4．行为阶段

冲突行为阶段是指冲突公开表现的阶段。进入此阶段后，冲突的相关主体在自己冲突行为意向的引导或影响下，正式做出一定的冲突行为来贯彻自己的意志，试图阻止或影响对方的目标实现，努力实现自己的愿望。

这一阶段的行为出现，体现在冲突双方进行的说明、活动和态度上，即一方采取行动来看另一方的反应，是一个相互的、动态的过程。冲突的行为往往带有刺激性和对立性，而且有时外显的行为会偏离原本的意图。

如果是恶性冲突，那么冲突双方如何降低冲突水平？当冲突水平过低并需要升级时，双方可采取哪些办法？冲突管理（Conflict Management）策略（见表 8-1）提供了一些主要的冲突解决和激化方法，可以帮助管理者控制冲突程度。

表 8-1 冲突管理策略

解决冲突的策略	解决问题	冲突双方面对面交流，通过坦率真诚的讨论来确定并解决问题
	提出一个更高的目标	双方提出一个共同的目标，该目标不经冲突双方的协作努力是不可能达到的
	拓宽资源	如果冲突是由于资源（如资金、晋升机会、办公空间等）稀缺造成的，那么拓宽资源就是一个双赢的解决方案
	回避	逃避或抑制冲突
	缓和	弱化彼此间的分歧，强调冲突双方的共同利益
	折中	冲突双方各自放弃一些有价值的东西
	权威命令	管理层运用正式职权来解决冲突，并且向冲突双方传达自己的要求
	改变个人特征	通过行为改变技术（例如人际关系培训）来改变引起冲突的态度和行为
	改变结构特征	通过工作再设计、工作调动、创建协调性质的职位等方式来改变正式的组织结构以及冲突双方的互动模式
激化冲突的策略	沟通	利用模棱两可的或具有威胁性的信息来提高冲突水平
	引进外人	在群体中补充一些在背景、价值观、态度或者管理风格方面与当前群体成员不同的人员
	重组组织	调整工作群体，改变规章制度，提高相互依赖性，并且实施其他类似的结构变革，以打破现状
	任命批评者	安排批评者，有意与该群体中大多数人的观点相悖

5．冲突结果阶段

冲突对群体可能造成两种截然相反的结果。

（1）积极的结果

导致积极结果的冲突是建设性的冲突。这种冲突对实现团队目标是有帮助的，可以增强团队内部的凝聚力和团结性，提高决策质量，调动员工的积极性，提供问题公开解决的渠道等，尤其是激发改革与创新。一般来说，每个人都有一定的工作模式，只有当某人向我们的效率发出挑战并在某种程度上发生冲突时，我们才会考虑新的工作方法，开始积极地改革与创新。冲突可能形成一种竞争气氛，促使员工振奋精神、更加努力。

（2）消极的结果

导致消极结果的冲突是破坏性的冲突。这种冲突会给群体带来一些消极的影响，首先，可能分散人们为实现目标而做出的努力，组织的资源不是主要用来实现既定目标，而是消耗在冲突的解决上；其次，破坏性的冲突有损员工的心理健康；最后，要求内部竞争而引发的冲突可能对群体效率产生不良影响。

8.2 谈判

在企业中，谈判几乎渗透到每个成员与他人的互动中。有些谈判是很明显的，如劳资双方进行的谈判；另一些谈判则不那么明显，如管理者与上司、同事、下属之间的谈判，销售人员与客户之间的谈判，采购人员与供应商之间的谈判；还有一些谈判十分微妙，如一名员工同意为另一名同事提供几分钟的掩护，以换取过去或将来的某种好处。当今的许多组织具有非常松散的结构，成员们常常需要与不同的同事合作，他们对这些同事可能没有直接管辖权，甚至还可能归属于不同的上司。在这种情况下，谈判技能就变得至关重要。

8.2.1 谈判的内涵

谈判（Negotiation）是双方或多方决定如何分配稀缺资源的过程。虽然我们通常只是从经济角度来考虑谈判结果，如对商品的价格进行谈判，但是组织中的每一次谈判都会影响谈判者之间的关系以及谈判者对自己的看法。对于谈判双方来说，考虑到双方未来发生互动的频繁程度，按照道德规范行事并维系双方之间的社交关系，往往与每次谈判达成的直接结果同样重要。

8.2.2 谈判的类型与方法

1．谈判的类型

根据谈判人员的输赢导向，可将谈判分为四种基本类型：赢—输式、双赢式、态度建构式和组织内部式谈判。

（1）赢—输式谈判

这种谈判的特征是在传统的赢—输、固定数额的情景下，一方收益且另一方受损。赢-输模式谈判一般涉及经济问题，其相互作用模式包括谨慎沟通、有限地表示信任、使用威胁及其他特殊的声明和需求,当事人之间往往会发生紧张、充满情绪的冲突。在此类谈判中,最主要的处理方式是强迫和折中。

(2)双赢式谈判

共同解决问题以使双方都受益的谈判方式被称为双赢式谈判。在这种谈判中,当事方发现共同的问题,找到和评估备选方案,向对方表达意见,找到双方都可以接受的解决办法。这个解决办法很少是双方都完全满意的,但它对双方达成一致的确是有利的。双方都被强烈地激励着去解决问题,表现出灵活性和信任。合作和折中是这种谈判主要的处理方式。

(3)态度建构式谈判

在这种谈判中,各方都会表现出一定的态度,这种态度会影响各方之间的相互作用,是竞争还是合作,是敌意还是友善。态度建构就是指谈判各方寻求建立所期望的态度和关系的过程。

(4)组织内部式谈判

组织内部式谈判的各方通常情况下是通过各自的代表进行谈判的。然而,谈判代表在谈判达成一致前,必须与各自所代表的团体意见一致。如工会代表在与雇主代表谈判之前,会在工会内部协商出一致的概念、态度,这个一致的意见对于之后的谈判是必要的。

2.谈判的方法

谈判有两种基本方法,即分配式谈判和整合式谈判。

(1)分配式谈判(Distributive Bargaining)

分配式谈判最明显的特点是在零和条件下操作。与"讨价还价"相似,一方所获得的任何收益恰恰是另一方所付出的代价。例如,你从卖家那里砍下来的每一元都让你省了钱;相反,卖家多得的每一元都让你多花了钱。因此,分配式谈判的本质是就一份固定大小的利益谁应分得多少进行协商。固定大小的利益(Fixed Pie)是指谈判双方用来分配的产品或服务在量上是固定的。如果利益大小固定,或者谈判双方认为如此,他们往往就会进行分配式谈判。

当进行分配式谈判时,所能采取的有效行动之一就是首先出价,并给出一个激进的价位。强势的个体更有可能首先出价,在会议中先发言,因此而获得优势。而且,人们往往会聚焦于最先出现的信息。一旦形成锚定偏见,人们很难根据随后的信息进行准确的调整。聪明的谈判者会通过首先出价来设定基准,而这样的基准可以为设定者提供极大的帮助。

分配式谈判的另一种策略是提出最后期限。提出最后期限的谈判者会加快谈判对手让步的速度,迫使对方重新考虑自身的立场。虽然谈判者并不认为这个策略切实有效,但在现实中,提出最后期限的谈判方往往会做得更好。

案例链接 8-5　工资谈判

何琳是一位人力资源经理,她正与公司打算聘用的新员工张伟进行工资谈判。张伟深知自己是该公司急需的技术人员,所以他决定采取强硬立场,要求极高的工资和福利待遇。然而何琳告诉他,公司无法满足他的要求。于是张伟答复再仔细考虑一下是否加入该公司。由于担心张伟被竞争对手得到,何琳告诉张伟此次招聘是有时间限制的,需要在三天内给出答复,否则她就会把这个工作岗位提供给另一名求职者。

(2) 整合式谈判（Integrative Bargaining）

与分配式谈判相反，进行整合式谈判是基于这样的假设：有一种或多种能够实现双赢的解决方案。当然，整合式谈判必须通过双方的共同合作才能奏效。

案例链接 8-6　赊销货款的优惠策略

国内很多企业赊账销售，货款收回困难就会导致资金周转困难，甚至产生坏账。面对这一难题，某装饰品公司对销售的商品进行现金折扣，制定专门的信用条件和政策，以促进买方及时付款。例如，给供应商提供 3/10，1/20，n/30 等信用条件，如果买方没有利用而放弃折扣就会产生相应的机会成本，所以买方会根据优惠条件提前支付货款。企业可以基于对客户资信情况的认定给予客户赊销方面的优惠，制定合理的信用政策，这也是企业财务管理方面的一种整合式谈判。

对于发生在组织内部的行为，当其他条件既定时，整合式谈判比分配式谈判更为可取，因为前者能够构建长期的合作关系。整合式谈判可以使谈判双方团结起来，并让每一方离开谈判桌时都感到自己圆满实现了目标。相反，分配式谈判则会使其中一方成为失败者，而当谈判双方需要长期共同合作时，它可能会导致双方加深分歧甚至产生憎恨。研究显示，当需要进行多次谈判时，如果本次谈判的"输"方对谈判结果持积极态度，则更可能在以后进行合作性的谈判。这指出了整合式谈判的一个重要优势：即使你"赢"了，你也希望对方对本次谈判感到满意。

整合式谈判要想取得成功，必须具备一些条件，包括信息的公开以及谈判双方的坦诚、对另一方需求的敏感性、双方的信任、双方保持灵活性的意愿。由于组织中通常达不到这些条件，因此谈判常常采取零和方式。

知识链接 8-1　双赢谈判的策略

组成团队来进行谈判的个体要比单枪匹马进行谈判的个体更容易通过整合式谈判达成协议。因为有更多人在谈判桌上时会集思广益，从而产生更多的办法。因此，要努力争取以团队的形式进行谈判。

实现双赢的另一种办法是把更多事项摆上谈判桌。在谈判中引入的事项越多，相互妥协的机会就越大，因为每一方都可以换取自己更倾向的条款。与针对每个事项分别进行谈判相比，这个办法会给谈判双方带来更好的结果。此外还要把重点放在双方的根本利益上，而不是只去关注问题。举例来说，上司应该更关注员工想要加薪的理由，而不是加薪的数量。如果双方可以专注于彼此真正想要的，而不是特定的谈判条目，整合式谈判也许能带来一些潜在的有利结果。

折中可能是实现双赢谈判的最大敌人。折中会减少进行整合式谈判的压力。毕竟，如果你或你的对手很容易做出让步，就不需要任何人发挥创造力来达成一项更好的解决方案。反之，如果谈判双方不得不考虑对方的利益，对谈判事项进行反复权衡并且努力发挥创造力，那么最终达成的方案会更胜一筹，更好地满足双方的利益。就像那个经典的例子：两姐妹为了一个橘子发生争执，而她们不知道的是，其中一个人想喝橘子汁，而另一个人则想用橘子皮烤蛋糕。如果一方轻易让步并把橘子给另一方，她们就不会被迫去讨论彼此想要橘子的原因，也就不会发现双赢的解决方案——她们都能得到这个橘子，因为她们需要使用的是橘子的不同部分。

8.2.3 谈判过程

图 8-3 提供了一个简化的谈判过程模型，该模型表明，谈判包括以下五个阶段。

（1）准备与计划

在谈判之前需要做一些必要的准备工作。需要明确自己想从谈判中得到什么，目标是什么。以下做法会对你有所帮助：把你的目标写下来，找到自己所能接受的范围，并把精力集中在这上面；需要评估一下对方对自己的谈判目标有何想法，可能会提出什么要求，坚守立场的程度，有哪些隐含的重要利益，希望达成怎样的协议等；还要明确各方达成协议的最低接受方案。本方的最低接受方案决定了可接受的最低报价水平，只要得到的报价不低于此水平，谈判就不会陷入僵局。同样，如果本方报价低于对方的最低接受方案，谈判也无法成功。

图 8-3　谈判过程模型

（2）界定基本规则

制订出计划和策略之后，即可和对方就谈判本身的规则和程序进行协商，如谁将进行谈判、在哪里进行、谈判期限、谈判陷入僵局后遵循怎样的程序等。在本阶段，谈判各方会交流最初报价及基本要求。

（3）阐述与辩论

各方交换了最初意见后，即开始就本方的提议进行解释、阐明、澄清、论证及辩论。本阶段不一定是对抗性的，它可以成为各方就一些问题交换信息的机会，如为什么某些问题较为重要、怎样让各方达成最终协议等。在本阶段，各方会交换支持本方观点的材料，为下一阶段做准备。

（4）讨价还价与问题解决

谈判就其实质而言，是一个为达成协议而相互让步、妥协的过程。在本阶段中，除了据理力争之外，还要有目的、有计划地让步，以期在达成协议的前提下，使本方利益最大化。

（5）结束与实施

在讨价还价并达成协议之后，还要将达成的协议规范化，并为实施和监控制定出所有必要的程序。在本阶段中，需要在订立正式协议的同时敲定各项细节，为协议的执行做好所有需要的准备工作。

8.2.4 谈判效果中的个体差异

是否有些人天生就是更好的谈判者？答案比你想象的还要复杂。有四种因素会影响个体在谈判中的效果：人格、心情/情绪、文化以及性别。

1. 人格与谈判

如果你对对方的人格有一定的了解，那么你是否能够预测其谈判策略？由于人格和谈判结果只有微弱的相关性，因此这个问题的答案最多是"在一定程度上"可以预测。大多数与此相关的研究都把重点放在大五人格特质中的随和性上，原因很明显，随和的人乐于合作、顺从、善良、不喜欢冲突。我们可能认为，这样的特征会使随和的人在谈判中轻易成为他人的猎物，尤其是在分配式谈判中。然而，证据显示，总体上看随和性与谈判结果之间的关联很弱。

随和性，或总体来说，人格对谈判结果的影响程度，取决于当时的情境。比如，外倾性在谈判中的重要程度，取决于另一方对自信和热情的人会做出什么样的反应。而令随和性变得复杂的一个因素是它的两面性：乐于合作和顺从只是一方面，另一方面，随和的人也会表现得温暖和善解人意。前者也许会对有利的谈判结果造成阻碍，后者则会起到帮助作用。毕竟，同理心是一种能力，可以帮助你从别人的角度看待问题，从中获得新的认识和理解，即换位思考有利于整合式谈判。所以随和性之所以对谈判没什么影响，也许是因为它的这两个方面的作用相互抵消了。从这个角度来讲，最好的谈判者应该是争强好胜又善解人意的，最糟糕的谈判者则是性格温和又不善解人意的。

谈判的类型与人格特质也具有相关性。相比分配式谈判，随和的人在整合式谈判中表现得更加积极，感受到的压力更少（通过测量他们的皮质醇水平）。低水平的压力会带来更有效的谈判结果。在针锋相对的分配式谈判中，泄露信息会对自己造成不利，而外倾性高的谈判者往往会分享过多的信息，故表现得就没那么好了。

2．心境/情绪与谈判

心境和情绪对谈判的影响同样取决于谈判类型。例如，愤怒对谈判结果的影响，会受权力大小的制约。如果想在谈判中表现出愤怒，首先要确保自己至少拥有和对方同样大的权力。如果你的权力较小，表达愤怒反而会刺激对方采取强硬手段。其次是你的愤怒有多真实。"假装"愤怒，或者通过所谓的表层扮演表现出来的愤怒并没有效果，真实的愤怒（所谓的深层动作）才是有效的。愤怒的谈判效果似乎与文化也有一定的关联。例如，一项研究发现，与美国和欧洲相比，当东方人表现出愤怒时，会使对方做出更多的让步，这也许是因为刻板印象中的东方人一般都会克制自己的怒气。

另一个与谈判相关的情绪是失望。一般来说，谈判者在感觉到对方的失望之后会做出更多的让步，因为对方的失望会使很多谈判者感到内疚。在一项研究中，每位学生拥有100个筹码用来讨价还价，那些表现出失望情绪的谈判者，平均比没有表现出失望的谈判者多得到14个筹码。

综上，情绪——尤其是消极情绪——会对谈判产生影响。情绪的不可预测性甚至会影响谈判的结果。研究人员发现，谈判者如果以不可预测的方式表达积极或消极的情绪，会使对方做出更多的让步，因为这会减少对方的控制力。正如一位谈判家所说，"谈判的过程可能会出乎你的意料，当你正专注于某件事的时候对方可能会突然谈到另一件事，这就使你不得不转移话题并做出调整。"

3．文化与谈判

文化背景不同的人其谈判方式也不同吗？答案显然是肯定的。但这当中有很多微妙之处，不能简单地说"某国的谈判者最好"，谈判成功与否还要取决于情境。

首先，相比跨文化谈判，来自同一文化的人可以更有效地进行谈判。例如，哥伦比亚人和本国人谈判就比和斯里兰卡人谈判更容易。其次，在跨文化谈判中，谈判者的开放性尤为重要。这表明，在跨文化谈判中要尽可能选择开放性高的谈判者，还要避免那些会阻碍双方相互了解的因素，比如时间压力。

最后，由于情绪具有文化敏感性，因此跨文化谈判中的双方需要特别注意彼此的情绪波动。例如，一项研究专门对比了美国和中国谈判者对愤怒的反应，结果发现中国的谈判者会增加使用分配式谈判策略，而美国谈判者则会减少使用这些策略。也就是说，中国谈判者一旦看到对方发怒，就会使用更加强硬的谈判手段，而美国谈判者面对对方的愤怒会做出让步。为什么会有这样的差异？这可能是因为在东方文化中，谈判时利用愤怒来获取好处不是一种合理的策略，所以当他们的对手发怒时他们的回应就是拒绝合作。

4．性别差异与谈判

在组织行为学的很多领域中，男女差异并没有那么明显，但谈判不属于这种情况。男性和女性的谈判方式存在差异，这一点显而易见，这些差异也会影响谈判的结果。

一个较为普遍的刻板印象是，谈判中的女性比男性更乐于合作且令人愉快。虽然这种说法存在争议，但确实有一定的道理。男性通常更重视地位、权力、认可，女性则更注重同情和利他。此外，女性往往比男性更加重视关系结果，男性则比女性更加重视经济结果。

这些差异会对谈判行为和谈判结果造成影响。与男性相比，女性往往表现得不那么自信，也不那么自私，并且更愿意适应他人。其他谈判者会利用女性的这种谈判方式，比如，给她们较低的工资。某项研究表明，"女性谈判者得到的个人结果要比男性差，两名女性在谈判时建立的总价值要低于两名男性谈判时的总价值。"

所以该如何改变这种劣势？首先，组织文化可以起到作用。改变刻板印象（男性在谈判中争强好胜，女性在谈判中倾向于合作），让争强好胜的女性谈判者和爱好合作的男性谈判者知道，他们的谈判风格并不是违背别人的期望。其次，在个人层面上，女性可以控制自己的谈判行为。

案例链接 8-7　如何赚取合理的报酬

> 自由撰稿人陈莹决定，每当有人给她的作品出价时，她都要说："我觉得应该再高点。"尽管一开始陈莹感觉这一策略实施起来很困难，但是当她发现这种方法使她写的每篇故事都比之前多赚了几百美元后，这一策略就变得简单多了。此外，要实行这样的策略，当事人要提前对市场做些了解。网页设计师小美怀疑自己每小时30美元的收费会不会太低，于是她开始四处询问，最终发现自己确实低了，而且低得离谱。现在她设计网页每小时至少收取80美元。

在谈判中，懂得利用"女性魅力"，如眼神接触、微笑、风趣幽默、频繁地称赞对方的女性谈判者，比不会利用这些优势的女性表现得更好。男性则无法在谈判时通过这些行为得到好处，无论他们的谈判对象是男是女。

8.2.5　第三方谈判

有时候谈判中的个体或者群体代表会陷入谈判僵局，无法通过直接谈判来解决分歧。在这种情况下，他们会寻求第三方的帮助以找到一种解决办法。在谈判中，第三方主要扮演三种基本角色：调停人、仲裁人、和解人。

调停人（Mediator）是使用推理、说服、提出其他方案等措施来帮助谈判双方达成解决

方案的中立第三方。调停成功的关键因素是冲突双方必须愿意通过谈判来解决他们的冲突。另外，当冲突强度处于中等程度时，调停最为有效。最后，谈判双方对调停人的印象也很重要，要想变得有效，调停人必须被谈判双方认为是中立的、非强制的。浙江电视台《钱塘老娘舅》节目中的"老娘舅"就是非常受观众和委托人信任的调停人。

仲裁人（Arbitrator）是运用自身权威来达成协议的第三方。仲裁可以是自愿的（谈判双方主动要求的），也可以是强制的（法律或合同迫使谈判双方付诸仲裁）。相比调停来说，仲裁最大的优点在于它总会达成一项解决方案。这种做法是否存在副作用，取决于仲裁人的强硬程度。如果仲裁使得其中一方感到彻底失败，显然该方不会满意，之后冲突有可能再度发生。

和解人（Conciliator）是受谈判双方信任，为谈判双方之间提供非正式的沟通渠道的第三方。在实践中，和解人通常不只是充当沟通渠道，他们往往还要调查实情、解读信息并说服争论双方达成协议。

案例链接 8-8　阿里政委

在阿里巴巴，政委是一个神秘的人力资源岗位。

通俗解读：政委在阿里又称 HRG（HR Generalist），可译为 HR 多面手，就是什么都要管的意思。

专业解读：阿里政委实质是公司派驻到各业务线的人力资源管理者和价值观管理者，与业务经理一起做好所在团队的组织管理、员工发展、人才培养等方面的工作。

Q：阿里政委什么时间开始做？

阿里巴巴政委体系起源于 2004—2005 年间，灵感来自当时两部热播的军事题材连续剧《历史的天空》和《亮剑》。阿里创始人马云一直在想，如何保证在企业层级增多、跨区域发展成为趋势的情况下，在一线员工中保证价值观的传承，同时在业务和人力资源培养方面提供更快捷的支持。政委体系是一个绝妙的载体。

Q：阿里为什么要用政委体系？有两个原因：

① 业务发展需求。2004 年"非典"后，阿里 B2B 业务高速成长，而高速成长行业的特点是人才低位高用，从人力资源配置角度来说，机会多、工作多、人不够。阿里就有必要配置另外一条线，让一个有经验、有文化，且对于组织建设有经验的人辅助业务经理，帮业务经理管好队伍、建好队伍。

② 战略发展需求。阿里想要走 102 年，政委设立的初衷是保证企业的长远发展，避免业务经理基于短期业绩压力采取短期的做法。业务线的人看季度、年度目标完成情况就够了，政委至少要看一两年以后的事情，以及整个文化传承和干部培养的问题。

Q：阿里政委是怎么定位的？关键是两句话：

① 上得厅堂：能进行组织诊断，发现真正的问题，具备 HR 专业能力，提出并实施解决方案。

② 下得厨房：做有温度的 HR，陪伴员工成长，有独立的思考和判断，敢于说真话丑话。

Q：阿里政委特色工作有哪些？有四句话：

①"揪头发"：你知道你的上级在想什么吗？你知道你上级的上级在想什么吗？上一个台阶看问题，把问题揪出来，揪上去。多方位、多角度考虑问题，有全局观。

②"照镜子":认识真实的自己,肯定自己的优点,发现自己的短板。美己之美,美人之美。照镜子又分照下属、照自己、照同事和照老板,都要做到及时交流,定期回顾。

③"摸温度":及时感知所在团队的状况,判断团队士气是否过于低落,需要设法振奋一下;团队士气是否高烧不退,需要降一下温。

④"闻味道":每个组织都有自己的气场,管理者既要有敏感度和判断力,又要懂得望闻问切。望:透过现象看本质;闻:感受,闻气味;问:沟通;切:以小见大,切中要害。

(资料来源:赵东存. 界面新闻. 2015.07)

练习题

一、单项选择题

1. (　　)是指双方通过积极地解决冲突来寻求互惠和共赢。
   A. 竞争　　　　B. 折中　　　　C. 协作　　　　D. 迁就
2. (　　)与工作的内容和目标有关。
   A. 关系冲突　　B. 任务冲突　　C. 程序冲突　　D. 互动冲突
3. (　　)似乎最有可能使个体出现心理耗竭。
   A. 关系冲突　　B. 任务冲突　　C. 程序冲突　　D. 互动冲突
4. (　　)是使用推理、说服、提出其他方案等措施来帮助谈判双方达成解决方案的中立第三方。
   A. 和解人　　　B. 调停人　　　C. 仲裁人　　　D. 顾问

二、多项选择题

1. 影响谈判效果的个体差异包括(　　)。
   A. 人格　　　　B. 情绪　　　　C. 性别　　　　D. 文化
   E. 身高
2. 属于冲突处理的行为意向包括(　　)。
   A. 竞争　　　　B. 协作　　　　C. 回避　　　　D. 迁就
   E. 折中
3. 根据谈判人员的输赢导向,谈判分为(　　)四种基本类型。
   A. 赢-输式谈判　　　　　　　　B. 双赢式谈判
   C. 态度建构式谈判　　　　　　　D. 整合式谈判
   E. 组织内部式谈判

三、思考题

1. 传统冲突观和互动冲突观有哪些差异?
2. 冲突的三种类型和三种范围是什么?
3. 冲突的过程分为哪几个阶段?
4. 谈判过程的五个阶段是什么?
5. 个体差异是如何影响谈判的?

四、案例分析

高铁招标

这是一个被写入美国斯坦福大学教科书的经典案例。

2004年6月17日，铁道部委托中技国际招标公司为铁路第六次大提速进行时速200公里动车组招标。这次招标公告明确投标企业必须是"在中华人民共和国境内合法注册的，具备铁路动车组制造能力，并获得拥有成熟的时速200公里铁路动车组设计和制造技术的国外合作方技术支持的中国制造企业（含中外合资企业）"。这段话有两个意思：第一，投标企业必须是中国企业，西门子、庞巴迪、阿尔斯通以及日本高铁制造企业本来想直接参与投标，这一条件将它们挡在了门外；第二，中国的企业也不能随便投，必须有拥有成熟技术的国外企业的支持，这一条件又把"中华之星""蓝箭"等国产动车组挡在了门外，因为铁道部的真正目标是引进国外先进技术。这次招标了还明确规定了三个原则：第一，关键技术必须转让；第二，价格必须最低；第三，必须使用中国品牌。

同时，铁道部只指定了两家企业能够技术引进，一家是南车集团的四方机车车辆股份有限公司（以下简称南车四方），另一家是北车集团的长春客车股份有限公司（以下简称北车长客），这被称为"战略买家"。西门子、阿尔斯通、庞巴迪、日本高铁制造企业都明白，这次招标虽然只有140列动车组订单（140列对于它们而言已经非常多了），只是针对第六次大提速，但是《中长期铁路网规划》描绘的"四纵四横"高速铁路网建设可是世界上从来没有过的高铁大市场。

铁道部还要求，投标前国外厂商必须与中国国内机车车辆企业签订完善的技术转让合同，否则就取消投标资格。铁道部还设置了一个考核环节，叫作"技术转让实施评价"，考察对象是中国投标企业，裁判是铁道部成立的动车组联合办公室（简称"动联办"）。这意味着国外企业作为老师要向国内企业传授技艺，而动联办则只考察国内企业学得怎么样，只要是国内企业没有学好，就不付钱。

6月17日规则正式发布，到7月28日投标截止，中间共有41天时间，四家公司开始对中国的两家公司展开了围猎。早在5月份，日本六家企业就成立了大联合准备与南车四方谈判角逐中国高铁市场。北车长客首选的是西门子，南车四方首选的是日本大联合，庞巴迪因为早在20世纪90年代就与南车四方成立了合资公司，所以它并不为投标资格而担心。唯一发愁的就是阿尔斯通，于是它"脚踏两只船"，一边与南车四方谈，一边又与北车长客谈。

先说南车四方与日本大联合。据媒体报道，对于日本新干线技术，铁道部最初倾向于拥有新干线700系及800系技术的日本车辆制造公司（日车）和日立制作所，但日车及日立均表明拒绝向中国转让新干线技术。此后，中方改向与南车四方有过多年合作的川崎重工招手，当时川崎重工正处于经营困难的时期，于是开始与南车四方进行谈判，准备参与中国这次史无前例的高铁大招标。南车四方也倾向与川崎重工进行合作，毕竟双方早在1985年就已经结成了友好工厂，双方知根知底，比较熟悉。

尽管如此，谈判也艰苦异常。当时南车四方具体负责谈判工作的一位代表A讲了三个细节：第一个细节，当时A 30多岁，而日方参与者都是五六十岁之人，某次具体的谈判颇不顺利，某日方代表表示无法接受其中某条件，威胁要退出谈判，起身欲离开。此时A竟然起身，将茶杯摔在了地上，告诉此日本代表如果他今天从这个门走出去，就永远不要回来。此日本代表竟然就真的没有踏出此门，而是回到谈判桌上继续谈判。第二个细节，据A介绍，在最艰苦的谈判阶段，有一次他竟然三天三夜没有睡觉，而且日方竟然也陪着他三天三夜没有睡觉，他们正谈着，突然发现进行不下去了，因为发现翻译趴在那里睡着了。他们累的时候，也坐在椅子上往后一仰就能睡着，休息一下后接着谈。第三个细节，为了做好这次投标工作，A在酒店房间准备了四台打印机和复印机，就怕万一出点什么问题，但是就在此前一天，已经连续多日无休止工作的四台机器竟然全部烧毁了，只好又找来其他机器打印投标文件。

再说阿尔斯通。阿尔斯通一面跟南车四方谈，一面跟北车长客谈。但是南车四方的首选谈判对象是川崎重工，它跟阿尔斯通谈主要是为了给日本企业施压；而北车长客的首选谈判对象是西门子，给西门子施压也是它跟阿尔斯通接触谈判的重要目的之一。谁知道，西门子竟然认为自己胜券在握，坚持不让步。所以在离投标截止日期只有半个月左右的时间时，北车长客与阿尔斯通的谈判突然加速，并最终在投标截止日期前完成了全部谈判工作。

最后说说西门子。西门子通过此前的情报收集工作，判断他们以ICE3为基础研发的Velaro平台才是当时铁道部最中意的目标，所以在原型车价格以及技术转让价格方面都漫天要价。当时西门子的开价是原型车3.5亿元人民币一列，技术转让费共计3.9亿欧元。此外，他们还在技术转让方面设置了诸多障碍。开标前一天晚上，中方再一次表明态度：每列车的价格必须降到2.5亿元人民币以下，技术转让费必须降到1.5亿欧元以下，否则免谈。德方首席代表靠在沙发椅上，不屑地摇摇头说："不可能。"中方代表把刚刚点燃的一根香烟按灭在烟灰缸里，微笑着回了一句话："各位可以订回程的机票了。"然后拂袖而去。第二天北车长客宣布，决定选择法国阿尔斯通作为合作伙伴，"双方在富有诚意和建设性的气氛中达成协议"。大梦初醒的德国人呆若木鸡。消息一经传开，世界各大股市的西门子股票随之狂泻，放弃世界上最大、发展最快的中国高铁市场，显然是战略性的错误。西门子有关主管执行官递交了辞职报告，谈判团队被集体炒了鱿鱼。

这次招标共分为7个包，每个包20列动车组，根据招标书的规定，每个包里包括1列原装进口的原型车，2列散件进口，在国内完成组装，剩余17列为国产化列车，国产化水平按步骤逐渐提高，到最后一列时国产化率要达到70%。南车四方具体负责技术引进落地实施的某位工作人员在采访中形象地说，第一类叫他们干我们看，第二类叫我们干他们看（随时指导），第三类就是我们自己干，有不明白的地方再向他们咨询。他把这个过程总结为三个阶段，第一个阶段叫"僵化"，就是严格按照外方提供的图纸去做，不求创新只求复制；第二个阶段叫"固化"，就是把学到的一些东西在流程上原汁原味地"固化"下来，做到不走样，制造水准向外方看齐；第三个阶段叫"优化"，是在对工作完全掌握并熟悉后，根据实际情况提出一些优化的建议。当然，这三个阶段都是针对首批60列车而言的，再到后来国内企业都开始自主研发新的车型了，那就是另外一个故事了。

7月28日，也就是投标的最后截止日期，南车四方与日本大联合六家公司结成了联合体，投出了自己的标书；北车长客与阿尔斯通结成了联合体，也顺利投出了自己的标书；庞巴迪以自己与南车四方成立的合资公司为主体也投出了自己的标书；而西门子因为在最后时刻没有找到合适的合作伙伴，只能黯然出局。

2004年8月27日正式开标，南车四方联合体中标3包60列，它们拿出的是东北新干线家族的"疾风号"E2-1000系的缩水版，最高时速250公里，引入中国后被称为CRH2A型动车组。北车长客联合体也中标了3包60列。阿尔斯通最终以"潘多利诺"宽体摆式列车为基础，取消摆式功能，车体以芬兰铁路的SM3动车组为原型，研制了一款动车组，引入中国后被命名为 CRH5A 型动车组。庞巴迪拿出的则是为瑞典国家铁路提供的 Regina C2008 型动车组，引入中国后被命名为 CRH1A 型动车组。

2004 年 10 月 20 日，多方签约活动在北京正式举行，由铁路局、中技国际、南车四方与川崎重工四方签约；铁路局、中技国际、北车长客与阿尔斯通四方签约；铁路局、中技国际与南车庞巴迪三方签约。

当然，后面的故事也很精彩。铁道部对西门子的技术还是很欣赏的，因为铁道部铆足了劲要发展时速 350 公里级别的高速铁路，所以需要引进设计时速 300 公里及以上的动力分散型动车组。而拥有这项技术的只有日本高铁设备生产企业和德国西门子公司（阿尔斯通的 AGV 号称时速 360 公里，但是铰接式转向架技术为铁道部所排斥）。日本企业已经公开声明不会转让时速 300 公里以上的动车组，所以西门子是不二选择。

2005 年 6 月，铁道部又启动了时速 300 公里动车组采购项目。这次铁道部采取了竞争性谈判的方式进行采购。当时准备跟西门子合作竞标的企业有好多家，包括北车的长客公司、唐山厂，南车的株机公司。铁道部当时有意撮合西门子与北车长客的合作，谁知道阿尔斯通跑到中国政府那里告了一状，说铁道部准备"一女二嫁"。于是北车长客与西门子合作的机会就黄了。因为南车四方已经决定在 CRH2A 的基础上自主研发时速 300 公里级别的动车组，考虑到竞争平衡问题，株机公司也出局了。最后唐山厂与西门子公司联合拿下了 60 列时速 300 公里动车组的订单，此时西门子已经学乖了，每列原型车的费用已经降到 2.5 亿元人民币，技术转让费降到了 8000 万欧元；南车四方也拿下了 60 列时速 300 公里动车组的订单，此次招标已经完全以南车四方为主，由铁路局与南车四方直接签合同，川崎重工不再作为联合体的一部分，而只是提供一些技术支持；庞巴迪也四处攻关，其合资企业四方庞巴迪也顺利拿到了 40 列动车组的订单。

通过两次招标，中国企业在铁道部的统筹下，成功获得了日本、法国、德国的高铁技术。如今，CRH380A 型动车组通过了美国律师事务所以及知识产权局评估，中国高铁已经开始在全球四面出击。事实证明中国已经掌握了高铁的核心技术。

（资料来源：林夏．澎湃新闻．2015.10）

问题思考：
1．试论述高铁谈判的成功因素有哪些。
2．该案例对你在今后的谈判中有何启示？

实训项目

实训内容：冲突测试
实训步骤：
1．阅读测试说明，完成托马斯-基尔曼冲突方式测验表的 30 道测试题。

托马斯-基尔曼冲突方式测验表

说明：请想象一下你的观点与另一个人的观点产生分歧的情境。在此类情境下你通常会做出怎样的反应？

下列 30 道题描述了观点产生分歧时可能出现的行为反应。在每一对陈述句中，请在最恰当地描述了你的行为特点的字母"A"或"B"上画圈。（在很多情况下，A 和 B 都不能典型地体现你的行为特点，但请选择较可能在你身上发生的反应。）

1. A 有时我让其他人承担解决问题的责任
   B 与其协商分歧之处,我试图强调我们的共同之处
2. A 我试图找到一个折中的解决方法
   B 我试图考虑到我与对方所关心的所有方面
3. A 我通常坚定地追求自己的目标
   B 我可能尝试缓和对方的情绪来维持我们的关系
4. A 我试图找到一个折中的方案
   B 我有时牺牲自己的意志,而成全他人的愿望
5. A 在制定解决方案时,我总是求得对方的协助
   B 为避免不利的紧张状态,我会做一些必要的努力
6. A 我努力避免让自己感到不愉快
   B 我努力使自己的立场获胜
7. A 我试图推迟对问题的处理,使自己有时间考虑一番
   B 我放弃某些目标作为交换以获得其他目标
8. A 我通常坚定地追求自己的目标
   B 我试图将问题的所有方面尽快摆在桌面上
9. A 我感到意见分歧不总是值得自己担心
   B 为达到我的目的,我会做一些努力
10. A 我坚定地追求自己的目标
    B 我试图找到一个折中的方案
11. A 我试图将问题的所有方面尽快摆到桌面上
    B 我可能努力缓和他人的情绪从而维持我们的关系
12. A 我有时避免选择可能产生矛盾的立场
    B 如果对方做出一些妥协,我也将有所妥协
13. A 我采取折中的方案
    B 我极力阐明自己的观点
14. A 我告知对方我的观点,并询问对方的观点
    B 我试图将自己立场的逻辑和利益显示给对方
15. A 我可能试图缓和他人的情绪从而维持我们的关系
    B 为避免紧张状态,我会做一些必要的努力
16. A 我试图不伤害他人的感情
    B 我试图劝说对方接受我的观点
17. A 我通常坚定地追求自己的目标
    B 为避免不利的紧张状态,我会做一些必要的努力
18. A 如果能使对方愉快,我可能让其保留自己的观点
    B 如对方有所妥协,我也将做出一些妥协
19. A 我试图将问题的所有方面尽快摆在桌面上
    B 我试图推迟对问题的处理,使自己有时间做一番考虑
20. A 我试图立即对分歧之处进行协调
    B 我试图为我们双方找到一个公平的得失组合
21. A 在进行谈判调解时,我试图考虑到对方的愿望
    B 我总是倾向于对问题进行直接商讨
22. A 我试图找到一个介于我与对方之间的位置
    B 我极力主张自己的愿望
23. A 我经常尽量满足我们双方所有的愿望
    B 有时我让他人承担解决问题的责任
24. A 如果对方观点似乎对其十分重要,我会试图满足他(她)的愿望
    B 我试图使对方以妥协解决问题
25. A 我试图将自己立场的逻辑和利益显示给对方
    B 在进行谈判调解时,我试图考虑到对方的愿望
26. A 我采取折中的方案
    B 我几乎总是关心如何满足我们所有的愿望
27. A 我有时避免采取可能产生矛盾的姿态
    B 如能使对方愉快,我可能让对方保留其观点
28. A 我通常坚定地追求自己的目标
    B 在找出解决方案时,我通常求得对方的帮助
29. A 我采取折中的方案
    B 我觉得分歧之处不总是令人担心的
30. A 我试图不伤害对方的情感
    B 我总是与对方共同承担解决问题的责任

2．将选项结果对照 TKI 冲突处理模式量表（见表 8-2），计算五种行为意向的得分。

表 8-2　TKI 冲突处理模式量表

每一种模式的最高得分为 12 分，总分为 30 分。任何一种模式得分超过 6 分，则表明有这种倾向，而少于 6 分则否定了这种倾向。

成对出现的问题	冲突解决方式				
	竞　争	协　作	折　中	回　避	迁　就
1				A	B
2		B	A		
3	A				B
4			A		B
5		A		B	
6	B			A	
7			B	A	
8	A	B			
9	B			A	
10	A		B		
11		A			B
12			B	A	
13	B		A		
14	B	A			
15				B	A
16	B				A
17	A			B	
18			B		A
19		A		B	
20		A	B		
21		B			A
22	B		A		
23		A		B	
24			B		A
25	A				B
26		B	A		
27				A	B
28	A	B			
29			A	B	
30		B			A
得分小计					

注：每一个字母为 1 分，按竖栏统计得分。哪一栏得分最多，你处理冲突的方式就是哪种。如果有两栏得分一致，那么就说明你处理冲突的方式有两种。

3．根据测量的结果，对自己以及团队成员的冲突处理行为意向进行对比分析。

4．教师总结分析五种行为意向的特点，进一步巩固理论知识点。

第 9 章 领导心理与管理

■ 学习目标 ■

知识目标

- 简述领导与管理的区别。
- 阐明经典领导理论及其应用。
- 列举领导方式选择的考虑因素。

能力目标

- 能描述领导者怎样影响和授权给团队成员。
- 能鉴别重要的领导特质和行为。
- 培养处理管理冲突、有效指挥的能力。
- 培养作为领导的个人素质和基本技能。

引导案例 >>> 领导工作

有一天一个男孩问华特（迪士尼创始人）："你画米老鼠吗？"

"不，不是我。"华特说。

"那么你负责想所有的笑话和点子吗？"

"没有。我不做这些。"

最后，男孩追问，"迪士尼先生，你到底都做些什么啊？"

华特笑了笑回答，"有时我把自己当作一只小蜜蜂，从片厂一角飞到另一角采集花粉，给每个人打打气，我猜，这就是我的工作。"

【引入问题】

请问案例中华特为什么在公司里只做"采集花粉"和"给人打气"的工作？

提到领导，我们的脑海中马上会浮现出一长串的名字，林肯、罗斯福、撒切尔夫人……他们是怎样实施领导的？怎样才能成为一个成功的领导者？本章将介绍领导的概念、领导过程以及有效领导的相关理论，并简要探讨如何运用领导理论提高领导的效能。

9.1 领导心理概述

9.1.1 领导的含义

领导是一种重要的管理职能，也是人类社会活动的重要形式。任何一个组织都离不开领导和领导者。过去，人们更多地把领导和拥有某种职务联系在一起，认为领导就是通知和指挥别人。而现代的领导观念认为：领导的实质是一种影响力，指引和影响个人或组织在一定条件下实现某种目标的行动过程。该过程的活动结果是领导者、被领导者、环境三种因素相互作用的函数，用公式表示为

$$领导 = f（领导者，被领导者，环境）$$

领导工作有效性的核心内容是领导者影响力的大小及其有效程度。管理者要实施有效的领导，关键就是要增强其对下属及组织影响力的强度与有效性。

9.1.2 领导手段

领导是一种影响力，其施加作用的主要方式或手段有指挥、激励和沟通。

指挥，是指管理者凭借权威，直接命令或指导下属行事的行为。指挥的具体形式有部署、命令、指示、要求、指导、协调等。指挥是管理者最经常使用的领导手段，它具有强制性、直接性和时效性等特点。

激励，是指管理者通过作用于下属心理来激发其动机、推动其行为的过程。激励的具体形式包括能够满足人的需要，特别是心理需要的各种手段。激励具有自觉自愿性、间接性和作用持久性等特点。激励是管理者调动下属积极性、增强群体凝聚力的基本途径。

沟通，是指管理者为有效推进工作而与他人交换信息、交流情感、协调关系的过程。沟通的具体形式包括信息的传输、交换与反馈，人际交往与关系融通，说服与促成态度（行为）的改变等。沟通是管理者保证管理系统有效运行，提高整体效能的经常性职能。

管理者经常进行各种协调工作。领导也是一种服务，即为下级出主意、提供帮助、创造条件等。这些工作形式与上述三种领导手段有一定程度的交叉。

9.1.3 领导者的影响力

影响力是指一个人在人际交往过程中影响他人思想和行为的能力。领导者影响力的构成是多方面的，其中主要包括以下因素。

1. 职权

职权，又称正式的权力，是由于领导者占据了相应职位而拥有的权力，来源于组织的授权，主要包括以下三种权力。职权的合理使用如表 9-1 所示。

① 支配权。领导者在其分管的工作范围内具有确定工作目标、建立相应组织、制定规章制度、组织开展活动的决策权和对下属的工作调配权。这种支配权是由领导者的地位或在组织权力阶层中的角色所赋予的。

② 强制权。强制权是和威胁相联系的迫使他人服从的力量。在某些情况下，领导者是依赖于强制权来迫使下属服从自己的命令的。下级出于恐惧的心理而服从领导。

③ 奖赏权。奖赏权是指领导者可以通过给予一定的奖励来诱使下属做出组织所希望的行动。当领导者要求下属付出额外的劳动或从事下属岗位职责以外的工作时，就不能通过强制权来迫使下属服从，而要通过奖赏权来诱使下属服从。下级会为了获得奖赏而追随或服从领导。

表 9-1 职权的合理使用

构成	项目			
	性质	作用	作用基础	适用范围
支配权	命令	必须服从	工作需要	工作职责范围内
强制权	惩罚	迫使	下属惧怕	要下属履行职责
奖赏权	奖励	诱使	交换原则	额外工作

2．威信

威信，又称非正式权力，是指由领导者的能力、知识、品德、作风等个人因素所产生的影响力。这种影响力与其在组织中的职位没有必然的联系，而是与特定的个人相联系的。由于这种影响力建立在下属信服的基础之上，因此有时能发挥比正式职权更大的作用。

① 专长权。专长权是指领导者由于自身具有业务专长而拥有的影响力。下级会出于对领导者的信任与佩服而服从领导。

② 表率权。表率权是指领导者率先垂范，由其表率作用而形成的影响力。下级会出于敬佩而追随与服从。

③ 亲和力。亲和力是指领导者借助与部下的融洽与亲密关系而形成的影响力。下级愿意追随和服从与自己有密切关系的领导。

这六种影响力既是领导者权力的来源，又是领导者提高影响力的途径。

案例链接 9-1　松下幸之助的领导经

有人认为管理的最高境界是"无为而治"，即通过对员工的内在控制来激发其工作热情。的确，纪律制度对员工来说只是一种外在控制，效果难以维持，而当员工的内在精神被某种东西控制之后，就会自觉地全身心投入工作之中。优秀的领导者深谙此道，从不对员工强加管制，而是从改善员工的精神状态入手来对其加以引导。

松下电器公司赢得优势的一个重要原因，就在于松下幸之助十分重视人自身的丰富性和完整性，对员工进行价值观的训练和优化。松下规定企业的原则是"认识企业家的责任，鼓励进步，促进全社会的福利，致力于世界文化的进一步发展"。他给员工规定的信条是："进步和发展只能通过公司每个人的共同努力和合作才能实现。"松下幸之助不仅注重团队的发展，更注重人本的挖掘，他提出了"松下精神"，由"产业报国、光明正大、友善一致、奋斗向上、礼节谦让、顺应同化、感激报恩"等七方面内容构成。这些价值观时常被灌输到员工的头脑之中。每天上午8点，遍布日本的87000名松下员工都会背诵他的价值观，放声高唱《松下之歌》。松下电器公司是日本第一家有精神价值观和公司之歌的企业。松下正是通过这种精神价值观的训练，实现了对员工内在状态的控制，从而使员工滋生出源源不断的工作热情与干劲。

松下幸之助曾说："要成为一位有名的企业家，必须去看别人看不到的东西，听别人听不到的声音。"有一天深夜，他打电话到一位干部家中，干部以为老板要做出什么重要的工作指示，没想到，松下幸之助竟说："我突然很想听听你的声音。"在讲究辈分伦理的日本企业，下属突然听到老板这样的话，其受宠若惊的程度可想而知。以如此真诚感性的方式来表达对部属的关怀，任何人接到这样的电话都会觉得备受重视，从而振奋起精神，更努力地投入工作。

问题：
① 案例中松下幸之助运用了哪些领导手段？
② 松下幸之助的领导经有什么过人之处？

分析提示：
① 案例中松下幸之助认为领导是一种影响力，十分重视对员工进行价值观的训练和优化，鼓励进步，激励员工自我成长和发展，注重与员工之间的沟通。
② 领导力是一种影响力和凝聚力，通过对人们施加影响，使人们心甘情愿地、满怀信心地为实现组织或群体目标而努力。

9.1.4 领导与管理的区别

管理的活动是多种多样的，相比领导活动的范围要广泛得多，而领导活动只是组织中若干类管理活动中的一种，两者的区别如表9-2所示。

表9-2 领导和管理的区别

项 目	管 理	领 导
对象	人、财、物、信息	人
变动	小（规范化）	大（因人而异）
管制方法	规章制度、流程	愿景、文化、理念
进行方式	指示、督促、考核	期望、鼓励、承诺
经常用语	效率、标准、系统	荣誉、自觉、激励

根据表9-2分析，可以得出以下结论：领导和管理的性质和工作内容不同。领导是为组织活动指明方向、开拓局面的行为，而管理则是为组织活动建立秩序、维持运转的行为。领导主要解决的是管理过程中战略性的问题，而管理则是解决组织活动的秩序和效率问题；领导从本质上而言是一种影响力，或者说是对他人施加影响的过程，通过这一过程，可以使下属自觉地为实现共同目标而努力。

9.2 领导理论及应用

领导理论可大致分为三类：领导特质理论、领导行为理论和领导权变理论。

9.2.1 领导特质理论

特质理论也称"伟人"理论，是研究领导者的心理特质与其影响力及领导效能关系的理论。这种理论阐述的重点是领导者与非领导者的个人品质差别。长期以来，人们一直对"伟人"理论有所争议。

1．传统的特质理论

历史是由秦始皇、成吉思汗或者拿破仑这样的人创造的吗？这样的人是历史造就的吗？这些人是否具有某些品质，足以对人类历史的进程产生重大的影响？还是说，这些人成为领导者仅仅是天时地利人和？这些问题诱发了学者对领导心理特质研究的兴趣。早在 20 世纪 30 年代，心理学家就进行了大量研究，希望发现领导者与非领导者在个性、社会、生理或智力等方面的差异。传统的特质理论研究着重分析领导者以下方面的个人特质：

① 身体要素：年龄、身高、体重、体格、外貌。
② 能力要素：一般智力、判断力、创造力、表达能力、机敏性。
③ 业绩要素：学历、知识、运动技能。
④ 责任要素：可靠性、主动性、持久性、果敢性、自信心、顽强精神。
⑤ 参与要素：能动性、社交性、协调性、适应性、幽默感。
⑥ 性格要素：自信、适应、支配性、指向性、保守性。

2．现代领导素质理论

现代学者也对领导者应具备的素质进行了大量研究。有人提出领导者必须学习和具备技术技能、人际技能、概念技能这三种技能。①技术技能指领导者必须通过以往经验的积累，及新学到的知识、方法和专门技术，掌握必要的管理知识、方法、专业技术知识、计算工具等；②人际技能指领导必须善于与人共事，实施有效领导，善于将行为科学应用到管理中，包括员工激励、帮助、协调、沟通等；③概念技能指领导者必须了解整个组织及自己在该组织中的地位和作用，了解部门之间相互依赖和制约的关系，了解社会团体及政治、经济、文化因素对企业的影响，具有良好的个人品德和素质，有高度的事业心和进取精神，善于将社会学、心理学、经济学、市场学及财政金融知识应用到管理中。当一个人从较低的领导阶层上升到较高的领导阶层时，其所需要的技术技能相对减少，而需要的概念技能则相对增加。技术技能和概念技能可能随领导阶层的不同而有所变化，但人际技能则对每个阶层的领导者都具有重要意义。不同层级管理者的技能分配比例如图 9-1 所示。

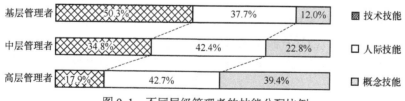

图 9-1　不同层级管理者的技能分配比例

总之，大量的研究表明，具有某些特质确实能提高领导者成功的可能性，但没有一种特质是成功的保证。

9.2.2　领导行为理论

领导行为理论主要研究领导者应该做什么和怎样做才能使工作更有效，即研究领导者的行为风格对领导有效性的影响。其研究集中在两个方面：①领导者关注的重点是什么，是工作的任务绩效，还是群体维系；②领导者的决策方式，即下属的参与程度。由于这两大因素的不同，产生了形形色色的领导方式。领导行为理论的成果丰硕，这里重点介绍管理方格理论。

管理方格理论是由美国管理学家布莱克和莫顿于 1964 年提出的。他们认为，领导者在对生产（工作）的关心与对人的关心之间存在着多种复杂的领导方式。因此，用二维坐标图来加以表示：以横坐标代表领导者对生产的关心；以纵坐标代表领导者对人的关心。横纵坐标各划分九个格，反映关心的程度。这样共形成 81 种组合，代表各种各样的领导方式。如图 9-2 所示。

扫一扫看微课：
领导方格理论

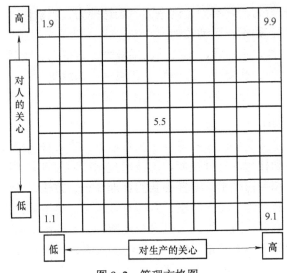

图 9-2　管理方格图

管理方格中有五种典型的领导方式，简要分析如下：

① 1.1：贫乏的管理（放任式管理）。这类领导者既不关心生产，也不关心人，是一种不称职的管理。

② 1.9：俱乐部式管理。这类领导者不关心生产任务，而只关心人，热衷于融洽的人际关系。这不利于生产任务的完成。

③ 9.1：任务式管理。领导者高度关心生产任务，而不关心员工。这种方式有利于短期内生产任务的完成，但容易引起员工的反感，不利于激发员工的积极性和创造性，于长期管理不利。

④ 9.9：团队式管理。这类领导者既关心生产，又关心人，使人和生产两方面都很好地结合起来，是一种最有效、最理想的状态。但是，在现实中是很难做到的。

⑤ 5.5：中间式管理。即领导者对生产的关心与对人的关心都保持在中间状态。在现实中相当一部分领导者都属于这一类。

一个领导者较为理性的选择是：在不低于 5.5 的水平上，根据生产任务与环境等情况，在一定时期内，在关心生产与关心人之间做适当的倾斜，实行一种动态的平衡；并努力向 9.9 团队式管理靠拢。

9.2.3 领导权变理论

权变理论又称情境理论。领导权变理论认为,不存在一种普遍适用、唯一正确的领导方式,只有结合具体情境,因时、因地、因事、因人制宜的领导方式,才是有效的领导方式。其基本观点可用下式反映:

$$\text{有效领导} = f(\text{领导者},\text{被领导者},\text{环境}) \quad [E=f(L, F, S)]$$

即有效的领导是领导者自身、被领导者与领导过程所处的环境的函数。

领导权变理论,从时间上来说,比领导特质理论和领导行为理论晚;从内容上说,是在前两类理论的基础上发展起来的。它所关注的是领导者、被领导者和环境之间的相互影响。代表性的理论有:费特勒模型、不成熟—成熟理论、应变领导模式理论、路径-目标理论。

这里重点介绍"路径—目标理论"。加拿大多伦多大学教授豪斯(R. Hourse)把激发动机的期望理论和领导行为理论结合起来,提出了路径—目标理论。该理论认为,领导者可以而且应该根据不同的环境因素来调整自己的领导方式和作风。领导方式是由环境因素决定的,环境因素包括两个方面:①下属的特点,包括下属受教育的程度,下属对于参与管理、承担责任的态度,对本身独立自主性的要求程度等,领导者对于改变下

扫一扫看微课:
路径—目标理论

属的特点一般是无能为力的,但可通过改变工作环境来充分发挥下属的特长;②工作环境特点,主要指工作本身的性质、组织性质等。

路径—目标理论认为,领导者没有固定不变的领导方式,要根据不同的环境选用适当的领导方式。领导方式可分为四种:

① 指令型领导方式。给下属明确任务目标,明确职责,严密监督,通过奖惩控制下属的行为。当工作任务模糊不清、变化大或下属对工作不熟悉,没有把握,感到无所适从时,这种方式是合适的。

② 支持型领导方式。对下属友好,平等对待,关心下属的生活福利。这种领导方式特别适用于工作高度程序化,让人感到枯燥乏味的情境。既然工作本身缺乏吸引力,下属就希望上司能成为满意的源泉。

③ 参与型领导方式。鼓励下属参与任务目标决策和解决具体问题。当遇到相当复杂需要组织成员间高度的相互协作的任务时,或当下属拥有能足够胜任工作的能力并希望得到尊重和自我控制时,采用这种方式是合适的。

④ 目标导向型领导方式。这是参与型领导方式的一种特殊类型,主要强调目标设置的重要性,领导者通过为下属设置富有挑战性的目标和鼓励下属完成这些任务来管理下属。只要下属能完成目标,他们就有权自主决定怎么做。

路径—目标理论强调领导的有效性取决于领导行为、下属、任务之间的协调配合,领导者的职责在于帮助其下属实现个人目标并确保这些个人目标与组织目标或群体目标相一致。根据对追随者的特性和所处环境特点的分析,有针对性地选择恰当的领导方式,就能使下级获得满足,有效地实现组织的目标,如图9-3所示。

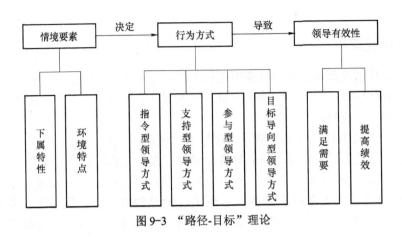

图 9-3 "路径-目标"理论

9.2.4 领导理论的新发展

近年来领导理论又有了一些新进展，主要包括领导者—成员交换理论、领导归因理论、魅力型领导理论以及交易型领导与变革型领导理论等。这些理论都有一个共同点，那就是它们都减少了理论上的复杂性，而从普通人的角度来看待领导这一现象。

1．领导者—成员交换理论

领导者—成员交换理论是由格里奥（G. Graeo）提出的。该理论认为，领导者对待下属的方式是有差别的；组织成员关系的集合中往往会包括一小部分高质量的交换关系（圈内成员之间）和大部分低质量的交换关系（圈外成员与圈内成员之间）。一般来说，领导者倾向于将个人特点（如年龄、性别、态度）与领导者相似、有能力、性格外向的人选为圈内人，其他下属则成为圈外人。圈内人受到领导者的信任，得到领导者的格外关照和特权，得到的绩效评估等级更高，对领导者更满意；而圈外人则与领导者交往的时间较少，得到的奖励机会也较少，他们与领导者的关系多数仅限于正式职务关系。

有很多的研究为该理论提供了支持性的证据，领导者对待下属的方式的确是有差异的，在实际工作中，应当注意防止这种圈内交换关系变成裙带关系，滋生腐败，或是形成同质性的小群体，从而导致缺乏创新。

2．领导归因理论

领导归因理论（Attribution Theory of Leadership）是在归因理论的基础上，由米切尔（T. R. Mitchell）首先提出的一种领导理论。这种理论指出，领导者对下级的判断会受到领导者对其下级行为归因的影响。但领导者对下级行为的归因可能有偏见，这将影响领导者对待下级的方式；领导者对下级行为归因的公正和准确程度也将影响下级对领导者遵从、合作和执行领导者指示的意图。领导者典型的归因偏见是把组织中的成功归因于自己，把失败归因于外部条件，把工作的失败归因于下级，把工作的成功归因于自己。而员工可能会把他们的绩效归因于领导者，从而导致对他们的领导者形成积极的或消极的态度。

归因是指个体对他人或自己行为的原因进行理解的过程。通过归因，个体能够清楚他人行为是基于内因还是外因，从而有助于理解、评价、影响他人的行为。领导归因理论指出，领导者对下属行为原因的解释，尤其是对下属工作绩效的归因影响着管理措施的采用。研究发现，领导者对下属的归因常犯基本的归因错误，即在对他人的行为进行归因时，倾向于低估外部因素的影响，高估内部因素的影响。此外，对于地位较高的员工来说，领导者更可能把绩效高归为内部因素；而对于地位较低的员工来说，领导者更可能把绩效低归为内部因素。

领导归因理论表明，领导者观察下级行为表现及所处环境，做出归因分析和判断；再根据归因结果做出相应的行为反应。在归因分析和判断中，领导者根据自己的观察把下级的行为归于外因或内因，但这期间受两方面因素的影响，其一是观察线索，即领导者要考虑下级行为的差异性（是仅对此项工作还是所有工作）、普遍性（是仅其一人如此还是全体皆然）和一贯性（是偶尔为之还是长期如此）；其二是领导者的个人偏见。在领导者的行为反应中同样也受两方面因素的影响，即对所造成后果影响的认识和领导者的偏见。

因此，克服领导者的归因偏见是有效领导的重要条件之一。领导归因理论的主要贡献在于提醒领导者要对下级的行为做出准确"诊断"，并"对症下药"，才能实现有效管理。

3．魅力型领导理论

魅力型领导理论（Charismatic Leadership Theory）是指领导者利用自身的魅力鼓励追随者并做出重大组织变革的一种领导理论。20 世纪初，德国社会学家韦伯（M. Weber）提出"Charisma"，即"魅力"的概念，意指领导者对下属的一种天然的吸引力、感染力和影响力。从 20 世纪 70 年代后期开始，一些学者对这一概念重新做了解释和定义，进行了深入的研究，加入了新的内容，并且有不少研究者试图确认具有领袖魅力的领导者的个人特征。

豪斯（R. House）于 1977 年指出，魅力型领导者有三种个人特征，即高度自信、支配他人的倾向和对自己的信念坚定不移。随后，本尼斯（W. Bennis）在研究了 90 名美国最有成就的领导者之后，发现魅力型领导者有四种共同的能力：树立远大目标和理想；明确地对下级讲清这种目标和理想并使之认同；对理想的贯彻始终和执著追求；知道自己的力量并善于利用这种力量。但对魅力型领导者做出最全面分析的是来自麦吉尔大学的康格（J. Conger）与凯南格（R. Kanungo），他们概括出魅力型领导者区别于无魅力领导者的下述特征：

① 他们反对现状并努力改变现状。
② 设置与现状距离很远的目标愿景。
③ 对自己的判断力和个人能力充满自信。
④ 能深入浅出、言简意赅地向下属说明自己的理想和目标，并使之认同。
⑤ 采取一些新奇、违背常规的行为，当他们成功时，会引起下级的惊讶和赞叹。
⑥ 对环境的变化非常敏感，并采取果断措施改变现状。
⑦ 经常依靠专长权力和参照权力，而不只是利用合法权力。
⑧ 经常突破现有秩序的框架，采用异乎寻常的手段达到远大的目标。
⑨ 被认为是改革创新的代表人物。

但一些学者的研究也指出，魅力型领导者也可能存在消极的一面。如果魅力型领导者过分强调个人需要高于一切，要求下级绝对服从，或利用其高超的说服能力误导或操纵下级，则可能产生不良结果。例如，希特勒就是一个非常典型的魅力型领导者，但是他却利用这种魅力发动了灾难性的战争。

魅力型领导理论从 20 世纪 80 年代起，越来越被研究者所重视。这是因为随着经济全球化的发展，市场竞争日趋激烈，各类组织尤其是企业组织迫切需要魅力型领导者的改革和创

新精神,以应对环境的挑战,进行各种危机管理。康格在1989年提出了一个魅力型领导四阶段模型,四阶段包括:

首先,对环境做持续评估,形成愿景(满心渴望达到的目标)。

其次,运用动听的、说服性的语言和组织成员进行愿景沟通。

再次,构建组织成员的信任和忠诚。下属出于自愿,而非被强迫地支持领导者的真实愿景。领导者进而构建组织成员对其本人及目标愿景的信任和信心,做到这一步,需要冒险精神、非传统的知识和经验以及自我牺牲。

最后,实现愿景。运用角色建模、授权以及一些非传统技术实现愿景。

案例链接 9-2　从林肯看魅力型领导如何打动下属的心

在五美元的纸币上,印着一位伟大的人物,那就是美国第16任总统亚伯拉罕·林肯。他不仅被认为是美国历史上最伟大的总统之一,也被研究者认为是值得当今领导者学习的典范。林肯在树立榜样、共启愿景和善于交流这三方面,体现了魅力型领导的精髓。

一、林肯为组织树立榜样

林肯在担任总统的4年期间,大部分时间是和军队在一起度过的。对于林肯来说,与下属随时接触和正式会议一样的重要,有时甚至更为重要。在1865年战争接近尾声时,林肯频繁到战场看望战士,而且哪里重要他就会在哪里出现。

二、用真实的愿景鼓舞人心

魅力型领导强调愿景。真实的愿景能够鼓舞人心。愿景要明晰而富有挑战性,有意义,经得起时间的考验,既有稳定性又有灵活性。真实的愿景赋予人以力量,它基于对现实的不满,同时又为未来做好准备。

林肯在其整个4年任职期间都在宣讲他心目中的愿景。他的思想既简单又明确,反复强调平等和自由,并不断为他的愿景注入新鲜内容,以使目标的内涵不致减少。内战期间,林肯追溯了过去,然后利用过去和现在连接未来。葛底斯堡演说是林肯所构建愿景的代表,其作用是显著且深远的。

三、林肯的交流手段是讲故事

林肯讲故事主要是为了达到某一目的,而不是为了娱乐。领导学领域的研究成果表明,林肯的方法确实有效,故事是强有力的鼓动手段,可以促使人们忠心耿耿、尽心竭力,而且热情洋溢。美国管理大师奥斯汀认为,"人们主要是通过故事来思考,而不是通过成堆的资料去推理。故事容易记住,并且对听众有教育意义……如果我们真的重视理想、价值、动力和献身精神,就应当发挥故事和神话的作用。"一个合适的故事往往可以减轻拒绝和批评对人造成的强烈刺激,这样既达到了目的,又避免伤害感情。林肯把讲故事的手法发挥到了极致,即使是在与内阁成员进行最严肃的谈话时,仍然抽出时间讲一段逸事,以表明他究竟是怎样想的。而用来讨论政策和国家方针大计的会议,也往往以总统的一段故事来圆满结束。

树立榜样、共启愿景和善于交流这三个方面,体现了一个魅力型领导的基本功。他们也正是凭借这样的本领,使下属心悦诚服,使自己成为整个组织的灵魂人物。

4. 交易型领导与变革型领导理论

本章前面介绍的大多数领导理论,从领导行为理论到领导权变理论,都属于交易型领导理论。它们都强调通过明确的角色或者任务要求来指导下属，或者通过激励下属来实现既定目标。交易型领导的特征是强调交换，在领导者与下属之间存在着一种契约式的交易。在交换中，领导给下属提供报酬、奖励、晋升机会和荣誉等，以满足下属的需要与愿望，而下属则以服从领导的命令指挥，完成其所交给的任务作为回报。尽管下属会服从领导者的要求，但不会产生对组织的热情和忠诚。

另一种类型的领导者是变革型领导者。他们让下属了解组织目标的重要性，鼓励下属将组织利益放在个人利益之上，激发他们高层次的需要，从而对下属产生深远而不同寻常的影响，下属对领导者和组织怀有信任和忠诚感。表9-3概括了交易型领导者与变革型领导者的特点。

表9-3 交易型领导者与变革型领导者的特点

交易型领导者	权变奖励：努力与奖励相互交换原则，良好绩效是奖励的前提，承认成就 通过例外管理（主动）：发现不符合规范与标准的行为，把它们改正为正确行为 通过例外管理（被动）：只有在没达到标准时才进行干预 自由放任：放弃责任，回避决策
变革型领导者	领袖魅力：提供远见和使命感，逐步灌输荣誉感，赢得尊重与信任 感召力：传达高期望，使用各种方式强调努力，以简单明了的方式表达重要意图 智力激发：激发智力、理性和周到细致的问题解决活动 个别化关怀：关注每一个人，针对每个人的不同情况给予培训、指导和建议

（资料来源：斯蒂芬·P. 罗宾斯，《组织行为学》）

案例链接 9-3　杰出的变革型领导者

在现代组织中，最著名的变革型领导者当数通用电气公司曾经的总裁杰克·韦尔奇，从1981年入主通用电气起，在短短20年时间里，他通过对公司的变革型领导，使得通用电气的市值达到了4500亿美元，增长30多倍，排名从世界第十位提升到第二位。

9.3 领导艺术

领导艺术是指领导者在非程序化的管理过程中娴熟巧妙地运用领导科学与经验，以实现高效领导的技巧。领导艺术具有创造性、应变性、综合性、科学与经验相统一等特点。领导艺术的内容很广泛，主要包括用人的艺术、激励的艺术、决策的艺术、监督的艺术、管理时间的艺术、人际交往的艺术、谈话的艺术、赢得威信的艺术和授权的艺术等。善用领导艺术有助于提高领导效能。

1. 用人的艺术

《吕氏春秋·士节》中就有"贤主劳于求贤，而逸于治事"的观点，即贤明的君主把精力放在求贤用人上，而在管理具体事务上则采取超脱的态度。现代的领导者也应该精于用人之道。如何用人的问题可以说是仁者见仁，智者见智，主要表现在以下几个方面：善于识人，善于知人；用人之长，容人之才；正确对待人的短处；用人中要注意人员组合；精于授权；把握好用人的最佳时机；善于保护人才；重视人才的培养与教育。

2．激励的艺术

激励的艺术内容很广泛，这里只介绍管理中常用的奖惩激励艺术。奖惩是修正人行为的重要手段，巧妙运用奖惩方法，可以达到意想不到的激励效果。

① 奖励的艺术。首先，要把握奖励的运时艺术，即把握好奖励的时机；其次，要掌握奖励的语言艺术；再次，要注意奖励的环境艺术；最后，注意奖励方法和方式的选择。

② 惩罚的艺术。惩罚应公平合理、严中有情，并注意方法的选择等。在运用批评方法时应注意：首先，批评要晓之以理；其次，批评要动之以情；再次，批评要把握时机；最后，批评要留有余地。

3．决策的艺术

决策首先是一门科学，应按照科学的原则和程序进行。决策也是一门艺术，在实施中应注意：决策必须统筹全局；实事求是；要有开拓创新精神；注意克服不良情绪；谨慎地权衡方案；发挥群体决策优势；掌握好决策实施的时机。

4．监督的艺术

对决策实施监督是领导者极其复杂的任务，包括绩效评估、员工激励、信息交流和组织协调等内容。监督时机与分寸的掌握会直接影响决策实施的效果。因此，有效监督也是门艺术，主要包括增强绩效意识的艺术；激励下属的艺术；交流信息的艺术；协调的艺术。

5．管理时间的艺术

时间是宝贵的财富，对工作繁忙的领导者来说有效地利用时间尤为重要。而如何安排时间也有一定的技巧。有效的时间管理方法主要包括：精于安排法；开好会议法；授权借时法；排除干扰法；巧用零碎时间法；劳逸结合法。

6．人际交往的艺术

工作中领导者要同形形色色的人打交道，良好的人际关系是做好工作的一个重要基础，在人际交往中要掌握一定的技巧。人际关系形成与发展的规律有吸引接近律、趋同离异律、互需互酬律、交往深化律、交往中和律等。为此，领导者在人际交往中应注意：优化个人形象；寻找共同语言；将心比心，与人为善；谦虚谨慎，不耻下问；学会倾听；培养自己的幽默感。

7．谈话的艺术

领导者在布置工作、与人打交道的过程中都会涉及谈话，在与人谈话时应注意：善于激发对方谈话的愿望；善于启发对方讲实情；善于倾听，不随意打断对方讲话；善于掌握评论的分寸，控制冲动情绪；善于把谈话中的公事和私事分开；收好谈话结尾。

8．赢得威信的艺术

威信是领导者影响力在下属心目中的反映，要赢得威信需要注意以下几点：高尚的品德是赢得威信的前提；智慧和才能是赢得威信的根本；领导者要有大将风度；切忌错误地树立威信，如夸夸其谈的威信、比较的威信、压服的威信等。

9．授权的艺术

授权是指由领导者将自己所拥有的一部分权力授予下级，以期更有效地完成任务并更好地激励下级积极性的一种科学方法与领导艺术。授权的过程包括分派任务、授予权力、明确责任、确立监控权等环节。

练习题

一、单项选择题

1. 领导的实质是一种（　　）。
   A．控制力　　　　B．凝聚力　　　　C．组织过程　　　　D．影响力
2. 在"管理方格法"中，（1.1）方格被称为（　　）。
   A．贫乏的管理方式　　　　　　　B．任务式管理方式
   C．俱乐部式管理方式　　　　　　D．团队式管理方式
3. 路径—目标理论是由（　　）提出来的。
   A．费德勒　　　　B．豪斯　　　　C．布莱克　　　　D．耶顿
4. 关于领导—成员交换理论的说法，正确的是（　　）。
   A．"圈外人"比"圈里人"承担更高的工作责任感
   B．领导者对于"圈里人"会投入更多的时间、感情
   C．在工作中，"圈外人"要比"圈里人"绩效更高
   D．领导—成员交换的过程是单向的

二、多项选择题

1. 领导活动是一个包含多种因素的活动过程，这些因素有（　　）。
   A．领导者　　　　B．作用对象　　　　C．被领导者　　　　D．环境
2. 领导和管理的区别和联系体现在（　　）。
   A．领导和管理的性质和工作内容不同
   B．领导是为组织活动指明方向、开拓局面的行为，而管理则是为组织活动建立秩序、维持运转的行为
   C．领导主要解决的是管理过程中战略性的问题，而管理则是解决组织活动的秩序和效率问题
   D．领导活动只是组织中若干类管理活动中的一种

三、思考题

1. 什么是领导？领导与管理有什么区别？
2. 领导理论的发展线索是怎样的？
3. 领导特质理论有什么局限性？
4. 什么是管理方格理论？
5. 什么是路径—目标理论？

四、案例分析

如此低调的任正非怎样以领导力服人

华为作为中国的巨头公司，闪耀在国际舞台上，取得了令人瞩目的成就。作为华为创始人的任正非对华为的发展节奏和方向有着巨大影响。在企业内部管理上，任正非的领导风格是强硬的、务实的、低调的。他不愿接受记者采访，也很少参加令许多商界精英趋之若鹜的媒体盛事。尽管如此，其杰出的领导力依然能够"引无数英雄竞折腰"。

关于领导,美国前国务卿基辛格博士有一个非常著名的说法:领导就是要让跟随的人们,从他们现在的地方,努力走向他们还没有去过的地方。这一说法很容易理解,但是在具体操作中又对领导者提出了非常高的要求。因为人不是机器,不会无条件地按照领导者的意图去努力工作。

目前,华为已经成为一家名副其实的全球化公司,产品及解决方案被推广至全球170多个国家和地区,并在海外设立了22个地区部和100多个分支机构,全球共有18.8万多名员工。对于这样一家精英云集、发展迅速的高科技企业来说,要具有怎样的领导力才能使它如此高效地运转呢?

1. 理想化影响力

(1) 以目标为导向

任正非非常清楚华为的目标是成就客户梦想,这是其领导力的核心。他对工作充满了激情和动力,一直在努力将公司的目标转化为全体员工的愿景,并总是为客户创造价值而尽心尽力,华为也就成为任正非天生的使命。华为在任正非的带领下,不断地研发新产品,还有很多世界领先的技术,以结网式前进的脚步从中国市场走向了海外市场。

(2) 深入合作共赢的理念

任正非认为竞争的核心是尊重对手,提倡合作共赢的理念。同时在公司的财富分配中,他的理念是每个人都可以分享到公司成长所带来的好处。他说,"华为薪酬激励要管理和分配好坐车人和拉车人的薪酬比例,让拉车人可以比坐车人获得更多,而且要让拉车人在努力拉车时比不努力拉车的拿得多,这样才能激励拉车人。任正非的创业风格和与人分享财富的理念,成为华为战略实施的强大动力。

2. 个性的管理风格

华为在沿袭中国的领导体制的同时,任正非的领导风格也呈现出不同的特点。一方面,任正非对大小事务的决策都会亲力亲为;但另一方面,华为内部的决策又有很多自由空间供员工自己做决定。

比如在公司发展战略、文化建设等重大决策上,任正非坚持"大权独揽,小权分散,集中力量解决重大问题",但在技术研发、任用干部、员工的薪酬分配等方面都采取完全分权的方式。华为的决策体制是一种适度集权下的有限民主,既可以避免个人独裁带来的积弊,又可以防止过度民主带来的效率低下、集体不作为现象。

3. 鼓舞性激励

任正非在华为内部发表的文章超过40篇。每篇文章都集中反映了任正非的个人价值观和世界观,他凭借这种价值观指导着华为前进。从1994年第一次写《致员工书》到如今再次修订,任正非在文中强调,华为公司的共同价值体系和愿景,就是要建立起一种共同为世界、为社会、为祖国做出贡献的企业文化。这种文化为现代青年进入华为提供了精神指导。任正非能够激发他人的斗志,这也是他一直被称道的人格特质。领导力的核心是影响力。从任正非身上我们看到华为精神,这种精神在华为内部蔓延。

4. 智力激发

任正非带领着华为追寻共同的梦想,但他从不认为自己知道一切,而是始终保持谦卑谨慎的态度。当谈到他的才能和品质，任正非总是强调自己的知识并不是最丰富和全面的。作为一个领导者，任正非坚持自我批评，慎思笃行。外人看来华为似乎正处在疯狂扩张、野蛮生长的阶段，但经历过困难时期和中国社会变革的任正非，在引领华为的路上始终居安思危。华为投资重金营造良好的学习氛围来鼓励员工思考冲突，他知道只有不断学习并带动员工共同学习，下一个倒下的才不会是华为。

问题思考：
请运用领导理论分析任正非的领导风格和领导方式。

实训项目

实训内容： 领导方式测试
实训步骤：
1. 阅读测试说明，完成下面的30道测试题。

领导方式测试

指导语： 领导者的一个重要职责就是激发部下的工作热情，挖掘出他们的最大潜力，促使他们不断进取，努力工作。你在工作中会采取何种领导方式，是高度集中的、客观民主的还是自由人情的呢？其实，领导方式千差万别，重要的是能否调动员工的积极性，这才是衡量经营管理者能力的重要尺度之一。本测试分为两个测验，请逐个回答，然后统一计分。

① 你喜欢采取什么方式与下属交流？
　A．尽量与有关个人直接谈，减少会议数量
　B．定期召开部门会议
　C．根据谈话内容的不同，或者单独与个人谈，或者召开会议
② 假如由于某位部下的失误，使你陷入难堪的局面，你会：
　A．严厉斥责当事人并警告他再发生类似事件的严重后果
　B．态度温和地与当事人共同探讨，注意不伤害他的自信心与自尊心
　C．从积极的角度分析问题，制定预防重蹈覆辙的措施
③ 你器重的下属突然辞职，加入了竞争对手的公司，你会：
　A．对他的背叛行为深表失望
　B．祝他在新岗位上获得成功发展，并为他写一份利于其发展的推荐信
　C．接受他的辞呈并检查他临行前的交接工作是否圆满
④ 如果你对某位新来的同僚十分不满，你会：
　A．直接或间接地表示出自己对他的态度
　B．把这件事当作挑战，试着与他交朋友
　C．只与他保持纯粹的工作关系
⑤ 当你准备进行组织内部大改组，尝试新的经营策略，你会：
　A．从部门的整体利益出发考虑问题
　B．从员工的利益出发考虑问题
　C．综合以上二者的利益
⑥ 你在制订新的经营策略时是否愿意让员工参与？

A. 把决策看作自己的个人责任，不希望员工参与
B. 完全彻底地尊重员工意见，通过民意测验来决策
C. 逐个征求员工意见，然后再决定

⑦ 假设新策略不仅制定出来了，而且得以实施，你会：
A. 亲自抓实施工作，例如发布指示，检查工作进度及纠正偏差
B. 把注意力集中在保持士气上，及时解决员工的后顾之忧
C. 确保员工对新策略融会贯通，放手让他们大胆干

⑧ 你在评价员工的表现时，最重视以下哪种因素：
A. 他们取得的成果
B. 他们与形形色色的人合作的能力
C. 他们与同事合作的能力

⑨ 如果你的一个重大项目需要投入大量人力、物力和精力，那么在分配工作时你会：
A. 完全凭着自己对每个人经验、能力的印象进行分配
B. 与部下展开民主讨论，形成一个人人满意的分配方案
C. 给每个人都提供积累经验、开阔眼界的机会

⑩ 在挑选高级行政人员时，你最重视的是：
A. 他担当这份工作的能力
B. 他将从这份工作中得到的乐趣
C. 他继续发展的潜力

⑪ 你是否喜欢表现自己的威严？
A. 是　　　　　　　B. 不一定　　　　　　　C. 否

⑫ 在日常工作中你是否允许下属可以有自己的见解和方法？
A. 是　　　　　　　B. 不一定　　　　　　　C. 否

⑬ 你是否是一个干事雷厉风行、言必行行必果的人？
A. 是　　　　　　　B. 不一定　　　　　　　C. 否

⑭ 在实施一项决策之前，你是否认为应该花费若干时间和精力去详细说明理由？
A. 是　　　　　　　B. 不一定　　　　　　　C. 否

⑮ 你是否愿意多做行政管理、工作计划、文书处理等工作，而不愿负起监督职责或直接同下属一道工作？
A. 是　　　　　　　B. 不一定　　　　　　　C. 否

⑯ 你的下属招来一名新员工，跟他接触时你是否会先问他的姓名，而不是先自我介绍？
A. 是　　　　　　　B. 不一定　　　　　　　C. 否

⑰ 你是否会让下属知道与他们有关的各种进展情况，并认为这是理所当然的？
A. 是　　　　　　　B. 不一定　　　　　　　C. 否

⑱ 你在向下属指派任务时，是否只讲清目标，由下属自己决定工作方法？
A. 是　　　　　　　B. 不一定　　　　　　　C. 否

⑲ 你是否认为领导者在下属面前越严肃越疏远越好？
A. 是　　　　　　　B. 不一定　　　　　　　C. 否

⑳ 当决定集体旅游日期时你与下属想法不一致，你是否会交给大家表决，而不是自己决定？

A．是 　　　　B．不一定 　　　　C．否
㉑ 你对下属是否只做"按钮"式指导，把个人之间的接触与联系降到最低限度？
A．是 　　　　B．不一定 　　　　C．否
㉒ 你是否认为对下属的管理是件很容易的事？
A．是 　　　　B．不一定 　　　　C．否
㉓ 你是否认为对下属的态度越友好，就越容易领导他们？
A．是 　　　　B．不一定 　　　　C．否
㉔ 你的助手未按你的指示解决好问题，你是否只感觉烦恼，而不对这位助手生气？
A．是 　　　　B．不一定 　　　　C．否
㉕ 你是否认为强调纪律的最好办法是对违反纪律者规定惩罚的措施？
A．是 　　　　B．不一定 　　　　C．否
㉖ 你对某个事件的处理办法受到下属质疑时，是否会因为你是上司而坚持不变？
A．是 　　　　B．不一定 　　　　C．否
㉗ 在非正式的工作接触中，你是否主动与下属接近？
A．是 　　　　B．不一定 　　　　C．否
㉘ 你是否认为你的每一个下属都应该对你表示忠诚？
A．是 　　　　B．不一定 　　　　C．否
㉙ 你是否希望由集体来解决工作中的问题，而不是自己单独处理？
A．是 　　　　B．不一定 　　　　C．否
㉚ 你是否强调下属之间应该意见一致，否则会影响团结？
A．是 　　　　B．不一定 　　　　C．否
2．统计得分：根据表9-4给出的计分依据计算得分。

表9-4　计分依据

答案＼题号	①	②	③	④	⑤	⑥	⑦	⑧	⑨	⑩
A	5	5	5	5	5	5	5	5	5	5
B	1	1	1	1	1	1	1	1	1	1
C	3	3	3	3	3	3	3	3	3	3
答案＼题号	⑪	⑫	⑬	⑭	⑮	⑯	⑰	⑱	⑲	⑳
A	5	1	5	1	5	1	1	1	5	1
B	3	3	3	3	3	3	3	3	3	3
C	1	5	1	5	1	5	5	5	1	5
答案＼题号	㉑	㉒	㉓	㉔	㉕	㉖	㉗	㉘	㉙	㉚
A	5	5	1	1	5	5	1	5	1	5
B	3	3	3	3	3	3	3	3	3	3
C	1	1	5	5	1	1	5	1	5	1

3．得分解析：

120 分及以上：

专断方式。你是一位争强好胜、性格武断的人，凡事都喜欢身体力行。认为工作第一重要，兴趣其次，是十足的工作狂。你对部下高标准、严要求，不容忍一丝一毫的松懈散漫。你相信"管理者就要管理"，不愿意征求部下的意见，觉得人多意见杂，影响决策效率，你的工作作风与永不疲乏的干劲往往会让手下人感到畏惧。

50～119 分：

民主方式。你是一位重实效、讲效益的经营者。无论是对人还是对事，你都只重视优点与成果。你讲求实际，一切判断都凭经验与理智。你最大的优势是做事果断，同时善于合作。从高层管理者的角度看，你成熟、能干、有潜力，只是应变能力与战略眼光尚有待考察。

49 分及以下：

自由方式。你是一位很有人情味的领导者。你相信集体的力量，能认清人际关系的重要性，将它们视为成功的法宝。你提倡集思广益、群策群力，把自己看作部下的指导教练，而不是命令发布员。你考虑部下的个人意愿过多，有时甚至忽视工作，这对你后续的提升恐怕会有影响。部下们都喜欢你，但并不真正尊重你，他们甚至也希望你再果断些。

第 10 章 组织与管理

■ 学习目标 ■

知识目标
- 理解组织的概念。
- 了解组织理论的发展历程。
- 认识常见的组织设计形式。
- 了解组织变革的动力与阻力。
- 了解组织发展的特征与流程。

能力目标
- 掌握组织结构设计的六要素。
- 掌握常见的组织变革方法。

引导案例>>> 通用电气公司（GE）的组织结构变革过程

通用电气公司（GE）现行的组织结构是建立在杰克·韦尔奇接手后进行的组织结构改革的基础上，并经过不断地调整完善后形成的。由于战略的转变必将影响组织的内部特征，因此 GE 的组织结构也在不断进行调整，以适应战略需要，适应环境，优化自身。自韦尔奇接任起，GE 的组织结构改革大体经历了三个阶段，各阶段互有交叉，但重点不同。

1）以组织的扁平化为重心。这一阶段从 1981 年韦尔奇接任 GE 开始，到 1990 年左右大体结束，GE 也称之为"零层管理"。当时的 GE 处于严重的官僚化阶段，组织中大量终身员工闲置、官僚机制低效、管理层级繁多，有着层层签字的审批程序和根深蒂固的等级制度。其主要层次自上而下分为：公司董事长和最高执行部—公司总执行部—企业集团—事业部—战略集团—业务部门—职能部门—基层主管—员工。由董事长和两名副董事长组成最高执行部，公司总部中 4 个参谋部门由董事长直接负责，另外 4 个由两名副董事长分别负责。下设 6 个执行部，由 6 位副董事长分别负责，用以统辖和协调各集团和事业部。执行部下共设 9 个集团，50 个事业部和 49 个战略经营单位。如此庞大的组织结构曾给 GE 带来丰厚的利润，但逐渐开始拖延 GE 前进的步伐。

在扁平化的过程中，大量中间管理层次被取消。GE 将执行部整个去掉，同时对部门进行削减整合、裁减雇员、减少职位，使得原来的 26 个管理层减少到 5~6 个，而一些基层企

业则直接变为零管理层。同时扩大管理跨度，增加经理的直接报告人数，由原来的6~7个上升为10~15个，充分利用人力资源，提高效率。

2）以业务重组为重心。这一阶段GE不断放弃不利业务，加强有利业务并引入新业务，以战略计划为指导调整组织结构。GE提出了一个"第一第二"中期战略目标，即只要不是全球第一、第二的业务，就改革、出售或关闭，以此来对公司的业务范围、规模、机构设置、管理体制等各方面进行改革。韦尔奇运用"三环图"，将公司分为服务、技术和核心业务三部分，很快发现了那些有问题和需要重组或者清除的业务。仅在头两年GE就卖掉了71条产品线，完成了118项交易，又相继卖掉空调和小型家电、消费类电子产品、航空航天业务等，共出售了价值110亿美元的企业，同时又大胆买进了260亿美元的新业务。伊梅尔特接任GE后，延续了对这一战略的运用，继续对业务进行重组管理。自2001年起，GE出售了保险业务、消防车业务、工业用金刚石业务、印度市场的外包业务、通用电气物流公司、新材料业务等，同时对有增长潜力的业务给予大力支持，包括能源、医疗保健、基础设施、运输业、国家广播公司、商业金融和消费者金融业务。通过业务重组不断调整组织结构，这是由GE的使命和战略所决定的。

3）无边界化组织阶段。在组织学中，无边界化组织主要包括以下几种经典形式：扁平化组织、多功能团队、学习型组织、虚拟企业、战略联盟等。GE提出的无边界理念侧重于学习型组织的建立。这是由于前期扁平化组织的建立使组织中管理跨度增加，再加上严重官僚化的影响，使组织在横向信息交流上产生障碍。要想在更多的成员之间实现信息交流和知识共享，就只能通过无边界化这种高效的沟通来实现。

无边界化能克服公司规模和效率的矛盾，既具有大型企业的力量，同时又具有小型公司的效率灵活度和自信，打击官僚主义，激发管理者和员工的热情。

[资料来源：张立文. 美国通用电气公司组织结构及其变革研究[J]. 商场现代化，2010（9）]

【引入问题】
1. 案例中通用电气公司在企业发展的不同阶段为什么要不断地调整企业的组织结构？
2. 请问案例中通用电气公司的不同的组织结构各有什么样的特点、优点和缺点？

企业在发展过程中，完全可能通过部门调整、内部重组、流程再造（BPH）而大大提高劳动生产效率，使企业的经济效益和社会效益发生明显的好转。

10.1 组织概述

10.1.1 组织的定义

什么是组织？"组织"一词有两种含义，一种是动词，指有目的、有系统地集合起来；另一种是名词，指按照一定的宗旨和目标建立起来的集体，如工厂、机关、学校、医院、各级政府部门、各个层次的经济实体、各个党派和团体等。

从广义上说，组织是指由诸多要素按照一定方式相互联系起来的系统，既包含生物有机体组织，如皮下组织、肌肉组织等；还包括动物的群体组织，如一窝蜜蜂等。

从狭义上说，组织就是指人们为了实现一定的目标，互相协作结合而成的集体，如党团组织、工会组织、企业、军事组织等。摩根（G. Morgan）从不同的角度对组织进行了定义和举例，如表 10-1 所示。在现代社会生活中，人们已普遍认识到组织是人们按照一定的目的和形式编制起来的社会集团，它不仅是社会的细胞和基本单元，而且是社会运行的基础。本章所说的组织就是指狭义的组织。

表 10-1 组织的定义和举例

组织的定义	举 例
组织是追求目标的理性实体	企业
组织是权力分子的结盟	立法机构
组织是与环境互动的开放系统	科研单位
组织是为了实现目的的人为系统	宗教团体
组织是由相对独立的单位组成的松散式结构	学校
组织是影响决策的政治系统	工会
组织是对内部成员互动加以约束的工具	军队
组织是通过内部纵向、横向关系处理资讯的单位	行政部门
组织是成员只能接受制度而无权自由选择偏好的模式	工厂

（资料来源：[加]加雷思·摩根著，金马译：《组织》，2005）

10.1.2 组织的分类

1．按组织的规模分类

可分为小型组织、中型组织和大型组织，比如，同是企业组织，就有小型企业、中型企业和大型企业；同是医院组织，就有个人诊所、小型医院和大型医院；同是行政组织，就有小单位、中等单位和大单位。按这个标准进行分类具有普遍性，无论何种类型的组织都可以进行这种划分。以组织规模划分组织类型，是对组织现象的表面的认识。

2．按组织的社会职能分类

可分为文化性组织、经济性组织和政治性组织。文化性组织是一种人们之间相互沟通思想、联络感情、传递知识和文化的社会组织，各类学校、艺术团体、图书馆、艺术馆、博物馆、展览馆、纪念馆、报刊出版单位等都属于文化性组织。文化性组织一般不追求经济效益，大多属于非营利组织。而经济性组织是一种专门追求社会物质财富的社会组织，工厂、工商企业、银行、财团、保险公司等都属于经济性组织。政治性组织是一种为某个阶级的政治利益而服务的社会组织，国家的立法机关、司法机关、行政机关、政党、监狱、军队等都属于政治性组织。

3．按组织内部是否有正式分工关系分类

可分为正式组织和非正式组织。正式组织是为了有效地实现组织目标，明确规定组织成员之间职责和相互关系的一种结构，其组织制度和规范对成员具有正式的约束力。对成员有无正式的约束力是判别一个组织是否为正式组织的主要标准。

非正式组织则是组织成员之间在感情相投的基础上，由于现实观点、爱好、兴趣、习惯、志向等一致而自发形成的结伙关系。非正式组织也有自己的目的，也可能存在分工，但是其目的和分工并不是经过正式计划的，也没有严格的规章制度来保证其目的和分工的实施及存

续。非正式组织中的目的和分工是自发的，富有弹性的，非生存性的或自娱性的。正式组织与非正式组织的区别主要有四个方面，如表 10-2 所示。

表 10-2　正式组织与非正式组织的区别

正 式 组 织	非正式组织
经过计划的、正式的组织结构	没有正式计划的组织结构
有意创造出具有一定形式的关系	经由相互作用而自发产生
通常用组织结构图来说明	不用图表来说明
传统理论推崇正式组织	人际关系理论推崇非正式组织

非正式组织在满足组织成员个人的心理和感情需要方面较正式组织更具有优越性，而且它形式灵活，稳定性弱，覆盖面广（可以渗透到组织内不同部门甚至组织外部），几乎所有正式组织的成员都介入某种类型的非正式组织。因此，管理者应正视非正式组织的存在，在组织中有意识地引导和促进具有积极意义的非正式组织的形成和发展，努力使其成为正式组织的辅助力量。

10.2　组织理论

组织是人类生活中经常接触到的机构或活动，除了管理学、心理学学者外，其他专业的学者也对研究组织问题感兴趣，因此关于组织的见解非常丰富。以时间为序，可以将组织理论大致分为古典组织理论、新古典组织理论、现代组织理论和当代组织理论。

10.2.1　古典组织理论

古典组织理论是 20 世纪初开始形成的，代表性的流派有：泰勒的科学管理组织理论、法约尔的组织理论和韦伯的行政组织理论。

1．泰勒的科学管理组织理论

泰勒（F. W. Taylor）于 1911 年出版《科学管理原理》，创立了科学管理理论和组织理论。他着重探求在企业的操作层次提高工人的劳动生产率并开展组织管理工作，提出了工时定额、标准化操作方法、超额奖励工资制，把计划工作同执行工作分开，提出了计划室与职能工长制等组织制度。

2．法约尔的组织理论

法约尔（H. Fayol）于 1916 年出版的《工业管理与一般管理》一书中，首次将管理职能概括为计划、组织、指挥、协调和控制等五个方面，并且提出了 14 条组织管理原则：劳动分工、权力与责任、纪律、统一指挥、统一领导、个人利益服从整体利益、报酬、集权化、等级制、秩序、公平、人员的稳定、主动性和集体精神。法约尔提出的这些组织原则对后来的组织结构和模式的发展产生了深刻的影响。他认为，随着企业组织规模的扩大和人员的增多，必然会出现层次和等级；管理人员对下属的控制，应当有一个合理的幅度，这就是管理幅度。法约尔主张组织内维持一种比较狭窄的管理幅度，除最低一级的管理人员可以领导的人数多一些外，其他每一层次一般不超过六人；可以设置参谋机构来协助高级管理人员，参谋机构的任务是通信、接洽会谈、收集情报、帮助拟订规划、协助联系和协调计划的执行；初步提出了直线和参谋制的组织原则：参谋机构听命于总经理，但不能对下级直接发号施令。

3．韦伯的行政组织理论

韦伯（Max Weber）1910年创立行政组织理论。韦伯的组织理论影响较大，有的管理学者将韦伯称为"组织理论之父"。韦伯反对中世纪的个人崇拜，针对"由超凡魅力来统治组织"的观点，主张组织应该是科层结构（金字塔形的结构）。他认为科层结构主要包含以下几方面特征：①层级结构：其组织体系的结构呈金字塔形，分为高层、中层和基层。高层是负责人，其职能是决策；中层是行政管理人员，主要职能是贯彻决策；下层是一般工作人员，主要职能是实施决策。这样，每个管理人员能对其部下的行动和决定负责。②劳动分工：对个体来说，要学会胜任一个组织中各种各样的工作是非常困难的，所以只有当工作上有专门分工，而且按个体受过的训练及技能、经验来指派他们各自的任务时，才会有高效的结果。③以规章制度来控制：组织的决定和行动以成文的规章制度为依据，以此保证一致性、可预料性和稳定性。④淡化人情关系：如果在一个组织中去除纯粹个人的、情绪的和非理性的因素，便可建立对人员和各种活动较为有效的控制。组织的成员要在他们主管部门的指导和控制下，服从系统化的严格纪律。⑤职业定向：雇员的录用以专长为基础，升迁以年资和业绩为依据，工资与科层组织中的各级职位挂钩，个体有辞职的自由，也有权享受养老金等福利待遇。韦伯提出的科层结构为企业建立稳定、严格、精确、有效的生产秩序提供了保证，一些思想至今仍有积极的应用价值。随着时代的发展，科层结构也显露出许多缺点，例如，过分注重形式，下级没有主动性、创造性，易使人员思想僵化，导致组织僵化、缺少弹性；组织中的沟通容易造成曲解，产生冲突；忽视组织成员的心理、情感，将人视为机器零件；组织成员长期受制度约束，可能本末倒置，即忽视组织目标而将制度法规视为目标。

10.2.2　新古典组织理论

新古典组织理论是以科层结构为基础的，同时吸收了行为科学、心理学和社会学的观点。新古典组织理论的代表人物有斯科特（Scott）、莫尔（Moore）等人。新古典组织理论的贡献主要表现在对古典组织理论的修正、补充和对非正式组织的系统性研究上。

1．对古典组织理论的修正和补充

在专业化和劳动分工方面，早期工业心理学对专业化引起的疲劳和单调感进行过研究，之后，新古典组织理论受到霍桑实验的启示，发展出有关激励、协调和新型领导的一系列理论和观点。

在组织结构方面，新古典组织理论对组织结构中不同职能之间、直线与参谋之间产生的矛盾进行了研究，并提出了一系列消除冲突的措施，如参与管理、初级董事会、联合委员会、良好的人际交往等，通过这些努力试图在以古典组织理论为基础的组织结构中形成一种和谐协调的关系。

在管理幅度和组织类型方面，新古典组织理论反对"精确地减少幅度"和"唯一可能应用的比例"的主张，认为管理幅度的确定要受到管理能力、监督职能、人的品格和交往的有效程度等许多因素的制约，选用什么类型的组织结构也要视情况而定。

2. 对非正式组织的系统性研究

新古典组织理论对非正式组织进行了系统的研究，认为非正式组织具有以下特点：①一般存在着某种共同的准则和价值观，影响和制约着成员的行为；②有自身的沟通渠道；③自发抵制变革；④有自发产生的领导者；⑤有特殊的交往关系。

10.2.3 现代组织理论

现代组织理论是20世纪60年代以来逐步发展起来的，其代表人物有巴纳德、西蒙、迪拉克、伯恩斯、史托克等。

1. 巴纳德的系统组织理论

巴纳德指出组织的本质是一种协作系统，一种由任何人之间的互动关系所组成的系统。组织无论大小，其存在都必须具备三个条件，即协作的意愿、共同的目标和信息联系。所有的正式组织中都存在非正式组织，两者是协作中相互作用、相互依存的两个方面。巴纳德在组织管理理论方面的开创性研究，奠定了现代组织理论的基础。

2. 西蒙的决策组织理论

西蒙的组织理论是以决策论为基础的，他认为组织结构的建立必须同决策过程联系起来，组织的部门划分必须以决策类型为依据。西蒙的组织理论的主要观点如下：

1）组织的层次和等级结构。西蒙把组织划分为三个层次：最下层从事基本的操作过程；中间层从事程序化决策制定过程，是控制日常生产操作和分配的一层；最上层则从事非程序化决策制定过程。复杂组织不仅分层次，而且分等级。分层等级结构消除了规模和复杂性之间的联系，这样大的组织才能顺利运行。

2）集权与分权。西蒙认为有关整个组织的决策，必须是集权的。但由于人的认识是有限的，即使是高层领导者也不可能洞察一切，必须实行适当的分权，让各级管理人员参与决策。

3）直线与参谋的关系。直线管理人员有时与参谋人员意见不一致，参谋人员可能意见正确，但在传统组织理论里，参谋人员是无权决策的。西蒙建议：下级人员可以从几个上级处接受命令，但如果这些命令发生冲突，下级人员就只能服从其中一个上级的命令；每个组织高层管理人员在某个特定的领域内具有全权。

3. 伯恩斯和史托克的组织理论

伯恩斯和史托克把适应于不同环境的组织结构划分为机械的组织结构和有机的组织结构两部分。

他们认为，机械的组织结构的特点是：①以高度专业化、集权和垂直沟通为特征；②采取正式的科层结构来协调；③每个职务的角色权利、义务和技术方法都有明确规定；④控制、职权与沟通分等级、分层次实施；⑤高层管理人员独占知识信息，强化层级结构；⑥注重垂直关系之间的沟通；⑦主管部门依靠发表指示和决定来实现管理；⑧强调作为组织成员的条件是服从上级和对公司忠诚。

有机的组织结构的特点是：①以工作没有明确界定、自我控制、横向沟通为特征；②个人的任务由整个公司的总任务和目标来规定；③个人的任务通过同其他人的共同协商和活动来不断地调整和重新确定；④由一个控制、职权与沟通形成的网状结构来协调；⑤将专门的知识经验都用来为实现公司的共同目标服务;⑥组织内注意横向沟通,地位不同的成员之间的沟通采取协商而不是命令的方式进行;⑦沟通的内容主要是信息和劝告,而不是指示和决策;⑧重视公司任务的完成和技术经济的发展,承担任务超过忠诚与服从。

知识链接 10-1

1957 年 6 月,管理学大师阿吉里斯在《管理科学季刊》第二卷中发表了《个性与组织:互相协调的几个问题》(The Individual and Organization: Some Problems of Mutual Adjustment),这篇文章犹如一颗重磅炸弹,将经典组织理论轰开了缺口。

阿吉里斯认为,人的个性均会经过一个由"不成熟"到"成熟"的发展过程。然而,这种成熟过程会被组织不客气地打断,凡是正式组织,都会阻碍个性的成熟。因此,组织理论的一个重大课题,就是找出这种冲突的解决方案。阿吉里斯的这一发现,很快就成为组织行为学的一个热门话题。

正式组织肯定是理性的,这种理性会"设计"出井井有条的结构和运行秩序。然而,现实中的员工千差万别,所以正式组织总会要求它的员工适应组织,而不是组织适应员工。如果要按照每个员工的喜好和偏爱来设计组织,那么组织就会变成由一片片补丁拼缀起来的"百衲衣"。无论是泰勒的"精神革命",还是法约尔的"团队精神",在阿吉里斯眼里,一概都是改造个人,使个性适合于组织的手段。根据研究,阿吉里斯提出了以下"定理"。

定理一:正式组织的要求和健康个性的发展是不协调的。规范的正式组织与成熟的(即独立自主的、积极的、个性彰显的)员工组合到一起,只会造成混乱。因为正式组织要求员工具有依赖性和被动性,循规蹈矩,严格遵从组织的规章制度。由此可以从定理一导出推论:组织的混乱不安程度与健康个性的发展程度及个性同组织的不协调程度成正比。

定理二:组织与个性的不协调,将导致员工的挫折、失败、短期行为和思想矛盾。对于追求健康、成熟与自我实现的员工来说,结果必然是产生挫败感;由于不能根据自身需要来确定奋斗目标以及实现目标的道路,员工会感到无能和失败;由于无法确定和控制自己的未来,员工只能做短期打算;这种冲突,还会使员工产生种种思想焦虑,作为具备健康个性的人,希望取得成就,但他们的遭遇却是经常遇到挫折、失败和不得不只顾眼前。即使感到不满,想离开现在的组织,也会遭遇到重新就业的代价。即使能够顺顺当当重新找到工作,情况未必有什么不同,说不定是把原来的状态重演一遍。

定理三:正式组织的原则会导致竞争和压力,产生并激化人际冲突,割裂工作的整体性。员工自我实现的目的,要通过下属对领导者的依赖性和从属性来达到,通过提升职务来获得承认。而上级岗位有限,员工为了提升,就会拼命表现自己,相互仇视甚至相互攻击。组织的原则要求下属只要做好本职工作就给予奖励,下属因此会变得只注重本职局部而忽视整体。组织为了维护整体性,协调局部和整体利益的矛盾,又会加强领导的控制力度,这又进一步加强了下属的依赖性和从属性。由此,组织和管理就会陷入一种恶性循环。

由于正式组织对个性发展的阻断会导致员工产生离心力,而这又是正式组织所不愿看到甚至不能接受的。对于组织成员产生的这种离心力甚至对抗,正式组织的管理者一般会采取以下手段:①强化领导行为中的压力因素;②强化管理行为中的控制手段;③增加"虚假"的员工参与和沟通。这些对策只能使员工变得更加依赖和服从,而依赖性和从属性的增加又使问题变得更严重,管理者本来打算克服的现象,由于这些措施而加剧。

基于对组织中人性的发展及其与组织的冲突研究，阿吉里斯认为，要跳出上述恶性循环，关键在于通过新的组织设计来实现个性与组织的协调。他认为，如何解决个体成长和组织原则之间的矛盾是管理者长期面对的挑战，管理者的任务之一就是努力减少这种不协调。而要减少这种不协调，就必须减少员工的依赖性和从属性。阿吉里斯开出的药方是：如果工作内容可以扩大并且有效实施以员工为中心的领导，情况就会得到很大的改善。

在实践中，为了在健康的组织中培养出健康的个人，协调组织和个人的关系，管理者应该注意运用以下办法：工作扩大化和丰富化，扩大职工的工作范围，用从事多种工作或加大工作难度的方法扩大员工的技术领域与知识面；实行参与式的以员工为中心的领导方式；加重员工的责任，激发责任心和创造性；更多依靠员工自我指挥和自我控制等。然而，这还取决于员工是否对组织有兴趣，是否愿意参与组织的活动。个体的个性和组织的关系是管理中最基本的关系，也是管理者所面临的永久性挑战。组织行为学在这一领域的研究尚有待开拓。

10.3 组织结构与设计

组织结构是组织体系的决定性架构，是一个组织有效运转的平台。组织结构的设计和变革是管理工作中的一项重要内容。有了适合的组织结构，组织的人流、物流、信息流才能正常流通，组织的目标才有可能实现。组织结构可视为组织部件的排列组合，既有一定的构建规律和方法，又有个性化的内容融合在其中。

10.3.1 组织结构的概念与要素

组织结构可以说是对于工作任务进行的分工、分组和协调合作。从系统论的角度看，组织结构就是安排各部门的排列顺序、空间位置、聚焦状态、联系方式以及各要素相互关系的一种模式，它是执行组织管理和经营任务的体制。组织结构是组织的全体成员为实现组织目标，在管理工作中进行分工协作，在职务范围、责任、权利方面所形成的动态结构，其本质是为实现组织战略目标而采取的一种分工协作体系。组织结构包含以下要素：

1. 工作专业化

工作专业化（Work Specialization）用来描述组织中把工作任务划分成若干步骤来完成的细化程度，其实质是将一项工作分解成若干步骤，每个步骤由一个或一组人独立去做，通过实行工作专业化，员工完成重复性工作的技能有所提高，使得组织的整体工作效率得到提升。同样重要的是，从组织角度来看，实行工作专业化有利于提高组织的培训效率。挑选并训练从事具体的、重复性工作的员工比较容易，成本也较低。对于高度精细和复杂的操作工作尤其如此。

2. 部门化

一旦通过工作专业化完成任务细分，就需要按照类别对它们进行分组，以便使共同的工作分类的基础是部门化（Departmentalization）。

根据活动职能划分是最常见的部门化方法，职能的变化可以反映组织的目标和活动。这种职能划分方法的主要优点在于：可以把同类专家集中在一起，比如把专业技术、研究方向接近的人分配到同一个部门中,以实现规模经济,提高整体效率。部门也可以根据组织生产的产品类型进行划分。这种分组方法的主要优点在于:可以提高产品绩效的稳定性,因为公司中与某一特定产品有关的所有活动都由同一主管指挥。还有一种部门化方法,即根据地域来进行部门划分。如果一个公司的客户分布地域较宽,这种部门化方法就有其独特的价值。最后一种部门化方法是根据客户的类型来进行部门化,其理论假设是,每个部门的客户存在共同的问题和要求,因此通过为他们分别配置有关专家,能够满足不同类型客户的需要。组织在进行部门划分时,需要综合考虑上述各种方法,以取得最佳效果。

3. 命令链

命令链(Chain of Command)是一种不间断的权力路线,从组织最高层扩展到最基层。在讨论命令链之前,需先了解两个辅助性概念:权威和命令统一性。权威(Authority)是指管理职位所固有的发布命令并期望命令被执行的权力。为了促进协作,每个管理职位在命令链中都有自己的位置,每位管理者为完成自己的职责任务都要被授予一定的权威。命令统一性(Unity of Command)原则有助于保持权威链条的连续性,意思是每个员工应该对一个主管且只对一个主管直接负责。如果命令链的统一性遭到破坏,一个下属可能就不得不穷于应付来自多个主管不同命令之间的冲突或优先次序的选择。

然而,随着计算机和互联网技术的发展,组织中任何位置的员工都能同任何人进行交流,而不需通过正式渠道。权威的概念和命令链的维持也越来越无关紧要,因为原本只能由管理层做出的决策已可以授权给操作员工自己。除此之外,随着自我管理团队、多功能团队和包含多个上司的新型组织设计思想的盛行,命令链和命令统一性的概念越来越无关紧要。当然,有许多组织仍然认为通过强化命令链可以使组织的生产率最高,但这种组织越来越少。

4. 控制跨度

一个主管可以有效地指导多少个下属?这种有关控制跨度(Span of Control)的问题非常重要,因为在很大程度上它决定着组织要设置多少层次,配备多少管理人员。在其他条件相同时,控制跨度越宽,组织效率越高。但是,在某些方面跨度过宽可能会降低组织的有效性,因为如果控制跨度太宽,主管人员将没有足够的时间为下属提供必要的领导和支持,员工的绩效必然会受到不良影响。

5. 集权与分权

集权化(Centralization)是指组织中的决策权集中于一点的程度。这个概念只包括正式权威,即某个位置固有的权力。一般来讲,如果组织的高层管理者不考虑或很少考虑基层人员的意见就决定组织的主要事宜,则这个组织的集权化程度较高;相反,基层人员参与程度越高,或他们能够自主地做出决策,组织的分权化(Decentralization)程度就越高。

集权式与分权式组织在本质上是不同的。在分权式组织中,采取行动、解决问题的速度较快,更多的人为决策提供建议,所以员工与那些能够影响他们工作生活的决策者隔膜较少,或几乎没有。

6. 正规化

正规化(Formalization)是指组织中的工作实行标准化的程度。如果一种工作的正规化程度较高,就意味着做这项工作的人对工作内容、时间、手段没有多大的自主权。在高度正规化的组织中，有明确的工作说明书，有繁杂的组织规章制度，对于工作过程有详尽的规定；而正规化程度较低的工作，相对来说，工作执行者和日程安排不那么僵硬，员工对自己工作的处理许可权比较宽。由于个人许可权与组织对员工行为的规定成反比，因此工作标准化程度越高，员工决定自己工作方式的权力就越小。工作标准化不仅减少了员工选择工作行为的可能性，而且使员工无须考虑其他行为选择。

组织之间或组织内部不同工作之间正规化程度差别很大，这与组织和工作的性质有关。

10.3.2 组织结构设计的基本过程

1．岗位设计——工作的专业化

扫一扫看微课：
组织结构的设计

组织结构设计的第一步是将实现组织目标必须进行的活动划分成最小的有机关联的部分，以形成相应的工作岗位。只有通过工作的专业化，才能挑选出具有不同才能的人去从事相应的不同性质的工作。在进行工作专业化划分后，通过估算每一项工作所需的时间，就可计算出完成组织目标所需的操作人员数。操作人员数等于各项工作所需时间之和除以每个人一年的有效工作时间。

2．部门化——工作的归类

将组织的任务分解成具体的工作以后，第二步就是将这些工作按某种原则合并成一些组织单元，如任务组、部门、处室等。常见的有职能部门化、产品部门化、地区部门化、顾客部门化和综合部门化等方法。

3．确定组织层次

部门化解决了各项工作如何进行归类以实现统一领导的问题，接下来需要解决的是组织层次问题，即确定组织中每一个部门的职位等级数。组织层次的多少与管理幅度的大小有直

扫一扫看微课：
管理层次和管理幅度

接关系。在一个部门中的操作人员数一定的情况下，一个管理人员能直接管理的下属数越多，该部门内的组织层次就越少，所需要的行政管理人员也越少；反之，一个管理人员能直接管辖的员工数越少，所需的管理人员就越多，相应地组织层次也越多。一般来说，人们把管理幅度较大、组织层次较少的组织称为扁平型结构，把管理幅度较小、组织层次较多的组织称为锥型结构。

10.3.3 常见的组织结构类型

1．直线-职能制

特点：直线-职能制是建立在直线制和职能制基础上的。直线部门担负着实现组织目标的直接责任，并拥有对下属的指挥权；职能部门只是上级直线管理人员的参谋与助手，主要负责提出建议、提供信息，对下级机构进行业务指导，但不能对下级直线管理人员发号施令。

优点：既保持了直线制集中统一指挥的优点，又吸取了职能制发挥专业管理职能作用的长处。指挥权集中，决策迅速；分工细密，职责分明，易发挥组织的集团效率。

缺点：不同的直线部门和职能部门之间的目标不易统一，相互之间不易协调；不利于培养熟悉全面情况的管理人员；不易迅速适应新情况。

适用性：企业规模较小，产品品种较简单，工艺较稳定，销售情况较易掌握的情况下可采用。

直线-职能制的组织结构如图 10-1 所示。

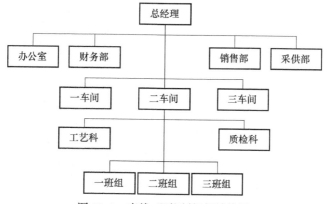

图 10-1　直线-职能制组织结构图

2．事业部制

特点：事业部一般按产品或地区划分，具有独立的产品或市场，能自主经营、独立核算；政策制定集权化，业务运营分权化；最高管理层是最高决策机构，各事业部在总目标的指导下，可自行处理其经营活动。

优点：有利于高层管理者集中精力考虑战略问题；有利于发挥各事业部的积极性、主动性；有利于培养高素质的管理人员。

扫一扫看微课：事业部制管理模式

缺点：各事业部往往只重视眼前利益，本位主义严重，不利于协调一致；容易造成机构重叠，管理费用增加；对各事业部一级管理人员的水平要求较高。

适用性：企业规模较大、产品种类较多的大型企业或跨国公司可采用。

事业部制的组织结构如图 10-2 所示。

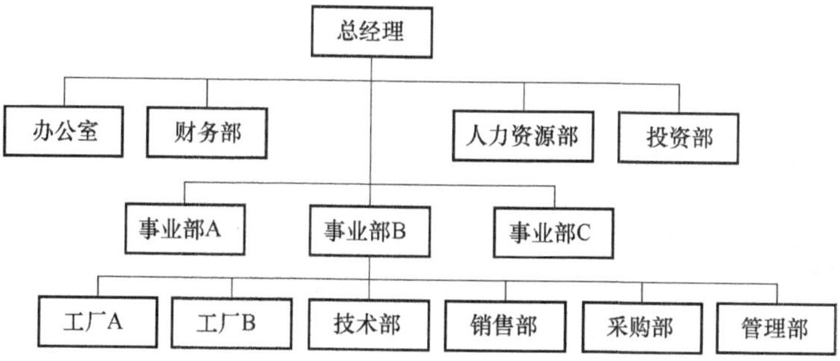

图 10-2　事业部制组织结构图

3．矩阵制

特点：矩阵制是为了适应在一个组织内同时有几个项目需要完成，每个项目又需要具有不同专长的人在一起工作才能完成这一特殊需求而形成的。矩阵制结构既有按管理职能设置的纵向组织系统，又有按产品、项目、任务等划分的横向组织系统。横向组织系统所需的人员从各职能部门抽调，他们既接受本职能部门的领导，又接受项目组的领导。一旦项目完成，

189

该项目组即行撤销，人员回原部门工作。

优点：有利于加强各部门之间的配合和信息交流；可避免各部门的重复劳动，加强组织的整体性；灵活性、机动性较大。

缺点：双重领导；稳定性差。

适用性：创新任务较多、生产经营复杂多变的组织，如军工、航天工业、高科技产业。

矩阵制的组织结构如图10-3所示。

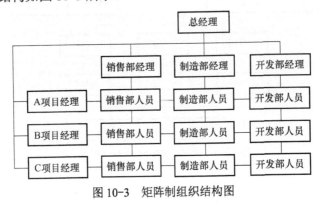

图10-3　矩阵制组织结构图

4．委员会制

特点：委员会由一群人所组成，其中各个委员的权力是平等的，并依据少数服从多数的原则处理问题。它的特点是集体决策、集体行动。

委员会可以有多种形式。按时间长短，可分为常设委员会和临时委员会；按职权，可分为直线式和参谋式委员会，直线式委员会如董事会，参谋式委员会的主要功能是为直线人员提供咨询和建议。

优点：可以充分发挥集体的智慧，避免个别领导人的判断失误；少数服从多数，可防止个人滥用权力；地位平等，有利于从多个层次、多种角度考虑问题，并反映各方面人员的利益，有助于沟通和协调；可在一定程度上满足下属的参与感，有助于激发组织成员的积极性和主动性。

缺点：做出决定往往需要较长时间；集体负责，个人责任不清；有委曲求全、折中调和的危险；有可能为某一特殊成员所把持，形同虚设。

10.4　组织变革与发展

10.4.1　组织变革

组织变革是指运用行为科学和相关管理方法，对组织的权利结构、组织规模、沟通渠道、角色设定、组织与其他组织之间的关系，以及对组织成员的观念、态度和行为，成员之间的合作精神等进行有目的的、系统的调整和革新，以适应组织所处的内外环境、技术特征和组织任务等方面的变化，提高组织效能。

1．组织变革的压力与动力

首先，全球经济一体化引起企业经营战略的变化，国际化经营绝不仅仅是企业经营范围的扩大，企业也不能把已有的生产经营策略自然而然地套用到国际经营活动中，伴随着国际化经营的进程，企业往往都要修正甚至制定新的发展战略。由于组织结构服从于经营战略，企业战略的变化必然会导致企业组织结构变化。其次，世界经济一体化的事实使得远程协调控制变得越来越重要。另外，应注意不同文化的接触与交融，不同文化背景的企业成员一起工作，人们在思维方式、价值观念、生活习惯和宗教信仰等方面的差异会反映在日常工作中，容易在上下级和同事之间引起冲突和纠纷。

知识经济社会的到来对企业产生很大影响：①信息知识取代资本成为社会中的决定因素，价值增长主要靠增加知识来实现；②企业组织工作的重要任务是战略性地开发和利用知识资源；③知识经济加速了高技术企业的发展；④信息技术的普遍运用正在改变传统的组织管理模式。

消费市场对企业的挑战更为直观：①生产者与消费者之间的天平正在向消费者一端倾斜；②消费者需求越来越多样化；③市场变化速度惊人；④对服务的重视大大超出对生产制造的重视。

环境的剧烈变化在很大程度上改变了传统的企业竞争方式，弱化了企业传统的优势基础，并迫使企业本着创新的思想寻找新的竞争优势来源，以便在快速变化的经营环境中求生存。另外，劳动力、社会趋势以及世界政治格局的变化都是导致组织变革的动力。

2．组织变革的阻力

组织变革就是要改变那些不能适应企业的内外环境、阻碍企业可持续发展的各种因素，如企业的管理制度、企业文化、员工的工作方式和工作习惯等，这种变革必然会涉及企业的各个层面，引发企业内部个人和部门利益的重新分配。因此，必然会遭到来自企业各个方面的阻力。

（1）个人层面

人们对待组织变革的态度与其个性有十分密切的关系。那些敢于接受挑战、乐于创新、具有全局观念、有较强适应能力的人通常变革的意识较为强烈；而那些有强烈成就欲望的人，或是一些因循守旧、心胸狭窄、崇尚稳定的人对变革的容忍度较低，抵触情绪较大；还有一些依赖性较强、没有主见的员工则常常在变革中不知所措而依附于组织中群体的态度倾向。

除此之外，由于变革会打破现状，破坏已有的均衡，必然会损害一部分人的既得利益，这类人常常是组织变革的最大抵触者，他们常常散布谣言、制造混乱，甚至采取强硬措施抵制变革。

个人层面的阻力主要是来源于员工的个性心理和对经济利益的追求，这种变革阻力的力度较小，但却是构成组织变革阻力的基本单元。

（2）组织层面

在组织层面上产生变革阻力的因素有很多，既包括组织结构、规章制度等显性阻力，也包括组织文化、氛围、员工的工作习惯等隐性阻力。由于组织变革会对组织内部各部门、各群体的利益进行重新分配，那些原本在组织中权力较大、地位较高的部门和个体必然会将变革视为一种威胁，他们为了保护自身利益常常会抵制变革。另外，企业的业务流程再造必然会重组企业的组织结构，对某些部门、某些层次予以合并、撤减，以及重新进行权责界定，一些处于不利地位的部门和层次就会反对变革。相对组织内的显性阻力而言，组织内的隐性阻力更加隐蔽，而且一时间难以克服。在长期的工作中，组织内的文化、员工的工作方式已经成为一种工作习惯，员工与员工之间、员工与领导之间、员工与组织之间已经形成了某种默契或契约，一旦实行变革，就意味着改变员工已形成的工作关系和工作方式，必然会引起员工的不满。

3．组织变革的方法

组织变革总体来说有以下五种方法。

（1）强制执行

即强令人们进行改变，在组织内，强制执行往往是与惩罚措施并用的，强制执行的好处是简单、见效快。其弊端是难以被员工接受，可能会带来两种后果：迫使员工辞职；受到惩罚威胁的员工可能会以各种形式破坏变革。一般而言，在紧急情况下适合采取强制手段。

（2）说服

即向员工讲明变革将给其自身所带来的好处。在组织中，说服常常是与奖励机制挂钩的。如能说服员工进行变革，并辅以加薪或升职等激励措施，他们就会从切身利益出发，主动为变革的成功而努力。说服方式是从员工个人的切身利益出发的，人们之所以愿意参与变革，是因为他们看到变革能使其个人受益。但说服也有其不利之处：首先，一些人不相信组织会在变革发生以后，切实兑现其所承诺给予员工的各种好处。这种情况下，人们自然不会同意参与变革。其次，相比而言，说服是一种比较昂贵的方式，因为人们总是期望得到更高的提薪数额或其他好处，只有当管理者拥有能够做出并履行承诺的财力时，说服才会成为一种有效的方法，否则就应当选择其他变革方式。

（3）制度约束

组织内部的制度，即组织的各种规定也同样能起到约束员工行为的作用，如果员工违反有关规定，就要受到惩罚甚至被解雇。如果人们不能真正为自己或他人的利益考虑，可采用这种形式。但这种方法不利的一面是对组织内员工的行为具有消极影响，在情况迅速发生变化或强制手段只会促使人们藐视权威时，就不宜采用这种方法。

（4）更换领导者

人们往往非常信赖优秀的领导者，相信他们几乎无所不能，如果原来的领导者或经理人抱残守缺，或在情况发生变化的情况下拒绝变革，就应采用更换领导者的办法。但是，如果某些问题是由领导者无法控制的各种原因造成的，采用更换领导者的战略就未必合适了。

（5）辩论实行

变革的一种特殊方式是对变革所带来的各种有利因素和不利因素进行充分的辩论，一些组织在考虑实行重大的战略变革时，常常倾向于采取这种方法。辩论的目的是彻底弄清变革的各种利弊，以便组织做出正确决策。辩论的好处在于它有助于迅速而准确地弄清事实。辩论的质量取决于辩论双方的水平，如果一方忽视了重要事实，辩论则达不到预期的目的。在进行组织变革时，如果对一项决定有两种迥然不同的意见，就可采用辩论的办法。遗憾的是，情况并不总是那么简单。

10.4.2 组织发展

组织发展是一个利用行为科学的技术和理论，在组织中进行有计划的变革的过程。它致力于增强组织结构、进程、战略、人员和文化之间的一致性，开发新的能够创造性地解决问题的方法,以及发展组织的自我更新能力。这是通过组织员工之间及其与使用行为科学理论、研究和技术的变革推动者之间进行合作来实现的。

1. 组织发展的特征

组织发展是提高全体员工积极性和自觉性的手段,也是提高组织效率的有效途径。组织发展有以下几个显著的基本特征。

① 组织发展包含深层次的变革和高度的价值导向。组织发展意味着需要深层次和长期性的组织变革。由于组织发展涉及人员、群体和组织文化,这里包含着明显的价值导向,特别是注重合作协调而不是冲突对抗,强调自我监控而不是规章控制,鼓励民主参与管理而不是集权管理。

② 组织发展是一个诊断-改进周期。组织发展的思路是对企业进行"多层诊断""全面配方""行动干预"和"监控评价",从而形成积极健康的诊断-改进周期。因此,组织发展强调基于研究与实践的结合。组织发展的一个显著特征是把组织发展思路和方法建立在充分的诊断和实践验证的基础之上。组织发展的关键部分之一就是分析和解决问题,这也是组织发展的一个重要基础。

③ 组织发展是一个渐进过程。组织发展活动既有一定的目标,又是一个连贯的、不断变化的动态过程。它的重要基础与特点是强调各部分的相互联系和相互依存。在组织发展中,企业组织中的各种管理与经营事件不是孤立的,而是相互关联的,一个部门或一方面所进行的组织发展,必然影响其他部门或其他方面的进程。因此,应从整个组织系统出发进行组织发展,既要考虑各部门的工作,又要协调各方面的活动,并调节组织与外界的关系。组织发展着重于过程的改进,既解决当前存在的问题,又通过有效沟通、问题解决、参与决策、冲突处理、权力分享和生涯设计等过程,学习新的知识和技能,解决相互之间存在的问题,明确群体和组织的目标,实现组织发展的总体目标。

④ 组织发展是以有计划的再教育手段实现变革的策略。组织发展不只是有关知识和信息等方面的变革,更重要的是在态度、价值观念、技能、人际关系和文化气氛等管理心理方面的更新。组织发展理论认为,通过组织发展的再教育,可以使员工抛弃不适应形势发展的旧规范,建立新的行为规范,并且使行为规范建立在员工的态度和价值体系优化的基础之上,从而实现组织的战略目标。

⑤ 组织发展具有明确的目标与计划性。组织发展活动就是订立和实施发展目标与计划的过程,并且需要设计各种培训学习活动来提高员工进行目标设置和战略规划的能力。大量的研究表明,明确、具体、中等难度的目标更能够激发员工的工作动机并提高工作效能。目标订立与目标管理活动,不但能够最大限度地利用企业的各种资源,发挥人和技术两个方面的潜力,而且还能产生高质量的发展计划,增强员工长期的责任感和义务感。因此,组织发展的一个重要方面就是让组织设立长远的学习目标并掌握工作规划能力,包括制定指标和计划、按照预定目标确定具体的工作程序,以及决策技能等。

2. 组织发展的流程

① 进入。组织出现了变革的需要,这可能突出地表现为组织中出现了明显的绩效问题。组织的高层决策者从组织内部或组织外部聘请专门的人员来针对性地解决问题。

② 开始。内部的或外部的咨询机构逐渐进入角色,他们开始理清出现的问题并分析问题

的症结。与此同时，他们努力获得组织高层对变革的承诺。

③ 评估和反馈。内部的或外部的咨询人员对前期的诊断进行总结，向组织的高层人员汇报，由他们对问题进行评估，并将结果反馈给咨询人员。

④ 行动计划。在得到了组织高层的认可后，咨询人员同公司高层人员一同研究解决问题的方案。

⑤ 变革。实施解决问题的方案，组织开始了变革的过程。

⑥ 评价。咨询人员协助组织高层人员对整个变革的过程进行评价。

⑦ 采纳。组织的其他成员开始接受变革。

⑧ 分离。咨询人员开始准备离开组织，在离开前，咨询人员需要确认组织变革能够正常地开展下去。

练习题

一、单项选择题

1. 组织理论之父是（　　）。
   A. 梅奥　　　　　　B. 法约尔　　　　　　C. 泰勒　　　　　　D. 韦伯
2. （　　）用来描述组织中把工作任务划分成若干步骤来完成的细化程度。
   A. 工作专业化　　　B. 部门化　　　　　　C. 命令链　　　　　D. 组织层次
3. 企业规模较大、产品种类较多的大型企业或跨国公司适宜采用的组织结构是（　　）。
   A. 直线-职能制　　 B. 事业部制　　　　　C. 矩阵制　　　　　D. 直线制
4. 创新任务较多、生产经营复杂多变的企业适宜采用的组织结构是（　　）。
   A. 直线-职能制　　 B. 事业部制　　　　　C. 矩阵制　　　　　D. 直线制

二、思考题

1. 何为组织？它有哪些分类方法？
2. 组织理论的发展历程是怎样的？
3. 组织结构设计的流程有哪些？有哪些常见的组织结构类型？
4. 组织变革中有哪些动力与阻力？组织变革方法有哪些？
5. 组织发展的特征与流程是什么？

三、案例分析

韩都衣舍的小组制：值得借鉴的企业组织架构

2008年韩都衣舍品牌创立时，销售额只有130万元，而2017年这个数字已经刷新到18亿元，跃居"互联网快时尚"第一品牌。

韩都衣舍在早期探索期间，一直在思考的问题是服装类行业如何才能实现差异化。2007年，公司接触到韩国最大的一家快时尚公司。一般的公司是给生产商三四款衣服，每款生产上万件，而这家公司给生产商的款式多达700种，虽然款式多，但是单款订单量却很少，少的数百件，多的上千件，卖得好再返单。就此，韩都衣舍立刻尝试这种多款少量的模式。多款代表流量，而流量是互联网的核心。与此同时，这种模式延伸出几个问题：多款从哪里来？如何解决产品丰富度的问题？也因此，韩都衣舍的"小组制"应运而生。

韩都衣舍有280多个产品小组，每个产品小组通常由2~3名成员组成，包括设计师（选款师）、页面制作专员、货品管理专员。产品设计、页面制作、库存管理、打折促销等非标准化环节全权交由各小组负责。

产品小组模式在最小的业务单元上实现了"责权利"的相对统一，是建立在企业公共服务平台上的"自主经营体"，培养了大批具有经营思维的产品开发和运营人员，同时也为多品牌战略提供了最重要的人才储备。

这种模式下，韩都衣舍一年可以设计30000款新品。而我们比较熟悉的时尚品牌Zara一年也只有22000款。小组拥有的自由度比较大，比如设计什么款式、多少种颜色、多少个尺码，定价多少、参加什么活动、打多少折扣，这些都可以由产品小组自己决定。

韩都衣舍的组织结构是扁平化的，每3~5个小组构成一个大组，每3~5个大组构成一个产品部。每个小组相对专业化（品类包），每个部门覆盖全品类。在韩都衣舍内部，主要可以分成两大组织，一是服务平台，二是众多的产品小组，也就是业务自主体。平台下设企划部、市场部、生产中心等，负责品牌策划、运营、生产、产品摄影、物流仓储、客服、数据采集等公共性质的基础性工作。

韩都衣舍的组织结构与传统正金字塔式不同，而是倒金字塔型的组织结构（见图10-4）。传统的正金字塔模式又叫科层制管理结构，是控制型管理，从公司的董事会到中层到基层，特别强调老板要做正确的事情，员工要把事情做正确；老板强调决策力，员工强调执行力。在这种传统的组织结构之下，员工是没有思考力的，是一头狮子带着一群羊在做事情。这样虽然看起来效率会很高，但是公司越大，基层的效率就越低。最后会产生内部博弈、分薪分资源、流程以企业为中心等问题，属于"集权的有市场的计划经济"。

而倒金字塔型的组织结构称为以客户为中心的自主经营体，是服务型管理。在这样的组织结构之下，由上面每一个小的业务单元来做大部分的决策，为客户创造价值。而管理层为一线经营体提供资源支持，发掘市场机会。倒金字塔型组织结构强调开放共赢、挣薪挣资源、流程以客户为中心，属于"放权的有计划的市场经济"。

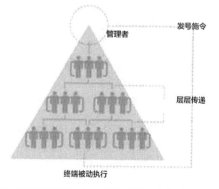
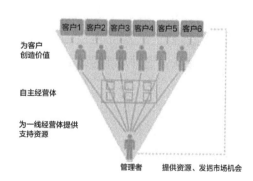

图10-4　传统正金字塔与创新倒金字塔组织结构

"自下而上的人人创新，自上而下的中央控制"，韩都衣舍的小组制组织架构为公司业绩的飞跃式发展提供了管理支持，并成为组织变革与组织发展探索的优秀案例。

问题思考：
1．如何用组织理论分析韩都衣舍的组织结构？
2．请上网搜索韩都衣舍组织结构的变化情况，并对其优缺点进行分析。

实训项目

实训形式：管理模拟实践

实训步骤：
1．每个小组根据自身情况创建一个模拟公司。
2．每个小组集体讨论适合的组织结构类型。
3．对各种观点进行分析、归纳和要点提炼，最终选择一种组织结构类型。
4．各小组选出一名代表发言，对小组讨论分析结果进行总结。
5．将讨论的结果形成一份组织结构设计图上交。

×××企业组织结构设计图

姓　　名		专业班级（组别）	
小 组 成 员		成　　绩	
模拟企业名称		企 业 性 质	
（以下是组织结构设计构想）			

实训要求：通过对新组建的模拟公司进行组织结构设计，要求学生能准确分析企业内部的部门、组织层次及适合的组织结构，掌握并能熟练运用所学知识。

第 11 章 组织文化

■ 学习目标 ■

知识目标
- 理解组织文化的概念。
- 掌握组织文化的层次和内容。
- 理解组织文化的塑造、维系、传承与变革的过程。

能力目标
- 能识别企业中组织文化的元素。
- 能分析企业创始人在组织文化中的角色和作用。

引导案例>>> 海底捞的企业文化

四川海底捞餐饮股份有限公司（简称海底捞）作为本土新兴企业，利用自己独特的管理哲学与创新思路，走出了一条具有持续竞争优势和可持续发展的道路。海底捞之所以能成功，除了得益于它的营销方式、商业模式及公司领导者的智慧，其企业文化对公司的影响也是不可忽视的。

海底捞在创始人张勇的领导下逐步形成了自己的一套企业文化和核心价值观，秉承"服务至上、顾客至上"的理念，而其核心价值观是"双手改变命运""以顾客为中心，以'勤奋者'为本"。正如从基层做起、成为企业核心高管的袁华强所说的："企业走到今天，关键是企业一把手、董事长的企业价值观和战略。他定了方向，下面的人才知道怎么做。与人为善是非常重要的，它逐步成为海底捞的信仰和信念，与顾客、员工、同行、物业为善，那是对的，这样就不断成就了今天的文化……在企业内部创造公平、公正的环境，大家在'双手改变命运'的价值观下，通过海底捞这个平台，从普通农民工到获得自己想拥有的生活——对父母老有所养、孩子的教育和自我的成长。"事实上，"自 2004 年以后，海底捞就明确地制定了其企业目标：一是创造公平、公正的工作环境，二是让'双手改变命运'在海底捞变成现实，三是将海底捞开遍全中国。"

这些目标不只是作为海底捞的企业口号写在办公室和餐厅后厨的墙上，并已经通过海底捞一大批如杨小丽、袁华强等管理者的成长榜样和员工成长中师傅的言传身教，变成了"海底捞人"的信仰和信念。

【引入问题】

海底捞的企业文化对员工和企业管理有哪些方面的作用？

随着信息化的发展，商业模式的可复制性大大增强，企业的竞争不再只是外在模式的竞争，而是开始转向企业精神、管理文化等内在方面的竞争。

11.1 组织文化概述

11.1.1 组织文化的概念

组织是按照一定的目的和形式构建起来的社会几何体。由于每一个组织都有自己特殊的环境和历史传统，也就形成了自己独特的哲学信仰、意识形态、价值取向和行为方式，于是每一种组织也形成了自己特定的组织文化。组织文化的任务就是努力创造这些共同的价值观念体系和共同的行为准则。

广义的组织文化是指企业在建设和发展中形成的物质文明和精神文明的总和，包括组织管理中硬件和软件、外显文化和内隐文化两部分。

狭义的组织文化是组织在长期的生存和发展中所形成的为组织所特有的且为组织多数成员共同遵循的最高目标价值标准、基本信念和行为规范等的总和及其在组织中的反映。

具体地说，组织文化是指组织全体成员共同接受的价值观念、行为准则、团队意识、思维方式、工作作风、心理预期和团体归属感等群体意识的总称。

11.1.2 组织文化的层次与内容

1. 组织文化的层次

组织文化的层次划分有多种观点，这里介绍组织文化的四个层次，即物质层、行为层、制度层和精神层。

（1）物质层

物质层是组织文化的表层部分，它是一种以物质形态为主要研究对象的表层组织文化，是形成组织文化精神层和制度层的条件。优秀的组织文化是通过重视产品的开发、服务的质量、产品的信誉和组织生产环境、生活环境、文化设施等物质现象来体现的。

（2）行为层

行为层即组织行为文化，它是组织员工在生产经营、学习娱乐中产生的活动文化，包括组织经营活动、公共关系活动、人际关系活动、文娱体育活动中产生的文化现象。组织行为文化是组织经营作风、精神风貌、人际关系的动态体现，也是组织精神、核心价值观的折射。

（3）制度层

制度层是组织文化的中间层次，把组织物质文化和组织精神文化有机地结合成一个整体，主要是指对组织和成员的行为产生规范性、约束性影响的部分，是具有组织特色的各种规章制度、道德规范和员工行为准则的总和。它集中体现了组织文化的物质层和精神层对成员和组织行为的要求。制度层规定了组织成员在共同的生产经营活动中应当遵守的行为准则，主要包括组织领导体制、组织机构和组织管理制度三个方面。

（4）精神层

精神层即组织精神文化，它是组织在长期实践中所形成的员工群体心理定势和价值取向，是组织的道德观、价值观即组织哲学的综和体现和高度概括，反映全体员工的共同追求和共同认识。组织精神文化是组织价值观的核心，是组织优良传统的结晶，是维系组织生存发展的精神支柱，是组织的领导和成员共同信守的基本信念、价值标准、职业道德和精神风貌。精神层是组织文化的核心和灵魂。

2．组织文化建设的内容

企业组织文化建设是一个庞大的工程，所包含的内容有很多，整体上可分为显性和隐性两大类。

（1）显性组织文化

所谓显性组织文化就是指那些以精神的物化产品和精神行为为表现形式的，人通过直观的视听器官能感受到的、符合组织文化实质的内容。它包括组织标志、工作环境、规章制度和经营管理行为等几个部分。

① 组织标志。

组织标志是指以标志性的外化形态来表示本组织的组织文化特色，并且和其他组织明显地区别开来的内容，包括厂牌、厂服、厂徽、厂旗、厂歌、商标、组织的标志性建筑等。

② 工作环境。工作环境是指员工在组织中办公、生产、休息的场所，包括办公楼、厂房、俱乐部、图书馆等。

③ 规章制度。并非所有的规章制度都是组织文化的内容，只有那些激发员工积极性和自觉性的规章制度，才是组织文化的内容，其中最主要的就是民主管理制度。

④ 经营管理行为。再好的组织哲学或价值观念，如果不能有效地付诸实施，就无法被员工所接受，也就无法成为组织文化。组织在生产中以"质量第一"为核心的生产活动、在销售中以"顾客至上"为宗旨的营销活动、组织内部以"建立良好的人际关系"为目标的公共关系活动等，都是组织哲学、价值观念、道德规范的具体实施和直接体现，也是这些精神活动取得成果的桥梁。

（2）隐性组织文化

隐性组织文化是组织文化的根本，是最重要的部分。隐性组织文化包括组织哲学、价值观念、道德规范、组织精神几个方面。

① 组织哲学。组织哲学是一个组织全体员工所共有的对世界事物的一般看法。它是组织最高层次的文化，主导、制约着组织文化其他内容的发展方向。从组织管理史角度看，组织哲学已经经历了"以物为中心"到"以人为中心"的转变。

② 价值观念。价值观念是人们对客观事物和个人进行评价活动在头脑中的反映，是对客观事物和人是否具有价值以及价值大小的总的看法和根本观点，包括组织存在的意义和目的，组织各项规章制度的价值和作用，组织中人的各种行为和组织利益的关系等。

③ 道德规范。组织的道德规范是组织在长期的生产经营活动中形成的、人们自觉遵守的道德风气和习俗，包括是非的界限、善恶的标准和荣辱的观念等。

④ 组织精神。组织精神是指组织群体的共同心理定势和价值取向。它是组织的组织哲学、价值观念、道德观念的综合体现和高度概括，反映了全体员工的共同追求和共同的认识。组织精神是组织员工在长期的生产经营活动中，在组织哲学、价值观念和道德规范的影响下形成的。

3. 组织文化的功能

由于组织文化涉及分享期望、价值观念和态度，它对个体、群体及组织都有影响。组织文化除了提供组织的身份感之外，还有稳定感。具体来说，组织文化的功能有以下几个方面：

（1）整合作用

传统的科学管理法或科学管理只能约束住员工的行为，但不能赢得员工的心。而强有力的组织文化，却能成为激发员工积极性、使员工全心全意工作的动力。在一个富有凝聚力的组织文化中，组织价值观念深入人心，员工把组织当成自己的家，愿意为了组织目标共同努力，贡献自己的力量，使得员工和组织融为一体。

组织文化能从根本上改变员工的旧有价值观念，建立起新的价值观念，使之适应组织正常实践活动的需要。一旦组织文化所提倡的价值观念和行为规范被接受和认同，成员就会做出符合组织要求的行为选择，倘若违反了组织规范，就会感到内疚、不安或者自责，会自动修正自己的行为。从这个意义上说，组织文化具有很强的整合作用。

（2）提升绩效作用

管理学大师德鲁克（P. F. Drucker）说过："企业的本质，即决定企业性质的最重要的原则，是经济绩效。"如果组织文化不能对企业绩效产生影响，那么也就凸显不出它的重要性了，我们知道组织文化在组织内部整合方面确实发挥着积极作用，但是它是否能够提高企业的经济效益呢？答案是肯定的。

瑞士洛桑国际管理学院（IMD）对企业国际竞争力的研究显示，组织文化与企业管理竞争力的相关系数最高，为0.946。科特和赫斯科特经过研究认为：组织文化对企业长期经营业绩有着重大的作用；对企业良好的长期经营业绩存在负面作用的组织文化并不罕见，这些组织文化容易滋生蔓延，即便在那些汇集了许多通情达理、知识程度高的人才的企业中也是如此；组织文化尽管不易改变，但完全可以转化为有利于企业经营业绩增长的组织文化。

（3）完善组织作用

组织在不断的发展过程中所形成的文化积淀，通过无数次的辐射、反馈和强化，会不断地随着实践的发展而更新和优化，推动组织文化从一个高度向另一个高度迈进。也就是说，组织文化不断的深化和完善一旦形成良性循环，就会持续地推动组织本身的上升发展；反过来，组织的进步和提高又会促进组织文化的丰富、完善和升华。国内外成功组织和企业的事实表明，组织的兴旺发达总是与组织文化的自我完善分不开的。

（4）塑造产品作用

组织文化作为一种人类的创造物，它最好的表现形态是企业的产品。当企业的产品都浸润了组织文化时，其产品的生命力将会是其他任何企业的产品都不可以相提并论的。组织文化对于塑造企业产品有极为重要的作用，企业依据组织文化进行产品设计、生产和销售，只有符合企业文化的产品才能在市场上立足。反过来，企业产品的畅销则会使消费者进一步了解企业的组织文化，这是一种相互促进和发展的关系。

11.2　组织文化的塑造、维系、传承与变革

IBM咨询公司对世界500强企业的调查研究表明，这些企业出类拔萃的关键是有优秀的

企业文化，而它们令人瞩目的技术创新、体制创新和管理创新则根植于其优秀而独特的企业文化。美国兰德、麦肯锡等公司的专家曾通过对全球增长最快的 30 家企业的跟踪考察，联合撰写了一份报告，这份报告指出，世界 500 强企业胜出其他企业的根本原因，就在于这些企业善于给它们的企业文化注入活力，凭着企业文化活力，这些企业保持了百年不衰。

随着市场的饱和，产品日趋同质化、服务的可攀比性已经迫使企业的竞争升华到更高的层面，尤其是市场竞争的国际化趋势加剧，更使建立高绩效的企业文化成为每一个寻求不断发展的企业亟待解决的问题。既然组织文化对企业绩效有着重要影响，由此就引发出一个值得关注的问题：组织文化是如何形成的？企业家和管理者通过哪些途径来建立强大的组织文化？企业如何维系和传承自己的优秀组织文化？如何进行必要的变革来保持组织的精神动力呢？本节将重点讨论以上问题。

组织文化建设过程包括组织文化的塑造、维系、传承、变革四个子过程（见图 11-1）。组织文化的塑造过程通常是在企业创建时期或变革时期由少数人，主要是企业创始人或高层管理者倡导和实践，经过较长时间的摸索、传播和规范管理而逐步形成的；一旦组织文化创建形成，组织文化的维系就是企业管理者需要重点考虑的问题，需要把已形成的组织文化融入整个组织中，尤其要让员工主动接受组织文化，组织文化的维系是一个长期的过程；此

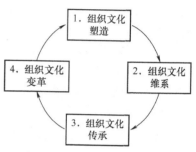

图 11-1 组织文化建设过程

后，就需要借助某些有效的组织文化传承手段，如故事、语言、仪式等，将组织优秀文化传承下去；最后，当组织文化和价值观不能适应组织的内外环境变化时，就需要变革并创造新的组织文化，以适应新的内外环境及其变化。以上四个子过程并不是独立的，而是相互关联的，本书中为方便向大家介绍组织文化建设过程，将其分为组织文化塑造、组织文化维系和传承、组织文化变革三个方面来阐述。

11.2.1 组织文化的塑造

沙因（E. H. Schein）教授指出，组织的组织文化塑造过程，是其应对外部适应性挑战、生存挑战和内部融合挑战的过程。他还指出文化的形成有三个过程：①创始人仅聘用和留住那些与自己的想法和感受一致的员工；②他们对于员工的思维方式和感受方式进行灌输和社会化；③创始人把自己的行为作为角色榜样，鼓励员工认同其价值观和假设，并进一步内化为自己的想法和感受。在这种模式的指导下，许多学者和企业经理人对组织文化塑造过程也进行了长期的研究，总结众多研究者的研究成果及企业经验，可以发现组织文化的形成有一定的普遍模式（见图 11-2）。

扫一扫看微课：
组织文化的创建与维系

图 11-2 组织文化塑造的一般模式

1. 创始人

沙因的组织文化形成模型强调了组织创始人和领导者对组织文化的影响。企业家文化作为一种独特的企业文化现象，是企业家的个性、创新精神、事业心、责任感等品质及其所信奉的管理观念的集中表现。创始人在建立组织的过程中，需要建立价值导向的组织期望和哲学，建立和使用规章制度来表达这些价值观，并采用个人的一些实践和行为来示范他们所倡导的价值观和组织文化。

创始人的哪些方面会对组织文化产生较大影响呢？

首先，创始人的个人特质和个人行为对组织文化的塑造有着重要影响。其一，创始人的行为应该包括有效的角色模型，表现出自己的能力，清晰表达思想上的目标，对下属设立高的期望值，信任下属，激励他人等。其二，创始人应该具备魅力型领导的特质，即高度自信、有支配他人的倾向和对自己的信念坚定不移，这些特质会帮助创始人支撑自己的信念，同时吸引和保留追随者。

其次，许多研究者对新型领导风格对组织文化的影响进行了大量的研究，其中布洛克（Block）的研究发现，变革型领导风格对组织文化的内容和强弱都产生影响。而且，变革型领导通过使下属意识到任务结果的价值和重要性，激发下属高层次的需要，诱导他们超越自私自利的思想而为组织目标服务。

案例链接 11-1　顺丰王卫：用文化来吸引人、塑造人

这里引用顺丰速运（集团）有限公司总裁王卫的一段话："佛教中有很多'法'故事，这些故事的宗旨都是帮助世人'正知、正念、正行'。虽然都是一些形而上的道理，但是能够给人一个正念，一个积极的人生观、价值观，同时还能够通过接受者的一言一行传播开来，比直接授人以鱼、予人钱财，功德更大。而企业文化做得好，也具有这样的功能。

现在每年公司都有很多人进进出出。为什么有些员工满怀憧憬地进入公司，过一段时间却走掉了？原因很简单，要么是受到了不公平待遇，要么是不能满足他的需求（包括物质的，也包括职业发展的）。但这里面可能存在一个问题：那就是很多离职员工所需要的东西并非公司给不了，而是公司并不知道他想要什么。人留在公司，才可以做企业文化，才能有针对性的培养，人来了两三个月就走了，再对一个新来的人讲企业文化，如此恶性循环，是没有用的。

任何人的成长都有个过程，对于企业员工也是一样。首先要让他能在企业待得下去，然后才能通过企业文化、制度、培训、激励等方式方法，让他真正融入整个团队，找到归属感，获得荣誉感。同时，在这一过程中，我们针对不同的人群，在不同的时期，也要提供不一样的东西。对年轻人、90后，你跟他讲太多枯燥的大道理，他根本听不进去，有时候可能还会适得其反。大家想想自己年轻时的心态——在想些什么，想要些什么，最反感什么……因此我们应该学会将心比心，用年轻人熟悉的语气、方式去和他平等对话，不要居高临下，不要颐指气使，更不要有太多命令指责。

除了不同年龄段，不同级别的人需要的东西也不一样——有一定物质基础的人和要解决生存问题的人，追求不一样，日常的需求和着眼点也不一样。对待公司高层要以什么样的方式，对待刚进公司一年的同事要采取什么样的方式，对待服务公司超过十年的老员工要以什么样的方式……不同级别、不同年龄、不同工龄，甚至不同性别都要有不同的应对之策。在这里千万不要采取所谓的以不变应万变，眉毛胡子一把抓，工作必须做细，方式方法必须系统科学。"

企业文化是企业为解决生存和发展的问题共同完善成长起来的，企业文化对于一个企业的重要性不言而喻，有了好的企业文化才能留住好的人才。那么什么样的企业文化才能吸引、塑造人才呢？王卫的话表明只有用最合适、最科学的方式才能真正培养和留住人才。

2. 制度化

在制度化过程中，主要是将创始人或组织管理者倡导的组织文化雏形进行具体化、书面化和可操作化，是将组织文化由理念状态转变为现实的管理制度的过程。制度化主要体现在经营制度、各部门管理制度和规章等方面，且企业制度在组织文化塑造过程中有两个非常重要的作用：①企业制度作为企业文化的一种具体表现形式，其内容中渗透着企业文化的精神，这样一种强制性的规则和约束，有助于企业文化在企业中的推广普及；②由于企业制度是企业文化的一种形式，而企业文化是得到了全体员工认同的一种文化，所以会有助于员工更好地理解和遵守企业的各种规章制度。

3. 组织化

组织文化本身是无形的，并非是随着理念、制度、产品的形成而自然而然地被人们习得的。正如制度化的组织文化虽然具有物质的框架，如果其不被员工接受并执行，那么组织文化仍处于萌芽状态，而无法在公司中得到长足的发展，也无法为公司的成长提供精神动力。所以，组织化过程的关键就在于让组织文化经历"理念"到制度再到"理念"的过程，前一个"理念"是创始人或组织管理者对组织全面思考和对环境深入调查之后而形成的组织文化理念，而后一个"理念"就是得到员工的理解与认同的组织文化，并转化为员工的日常工作行为和习惯。

4. 评估调整

这一阶段的宗旨就是对组织文化实施愿景和实际效果进行衡量、检查和评估，了解组织文化实践中有哪些问题需要解决。其主要工作内容为：建立评估的指标体系和参照系；全面收集相关信息，把握真实状况；比较规划与现实的差异，分析原因，确定调整对象，有针对性地拟定调查措施并付诸实施。

11.2.2 组织文化的维系和传承

1. 组织文化的维系

组织文化最初来源于组织创始人的经营理念、思想和战略，在成功塑造了组织文化之后，他们会运用严格的甄选过程来选择"适合"的管理者和员工进行组织文化维系，并通过社会化过程促使其慢慢学习组织文化，并主动地去接受，让员工完全适应组织文化的要求。

（1）甄选过程

组织文化维系过程中的甄选过程不仅包括了对员工知识、技能和能力等方面的审查，还

包括高层管理者和员工是否能够接受组织的核心价值观。甄选过程主要有两个作用：①为企业寻求知识、能力等方面符合其工作要求的员工，为企业发展提供良好动力；②在甄选过程中，可以达到新员工价值观和组织价值观相匹配程度的最优化。

（2）高层管理者

迪尔（Deal）和肯尼迪（Kennedy）曾调侃：美国公司的董事会比好莱坞的票房更需要英雄人物，这句话充分体现了创始人或高层管理者在企业文化建设的整个过程中都具有非常重要的作用。因此，高层管理者要成为企业文化建设的忠实追随者、布道者和传播者，他们的言行举止对组织文化有着重要影响。

（3）员工社会化

新成员学习群体角色规则和规范的过程就是员工社会化的过程（Employee Socialization）。此过程是组织文化维系中最为重要的过程，主要包括职前状态、冲突阶段和认同阶段三个阶段。当员工社会化有效时，新来者就会理解并接受组织的价值观和规范，保证了包括中心文化在内的组织文化的存留，这为员工提供了一种背景知识，以此解释工作中发生的事情并对此做出反应，从而保证了员工共有的理解。员工社会化的有效合理进行对于员工的工作态度和行为有着较强的持续影响，如较高的工作满意度、组织认同、员工绩效、规则革新和较低的离职率；有效的员工社会化有持久和正面的效应，如加强人-职匹配、人-组织匹配、工作满意度、组织承诺、留下的倾向和员工绩效。

案例链接 11-2　迪士尼的"快乐文化"

继华特·迪士尼在美国加州建成首个迪士尼乐园后，美国佛罗里达州、日本东京、法国巴黎和中国香港也相继建成了迪士尼乐园，在所有的迪士尼乐园中都布满米老鼠、唐老鸭等卡通人物模型，并且还有真人秀。在这些乐园中，你可以感受到鲜明的"迪士尼乐园文化"，那么迪士尼乐园管理人员是怎样维系"迪士尼乐园文化"的？

首先是员工甄选，迪士尼乐园对求职者的形象有比较高的要求，包括肤色、身高、体重、身材和牙齿的颜色等。其次，当一位新员工进入乐园后，迪士尼乐园会对新员工进行正规化程度较高、集体性、连续性的入门社会化过程。员工要先接受 8 小时岗前定向培训，然后在乐园中接受大约 40 小时的学徒培训。迪士尼岗前定向培训的关键之处在于学习公司语言，如顾客叫作"客人"，制服则是"演出服"……这样的培训效果显著，许多员工在培训后的日常工作中很容易投入到应当扮演的角色中。另外，迪士尼公司为所有员工提供员工排球、垒球俱乐部，办公室野餐会，员工乐园之夜，海滩宴会等，将迪士尼乐园文化渗透在这些活动中。

迪士尼乐园管理者采用一些行之有效的方法来维系公司的组织文化，维系其组织文化的过程体现了人员甄选和社会化的重要作用。除此之外，高层管理者是一个组织的方向标，他们的行为会告诉或暗示组织成员什么是可接受的行为，什么是不可接受的行为，把活的行为准则渗透进组织，因此高层主管对于组织文化的维系起着重要作用。

可以发现，组织文化最初来源于组织创始人的经营理念、思想和战略，在成功塑造了组织文化之后，他们会运用严格的甄选过程来选择"适合"的管理者和员工来进行组织文化维系，并通过社会化过程促使其慢慢学习组织文化，并主动地去接受，让员工完全适应组织文化的要求。

2. 组织文化的传承

组织文化维系是一个动态的过程,强调维系的过程;而组织文化的传承更强调一个组织采用哪些具体的方法来将公司的优秀文化传承下去,从而保证组织永远立于不败之地。在传承过程中主要采用一些潜移默化的方式来向全体成员灌输组织文化,主要有故事、仪式、物质象征和语言等。

（1）故事

哈佛大学教育学教授加德纳（H. Jardner）认为,讲故事是最简单、最有凝聚力的方式。"讲故事"是推广企业文化的一种有效形式,也是企业内部、企业与外界进行沟通和知识传播的基本途径。通过"讲故事"可以提高企业文化的内聚力和外发力。

案例链接 11-3　凤凰卫视总裁"画大饼"

凤凰卫视中文台是由凤凰卫视控股有限公司开办的全球性华语卫星电视台,也是香港唯一一家全部用普通话 24 小时昼夜播出的电视台。由于凤凰卫视营造了独特的、能发挥潜能空间的企业文化,并通过"讲故事"的方式展现、诠释和宣扬组织价值观,使企业文化和品牌影响力得到了最大化的宣扬,最终成为全球性的媒介品牌。

关于凤凰卫视和"凤凰人"流传着许多鲜活、感人的故事,这些故事主题鲜明,价值取向明确,内容丰富多彩,构成了凤凰卫视独特的企业文化故事。就如"画大饼"的故事。1996 年,在凤凰卫视成立后的第一次员工大会上,时任凤凰卫视董事局主席兼行政总裁刘长乐宣布"三年实现收支平衡,力争第四年上市,并成为除 CCTV 外最具影响力的华语电视台"时,在场的凤凰管理层人士听后都笑了。这种笑不是会心的、赞同的笑,而是一种说不出来的笑,都说刘长乐是在"画大饼"。当时的情景令刘长乐十分尴尬。但事实是,凤凰卫视开播三年,入选中国最知名的 20 个企业品牌;开播四年,在香港联交所创业板成功上市;开播五年,推出第一个覆盖中国大陆和港澳台地区的 24 小时中文新闻频道;开播十年,年财政收入超过 12 亿港元,在全球拥有近千名员工,电视观众超过两亿人。故事形式易于接受,传播速度快,受众面广,用讲故事的形式来推广企业文化,在感染力、趣味性、直观性等方面具有其他形式无法匹敌的优势。凤凰卫视的企业文化包含了丰富的故事素材,并通过著书立说的形式来有意识地传播自己的故事,形成了凤凰卫视企业文化传播的一大亮点。

（2）仪式

迪尔和肯尼迪在《公司文化——现代企业的精神支柱》一书中提到:"一种公司文化（以及它所体现的价值观）就像拿破仑的军队一样,如果想要繁荣昌盛,就必须使之仪式化。"仪式为什么可以传承组织文化呢？原因就在于,每一个仪式背后都有一个体现文化的某种信念的虚构故事,如果没有这些联系,仪式就只不过是一些习惯,除了给人们以某种虚假的安全感和稳定感之外别无用处。仪式可以充分体现出组织最重要的价值观、最重要的目标和最重要的人物等。组织文化传承的仪式主要有交际和社会仪式、工作仪式、管理仪式和表彰仪式等。

（3）物质象征

在组织文化传承中,有形的物质象征是必不可少的,如企业的设备、环境绿化、文化标志等,都体现了企业的核心价值观和组织文化。

（4）语言

在组织文化传承方式中，除了故事、仪式和物质象征外，还有一个重要的传承方式——语言，也是组织中采用比较多的传承方式之一。这类语言是区别于其他任何一种组织语言且适应该组织核心价值观的语言，其作用就在于让员工主动接受组织文化，并维护和传承这种文化。

另外，以上四种组织文化传承方式并不是独立的，而是相互联系和促进的。企业组织文化的维系和传承也需要建立在一定的见习、考核、晋升等基础之上，而不仅是"空中楼阁"。最后，在组织文化维系和传承过程中充分利用好各种传播媒介，如网络、企业报刊、企业公众号、广告、文件与简报、企业简介小册子、商标和产品包装、会议、展览展销会、员工服饰、企业宣传栏或黑板报以及赞助等，可以起到事半功倍的效果。

11.2.3 组织文化的变革

每个组织都是一个开放系统，其面临诸多内部和外部环境因素的影响，这些环境因素都会推动新的组织学习和适应过程，因此组织文化时常面临着变革和发展的压力，外部社会环境变动和外部文化的影响、内部未完全社会化的新员工等都是组织文化变革和发展的重要驱动力。沙因指出，组织文化变革实质上就是组织文化的扬弃和重新学习的过程，人们不仅需要扬弃以前的信仰、态度、价值观和假设，还要学习一套新的组织文化。

组织文化变革过程是一个寻求由现在状态向理想未来状态转变的动态过程，需要一个推进主体，即变革团队来保证变革的顺利。他们的工作就是负责组织文化变革的目标、方案的制订及具体实施与控制等工作。贝克哈德和哈里斯提出了组织文化变革团队如何进行变革的过程，沙因在他们的基础上提出了组织文化变革过程。

1．理想状态

首先，变革是否必要及变革的程度是组织文化变革考虑的第一要素，应从必要性和可行性两个角度来分析是否需要进行组织文化变革。综合考虑变革的必要性和可行性后，下一步就要定义变革目标，即理想的未来状态。变革团队必须要详细说明最终需要改变的行为，否则不可能检验出文化与变革的相关性。

2．现在状态是组织文化变革的起点

现在状态与理想的未来状态之间存在着不同程度的差距，而这些差距就是变革团队需要准确诊断与评估的。在评价现在的状态时，至关重要的是创建一个平行体系来确保客观性。

3．具体的变革目标

在寻找到变革的起点和终点后，就应该为变革工作设定长期和短期的、具体的、难度适中的、可行的目标。整个过程由一系列固定的步骤组成，在执行过程中还会遇到许多无法预知的问题，经过反馈和调整可以及时变更近期目标，以保证清晰的思路。甚至，由于组织的内外环境不断变化，开始阶段制定的总目标经过一段时间的实践之后不适合预期愿景了。此时，变革团队可以通过周期性的评定来对近期和长期目标进行评估，保证组织文化变革方向的正确性。

4．过渡状态的管理

目标的实现是一项艰难而长期的变革过程，变革团队需要利用自己设计的模型和干预技巧，或引入流程顾问对下一步进行设计。变革过程不仅是变革团队独立经营的，还需要启动其他团队和管理者流程来推动项目进展。

许多研究都表明，组织创始人或者管理者在组织文化变革整个过程中起着重要的作用。变革领导者是能够在组织中形成足够力量以激发变革动力的重要引导人。变革领导者的言行必须是可信的，言谈必须清晰而且有道理，必须能够口头和书面陈述他们的理解及组织未来的状态。这样的变革领导人可以作为催化剂或协调人来强化变革工作，更好地实现现实状态向理想的未来状态的转变。

练习题

一、单项选择题

1. 以下选项中不属于组织文化四个层次的是（　　）。
   A．经济层　　　　B．物质层　　　　C．精神层　　　　D．制度层
2. 企业文化的维系与传承有多种方式，其中企业组织的团拜会、唱厂歌等属于企业文化维系与传承渠道中的（　　）。
   A．企业制度　　　B．企业亚文化　　C．企业仪式　　　D．企业神化
3. 组织文化的核心是（　　）。
   A．组织的价值观念　　　　　　　　B．组织的表现形式
   C．组织所追求的直接效益　　　　　D．组织的文化精神
4. 关于组织文化的功能，正确的是（　　）。
   A．组织文化具有某种程度的强制性和改造性
   B．组织文化对组织成员具有明文规定的具体硬性要求
   C．组织的领导层一旦变动，组织文化一般会受到很大影响，甚至立即消失
   D．组织文化无法从根本上改变组织成员旧有的价值观念

二、思考题

1. 什么是组织文化？其在组织中有哪些作用？
2. 如何塑造组织文化？创始人和员工在其中各扮演什么角色？
3. 试论创始人或高层管理者在整个组织文化建设中的作用。

三、案例分析

九阳电器的企业组织文化建设

济南九阳电器有限公司董事长王旭宁认为，企业不论大小，都应重视企业文化的建设。企业文化建设不是一次活动，无法用三年两年时间就能够实现。最好是从企业小的时候就开始着手企业文化的建设，因为大了以后再去建设企业文化就比较困难了。企业的文化底蕴有多深，企业发展就有多大，浅薄的企业文化不可能孕育出强势的企业。九阳的目标是要做一个百年企业。综观世界上的百年不衰的企业，它们都有一个共同的特点：重视企业文化建设，不以追求利润为唯一的目标，都有超越利润的社会目标。这是它们共同的企业价值观，也是企业文化的核心之一，这也正是九阳电器努力学习的典范。

对于九阳电器来说，企业文化概括为八个字，即"人本、团队、责任、健康"。"人本"

就是既要尊重员工，又要发挥其潜能；"团队"是鼓励员工自觉地融入团队中，在九阳，自私的、本位的、不协作的员工是不受欢迎的，也是没有前途的；"责任"是要做有责任感的企业，对员工、消费者、合作者和社会负责任，并在企业经营中努力让他们感到满意，同时倡导每一位员工都要做有责任感的人；"健康"是让员工拥有健康的身心和健康的生活方式，企业拥有健康的机制，以保证长期生存和发展。

具体来说，首先，公司针对方方面面不利的因素，从一开始就注意制度文化建设，并设定了严格管理、降低成本、提高质量、创世界一流企业的方针和目标。通过严格管理，规范员工行为，使公司员工把公司制度变成自觉的规范，进而统一到共有的价值取向上来。其次，在价值取向的建设当中，公司在成立时就设定了公司的经济发展和我们国家的社会经济发展相适应，和社会环境相协调，以及企业要和顾客利益共存，企业要和劳动者共存这样一些价值观念。通过培训，在教育和规范大家行为的基础上，把公司共有的价值观念融入日常的管理和工作中，使员工的价值观念达到一致。最后，把个人的价值和个人的发展有效地融入公司的发展当中。如九阳电器把"立足岗位，自我改善"这项活动和"ZD 零缺陷小组"活动作为企业文化的一个重要组成部分加以实施和推广；把公司员工立足自我改善作为企业发展的一个重要动力，使得员工在生产过程中成为质量管理的主体。他们既是生产者，又是产品质量的保证者和确认者。在整个生产过程中，员工通过企业文化建设得到了较好的培训，提高了员工的素质，这就实现了企业实施以人为本的企业文化的人本管理有效循环。通过企业的文化建设，带动起企业生产的高效率、产品的高质量、服务的高水平、企业的高效益，进而回归到员工的高收入上。九阳电器这些年的成功，也正好验证了企业文化建设的重要性。

问题思考：结合本案例说明应如何进行组织文化的建设？

实训项目

1. 实地调查一家企业，观察并总结在一段经营期限内环境的变化给企业带来的影响，以及企业又是怎样根据环境的变化，来适应和改变环境的。

2. 实际到组织（公司）中去了解其组织文化建设的过程，从成功的企业和失败的企业中加深理解组织文化对于企业生存和发展的重要性。

第 12 章 员工心理健康与管理

▪ 学习目标 ▪

知识目标
- 理解心理健康的标准。
- 掌握员工心理问题的特征。
- 掌握 EAP 的服务内容。
- 理解 EAP 的实施模块。

能力目标
- 能解析员工心理问题产生的原因。
- 能识别企业开展 EAP 的时机和注意事项。

引导案例>>> 富士康的员工压力

2010 年以前，人们对富士康的印象一直都是：一个不断创新、不断前进的世界五百强企业，是众多年轻人向往的"圣地"。直到 2010 年 1 月 23 日，富士康发生第一次跳楼事件，"圣地"慢慢露出"地狱"的面目，截至 2012 年 6 月 13 日，富士康一共发生 18 起员工跳楼事件，在当时引起一片轰动。究竟是什么原因造成一连串的跳楼事件？是什么让每个年轻的生命在自己向往的"圣地"结束人生？在不断地发展壮大，新闻媒体的称誉以及众多的荣誉之下，镁光灯下的富士康根本看不到这种文化氛围下带来的弊端。

在富士康一切以责任、效率为主的严苛工作环境下，员工就像机器人一样，每天长时间地进行着流水线工作。在富士康，每工作两小时才可以休息 10 分钟，并且员工的基本工资很低，2010 年普通员工底薪只有 900 元，如果想要赚更多的钱，员工只能通过加班获取更多的加班费。但是，在富士康所谓的自愿加班是指：你可以申请加班，但是一旦申请，就要一个月都加班。这样的自愿加班制度让员工们不得不牺牲自己大把的业余时间投入到长时间的工作中。

在富士康，一切都以质量和责任效率为主要绩效考核标准，对于一个生产大厂，零件的合格率直接影响出厂率，所以一线管理人员经常因为员工出错而呵斥甚至谩骂员工。本来充当监督和关怀员工角色的基层管理者，反而在责任制度下变成了"奴隶主"。在这种只注重效率和目标的企业文化下，带来的是人文关怀的缺失，员工们将自己的时间和精力几乎全用在

了流水线上，也同样因为缺少信仰与精神层面的建设而造成"人文沙漠"。

粗暴的加班方式、机械式的工作再加上管理者的粗暴对待，员工的身心都备受摧残。心理变得扭曲的他们从人转化为机器人，但是从机器人再转变为人，这一道"坎"就很难过去，最终任何一件小小的事件都能成为压倒骆驼的最后一根稻草。

【引入问题】
1. 你如何看待上述社会问题？
2. 超时工作会为员工和企业带来哪些不良后果？

随着当今社会竞争的加剧，现代生活节奏的加快，工作压力、心理危机、情感纠纷、人际关系、人格因素等问题已成为影响员工心理健康的主要因素。

12.1 员工心理健康概述

员工心理健康是管理心理学的重要组成部分，个人作为企业的基本组成单位，组织除了要横向了解个体性格、气质、能力、情绪特点和需求层次以确保企业能够用正确的人做正确的事之外，还要纵向研究个体在企业环境内以及工作时间外的心理状态与应激事件，并进行健康管理，确保员工能处于积极高效的状态。

研究与促进员工心理健康，对应着企业管理中的效果与效率。相比企业中的其他管理职能，员工心理健康则犹如酶促反应中的催化剂，贯穿始终并发挥着四两拨千斤的作用，但它同时也很容易被企业忽视。

12.1.1 心理健康的含义与标准

美国心理学家马斯洛和米特尔曼提出的心理健康的十条标准被公认为"最经典的标准"之一。这十条标准是：①充分的安全感；②充分了解自己，并对自己的能力做适当的估价；③生活的目标切合实际；④与现实的环境保持接触；⑤能保持人格的完整与和谐；⑥具有从经验中学习的能力；⑦能保持良好的人际关系；⑧适度的情绪表达与控制；⑨在不违背社会规范的条件下，对个人的基本需要做恰当的满足；⑩在集体要求的前提下，较好地发挥自己的个性。

世界心理卫生联合会提出的心理健康的四条标准包括：①身体、情绪十分协调；②适应环境，人际关系中能彼此谦让；③有幸福感；④在职业工作中，能充分发挥自己的能力，过着有效率的生活。

一般来说，心理健康的人都能够善待自己，善待他人，适应环境，情绪正常，人格健康。心理健康的人并非没有痛苦和烦恼，但是他们能适时地从痛苦和烦恼中解脱出来，积极地寻求改变不利现状的新途径。

在理解与应用心理健康标准时，应注意这些原则：①衡量心理健康与否没有普遍适用的绝对标准，只有将其心理状态和行为表现放到当时的客观环境、社会背景中加以分析，通过与社会认可的行为模式比较，以及与其本人一贯的心理状态和人格特征加以比较，才能判断出来；②心理健康是动态的，健康与否只反映某一阶段的状态，是可改变的；③心理健康与否没有绝对的界限，大多数人处于中间状态，即亚健康状态，即在特定时期内有或轻或重的心理障碍。

12.1.2 员工心理健康含义

狭义的员工心理健康，是指员工在劳动关系领域里心理机能处于正常状态，没有疾病和缺陷，能够经受住任何挫折和打击，始终保持积极向上和旺盛的情绪。具体而言，是指企业员工有一种高效而满意的、持续的心理状态，主要表现为企业员工五大心理状态，即职业压力感、职业倦怠感、职业方向感、组织归属感和人际亲和感的积极均衡。

随着经济发展和工作节奏的加快，个人在职场中的时间也越来越长（包括就业时间提前与退休时间推迟，日均工作时间不断延长，工作与生活界线逐渐模糊等），职场人士已经没有多余的时间来消化工作外的困顿、迷茫和烦忧，这些情绪与心理潜伏在日常工作状态之下，构成员工心理健康的一部分，因此，仅从劳动关系领域定义员工心理健康已显得过于狭隘。

广义的员工心理健康，应该既包括对工作环境的适应，还包括对工作的 8 小时之外的情感、家庭与社会的适应。内外一起抓，才能切实解决员工的心理健康问题。

案例链接 12-1　我国工薪人群的超时工作率

2018 年 12 月，中国社会科学出版社、内蒙古大学经济管理学院、内蒙古大学中国时间利用调查与研究中心共同发布的《时间都去哪儿了？中国时间利用调查研究报告》指出，大学生学习时间在大幅下降，从学习释放出来的时间，一部分被用来睡觉，更大部分被用于休闲娱乐，尤其是打游戏、体育锻炼和课外阅读。

与此同时，在职工薪人群则普遍在辛苦操劳。报告指出，2017 年我国工资劳动者超时工作（净工作时间大于 8 小时）相当普遍。其中，非正规部门、低收入者、低学历者、制造业从业者、生产制造及有关人员的超时工作尤为严重，2017 年中国不同劳动者超时工作率如表 12-1 所示。与 14 个主要国家相比，2017 年我国有酬劳动时长排名第一，比排名最后的意大利高出 125%。这一方面表明我国居民就业比较充分，同时也表明我们居民的劳动强度高、生活压力大。

表 12-1　2017 年中国不同劳动者超时工作率

人　群	超时工作率（%）
非正规部门	42.2
低收入者	49.3
低学历者	56.7
制造业从业者	53
生产制造及有关人员	58.8

12.2　管理中常见的员工心理问题

常见的心理问题是指人们在日常学习、生活中经常遇到的，导致心理适应不良的问题。它是正常人暂时的心理失调，不是心理疾病，它与思想问题有联系，但不宜笼统地归于思想问题。常见心理问题的处理以自我调适为主,而他人的心理疏导和专业人员的心理辅导也能起到很好的辅助作用。了解人们常见心理问题的一般表现、类型、成因和调适方法,对于维护心理健康是十分重要的。

12.2.1 员工常见心理问题

国内外的实践表明,心理疾病是威胁个人生命健康的大敌,是破坏企业组织效率的大敌。如果员工心理健康存在问题,就会导致员工工作积极性和工作热情的下降,工作绩效和工作满意度的降低,还会引起企业人际关系的紧张,导致离职现象。企业管理层的心理问题更可能导致决策失误而引起严重的经济损失,特殊行业员工的心理问题甚至还可能给社会和环境造成灾难,从而给企业带来严重的形象损失和经济责任。员工的心理健康问题会削弱企业的竞争力,应当采取措施帮助员工缓解已经形成的心理问题,认识心理问题形成的原因,建立良好的心态和掌握必要的应对策略,以确保企业持续稳定发展。

1．心理压力问题

企业中最突出的心理问题是压力。据调查,我国有大量员工感觉到心理压力较大。经营竞争、管理竞争、岗位竞争、就业竞争和升学竞争等压力,几乎压得人们喘不过气来。员工的压力可能来源于工作本身,可能来源于工作中的人际关系,也可能来源于家庭和日常生活的各个方面。虽说适当的压力有助于提高工作热情,但倘若压力太大,则会对身心健康造成诸多不良影响,如容易疲劳、沮丧,记忆力、创造力下降,工作热情和积极性下降等,还可能产生各种身体反应。虽然这些反应由员工个人承受,但无疑极大地影响着工作效率。

2．沟通和人际关系问题

在讲求团队合作的时代,每个企业都在不断强化企业内外部合作,这就对员工的沟通和人际关系处理能力提出了更高的要求。沟通和人际关系直接关系到客户服务质量、信息传递的速度和质量、组织气氛和企业文化的健康,与组织运行的效率是息息相关的。重视沟通和职场人际关系带来的压力,并想办法处理,才能在职场中更轻松自如。

3．心理危机问题

心理危机(Psychological Crisis)是指个体在遇到了突发事件或面临重大的挫折和困难,当事人自己既不能回避又无法用自己的资源和应激方式来解决时所出现的心理反应。在某些特定的时期,企业存在心理危机,如企业裁员、并购以及员工遭遇空难等灾难性事件时,员工会产生弥散性的心理恐慌。另外,在裁员沟通、绩效沟通的过程中,管理者也会产生焦虑、紧张、抑郁和冲动等心理障碍。

案例链接 12-2　裁员过程中的心理危机干预

2017 年,A 公司员工欧某在公司坠楼身亡,经现场勘查,警方初步认定为高坠死亡,排除他杀。据知情人网上发帖称,事发前 A 公司领导和欧某谈了劝退事宜。欧某出身于普通的农村家庭,从小学习成绩优秀。大学毕业后在某知名公司工作 8 年,2011 年跳槽到 A 公司。2017 年 12 月 1 日,欧某领导找他谈话,其间流露出劝退的意思。当时欧某认为自己工作一直勤恳，业务能力也不错，完全没有预见到这个局面，一时无法接受要被公司辞退的决定。之后的几天时间内，就补偿方案和股权转让等问题也未与公司达成一致。

据媒体分析，42岁的欧某正处于中年，是最容易发生中年危机的时候。父母赡养、子女教育、自己身体出问题、高房贷……所有的这些再加上最致命的失业，导致了悲剧的发生。企业在裁员时除了按照国家规定给予经济补偿外，应对裁员人员和留任员工进行积极沟通，及时进行心理危机干预。

4．职业倦怠问题

职业倦怠（Burnout）指个体在工作重压下产生的身心疲劳与耗竭的状态。员工无法应付外界超出个人能量和资源的过度要求，而产生的生理、情绪情感和行为等方面的耗竭状态。其生活常态表现为：超时工作、睡眠不足、压力巨大和健康负债等；身体上表现为多梦、失眠和不易入睡等；经常腰酸背痛、记忆力明显衰退和脾气暴躁等，通常也称作"职业枯竭"或"职业疲劳"。

扫一扫看微课：
职业倦怠

案例链接 12-3　工作量不大也会出现职业倦怠？

王丽在公司后勤部门工作，其岗位职责主要是资料打印、邮件收取、物料登记与领取等内容。虽然工作量不大，但每天的工作时间比较长，从早上8点到下午6点。刚上班时，王丽做什么事情都很积极，但3个月后她发现自己的工作很琐碎，觉得工作变得没有意义。王丽的情绪很低落，萌生跳槽的念头。

5．员工的个人问题

员工个人问题涉及范围较广，包括恋爱、婚姻家庭、子女教育和个人心理困扰等方面的问题。这些虽然是员工的个人问题，却是影响员工压力和情绪的重要因素。

12.2.2　常见心理问题的成因分析

1．个人因素

（1）追求完美

对自己不切实际的过高期望是造成过度压力的主要原因之一。这些人常常会发现自己的理想和现实状况之间有巨大的差距，而这种无法弥补的巨大差距往往导致对自己的表现彻底失望。他们无时无刻不体会到压力，很难从已经完成的工作中获得轻松感。世上没有一开始就完美的计划，但一流的执行可以让计划在过程中变得完美。对于这类员工，"执行大于完美""一个差的结果比没有结果强"等观点可鼓励员工走出"完美"误区。

（2）无助感

我们希望自己有解决问题的能力，希望自己能控制问题的局面。但我们常常也发现，很多时候我们已经发挥了我们所有的能力，而预期的结果却没有出现，此时，自我挫败的感觉油然而生，我们可能会觉得自己低能，也可能会怀疑自己是否真的适合当前的工作，并进而产生换职业的念头。研究表明，这种无能为力的感觉普遍存在于所有年龄层的人中，比较而言，由于年轻人对自己的职业期望比较高，这种自我挫败的无助感更容易产生。

案例链接 12-4　新人的无助与困惑

某知名企业新员工在网上留言:"来到 A 公司发现压力太大了,老板总是期望你有更多的产出,一方面前人没有留下文档,大家忙得要死,不知道请教谁,感觉要被开除了,很黑暗!"看来这位网友遇到了让他感到难以逾越的职业困境,要不然也不会有这样的心情,以至于觉得在平均年薪 55 万的 A 公司都很黑暗。

有位网友就表示了认同,他回复道:"特别能理解,年初自己加入一家初创公司,'996'的工作时间,试用期过得很焦虑,要用 7 天理解业务,一个月解决问题,两个月有产出,试用期 4 次谈话时间节点,第一周就负责平台型周年活动,输出各种月度季度规划,给定的 KPI 一个季度是过去 3 年累计用户数的 3 倍,做了很多事情,没资源难推进,转正述职还是能力达不到预期,降级延长试用期,曾一度怀疑自己。"

解析:上述工作中的困惑并非是个例,很多职场新人都遇到过类似的窘境。欲速则不达,静下心来给自己几天时间,把相关的业务梳理清楚,主动和领导、同事聊天,他们对业务发展方向和存在的问题的认识更加全面。任何人对于一个全新的环境都会有不适应,这是很正常的现象,在适应新环境的同时,还要努力地去改变自己,让自己强大起来,这样才能在以后的职场道路中越走越好。

(3) 训练不足

由于社会发展和技术进步速度加快,人们可能会因专业知识的缺乏和技能训练的不足而难以应付工作局面。例如,在通信、医疗和教育等行业中,新思想、新技术的核心研究成果以直线上升速度进入应用领域,人们很难将这些成果全部消化、吸收来赶上时代潮流。

2．组织管理因素

(1) 工作过量、时间紧迫

在固定的时间内,人能够挖掘的心理资源是有限度的。因而,没有一个人能够在长期不断的压力之下一直保持工作的最佳水平,紧迫的时间要求和过量的工作能使人疲于奔命。长此以往,必然会对人的身心造成极大伤害。

(2) 工作长期无规律

人的生理和心理活动都有一定的周期性。在自然的状态下,人们往往会遵循这个规律,以维护自己的身心健康。但在现实社会中,如果工作要求我们不断地改变这种规律,就会引起生理和心理的巨大压力,给身心健康带来危害。研究表明,长期无规律的工作会对身心健康产生如下影响:①直接导致了身心活动周期的紊乱;②会造成人们工作安全感的丧失,因为任何时候他都可能被要求加班或者去处理紧急情况;③要么妨碍人际关系的发展,要么妨碍人们发展那些有助于缓解压力的业余爱好。

(3) 工作刻板乏味

工作缺乏多样性,常常使人感到厌倦。毫无疑问,人们希望他们的工作保持一定的稳定性,但是,人们也希望他们的工作有些新意。如果个体日复一日、年复一年重复同样的工作,那么工作本身就会变得枯燥无味、令人压抑。

(4) 分工不明确

工作上缺乏明确的分工,不仅会导致工作效率降低,也会导致心理压力的增加。因为不明确的分工往往意味着我们不知道自己该干什么,不知道在某个事情上该负责到什么程度,从而使我们常常陷入左右为难的境地。

3. 早期经验与家庭环境

许多心理学家都相信,个体的早期经验对其心理的发展起着十分重要的作用,而早期经验又与个体的家庭教育和生长环境密切相关。研究表明,那些在单调、贫乏环境中成长的婴儿,其心理发展受到阻碍,并且抑制了他们潜能的发展。相反,那些接受丰富的刺激,受到良好照顾的个体在许多的心理测验中渐渐成为佼佼者。

另外,儿童与父母的早期关系以及父母对儿童的态度也是影响个体心理健康的重要因素。这种早期母婴关系乃至稍后的儿童与父母的关系对个体以后的人际交往和社会适应有着很大的影响。儿童如果能够在早期与父母建立和保持良好的关系,对其以后的人际交往和社会适应有着积极的促进作用。相反,如果儿童在早期不建立这种与父母的亲密关系,或者早期与父母的分离等都会对他们以后的成长产生消极的影响。

对高校学生心理健康研究的有关资料也表明,学生早期的家庭环境和教育情况与其心理健康有明显的相关性。

4. 特殊的人格特征

人与人之间千差万别,每个人都有自己独特的人格特征,但其中也有共同的方面,它对人的心理健康有非常明显的影响。由于人们总是依其人格特征来体验各种应激因素,并建立对紧张性刺激的反应方式,因此,特殊的人格特征往往成为导致某种心理问题或心理障碍的内在因素之一。例如强迫性神经症,其相应的特殊人格为强迫性人格。具体表现是谨小慎微,求全求美,自我克制,优柔寡断,墨守成规,拘谨呆板,敏感多疑,心胸狭窄,事后容易后悔,责任心过重和苛求自己等。这就是为什么同样的致病因素作用于不同人格特征的人,可以出现非常不同的结果,而同样的疾病发生在不同人格特征的人身上,其病情表现、病程长短和转归结果又都可以非常不同。

研究提示,大学生心理健康与艾森克提出的神经质、精神质人格特征呈高度正相关,与内外向人格特征呈负相关。即情绪越稳定、行为越随和、性格越外向者心理健康问题越少;情绪越不稳定、行为越古怪、性格越内向者心理健康问题越多。逐步回归分析进一步证实,大学生心理健康与人格特征中的神经质关系最密切,其次为内外向,再次为精神质。这启示高校应重视大学生的心理健康教育。

5. 应对方式

当我们面对生活事件的压力时,我们自然会采用一定的方法来应付、对待环境压力。我们采取的方式、方法可以称为事件的应对方式。人们在处理压力性事件时采用的应对方式是不同的,同一个人在不同情况下所用的方法也会有差异。一般来讲,随着心理的成长,人们会逐步形成固定化的应对事件的方式,有时也会多种方式同时应用。应对方式可以分为四种:①策略控制型,即个体通过发挥自己的主观能力,有计划、有策略地控制、处理事件,消除环境压力;②随机处理型,即没有准备地随着压力的出现而纯粹应付性地处理遇到的事件;③回避型,即对压力事件总是采取逃避、回避的方式来对待;④依赖寻求型,即在遇到压力性事件时,依靠家人、朋友来处理、应付。一般来讲,策略控制、随机处理型应付事件的方式是对事件一种积极的认知和行为反应，是心理成熟的标志；而回避、依赖寻求型的处理方式是对事件一种消极的认知和行为反应，是心理不成熟的标志。

知识链接 12-1　　心理减压方法——学会三件事，学说三句话

学做三件事：

1．学会关门

即学会关紧昨天和明天这两扇门，过好每一个今天。每一个今天过得好，就是一辈子过得好。

2．学会计算

即学会计算自己的幸福和计算自己做对的事情。计算幸福会使自己越计算越幸福，计算做对的事情，会使自己越计算对自己越有信心。

3．学会放弃

汉语中一个非常好的词汇就是"舍得"。记住，是"舍"在先，"得"在后。世界上的事情总是有"舍"才有"得"，或者说是"舍"了一定会"得"，而"一点都不肯舍"或"样样都想得到"必将事与愿违或一事无成。

学说三句话：

1．"算了！"

即指面对一个无法改变的事实，最好办法就是接受这个事实。

2．"不要紧！"

即不管发生什么事情，哪怕是天大的事情，也要对自己说："不要紧"！记住，积极乐观的态度是解决任何问题和战胜任何困难的第一步。

3．"会过去的！"

不管雨下得多么大，连续下了多少天也不停，你都要对天会放晴充满信心，因为天不会总是阴的。自然界是这样，生活也是这样。

12.3　员工帮助计划

员工的心理健康与否直接影响着企业运作效率的高低。本章引导案例中富士康多名员工自杀的事件引发极大的社会关注，是员工心理有问题，还是企业文化的缘故？这些问题又如何才能防微杜渐，防患于未然呢？

员工帮助计划可以在一定程度上帮助企业改善这一问题。对于大多数企业来说，员工帮助计划是新生事物，国内仅有一些外资企业和少数国有大型企业正在尝试。但毋庸置疑，员工帮助计划将来会在越来越大的范围内发挥日益重要的作用。

12.3.1　员工帮助计划的定义

员工帮助计划（Employee Assistance Program，EAP），又称"员工心理援助计划"，是企

业为员工设置的一套系统的、长期的福利与支持项目。它通过专业人员为员工提供诊断、评估、培训、指导与咨询，帮助员工及其家庭成员解决各种心理和行为问题，目的在于提高员工在企业中的身心健康和工作绩效，并改善企业的组织气氛与管理效能。目前在世界500强企业中，有80%以上的企业实施了EAP项目。

EAP由美国人发明，最初用于解决员工酗酒、吸毒和不良药物影响带来的心理障碍。员工在工作场所酗酒，不仅会影响到员工的身体健康，也会造成企业管理上的一系列问题，如旷工、怠工、离职和工作事故等。从那以后，人们进行了进一步的观察研究，试图了解员工酗酒背后的原因，并设法减少员工酗酒的现象，降低其对工作业绩的影响。戒酒者匿名团体（Alcoholics Anonymous，AA）逐步在美国发展起来，向那些酗酒严重的员工提供帮助，从而改善了这些人的就业机会和工作表现。AA成为EAP的最初形式。

近年来随着积极心理学研究实践的丰富，EAP的理念也在更新，由最初的"帮助遭遇心理困扰的员工"逐步发展为"帮助全体员工生活得更健康、幸福"。因此在心理培训等服务模块中，心理保健、自我提升等主题越来越受欢迎。同时，EAP也衍生出了"心理资本提升"（Psychological Capital Appreciation，PCA）和"员工提升计划"（Employee Enhancement Program，EEP）等新模式。

知识链接 12-2　EAP 的误解

事实上，EAP的服务包括四个部分，分别是针对个人的预防措施（例如个人压力缓解方法的培训）、针对组织的预防措施（例如团队沟通的培训）、针对个人的治疗措施（以个人的心理咨询为主）、针对组织的治疗措施（以团队的心理咨询为主）。EAP的工作内容主要集中在预防部分和团队部分，即团队预防措施、个人预防措施和团队治疗措施三个方面，针对个人的咨询服务仅占极少的部分。能够为企业带来较大收益的依次是针对组织的预防措施、针对组织的治疗措施和针对个人的预防措施。我国部分EAP的服务机构片面地强调个人咨询部分，不能真正地满足企业的需要，也导致企业对EAP的一些误解。

12.3.2　EAP 的服务内容

经过几十年的发展，EAP服务内容已经涉及工作压力、心理健康、灾难事件、职业生涯困扰、健康生活方式、亲子关系、法律纠纷等方面，可以全方位地帮助员工解决各类心理问题。归纳起来，EAP的服务主要包括以下内容。

① 进行专业的员工职业心理健康问题评估。由专业人员采用专业的心理健康评估方法评估员工心理生活质量现状，并寻找导致问题产生的原因。

② 做好职业心理健康宣传。利用海报、自助卡、健康知识讲座等多种形式树立员工对心理健康的正确认识，鼓励员工在遇到心理困扰问题时积极寻求帮助。

③ 对工作环境的设计与改善。一方面，改善工作硬环境，即物理环境；另一方面，通过组织结构变革、领导力培训、团队建设、工作轮换、员工生涯规划等手段改善工作的软环境，在企业内部建立支持性的工作环境，丰富员工的工作内容，指明员工的发展方向，消除问题的诱因。

④ 开展员工和管理者培训。通过压力管理、挫折应对、保持积极情绪、咨询式的管理者等一系列培训，帮助员工掌握提高心理素质的基本方法，增强对心理问题的抵抗力。管理者

掌握员工心理管理的技术，能在员工出现心理困扰问题时，很快找到适当的解决方法。

⑤ 组织多种形式的员工心理咨询。对于受心理问题困扰的员工，提供咨询热线、网上咨询、团体辅导、个人面询等丰富的咨询形式，尽量做到充分解决员工心理困扰问题。

12.3.3 EAP 的实施模块

EAP 在国内近 20 年的发展历程中，在国有企业中应用较多，并且在本土化的过程中也形成了一些普遍使用的实施模块。

1．宣传

很多员工对心理健康存在误解和忽视，最普遍的观念就是"只有有病的人才去做心理咨询"。因此，宣传引导对于员工心理健康意识仍相对淡薄的国内企业来说，是决定 EAP 项目成败的首要因素。一般来说，EAP 服务中心理咨询的使用率如果达到 10%左右，就可以证明项目的推广是比较成功的。通过宣传，首先要让员工了解"心理咨询也可以帮助暂时遇到困扰的正常人"；其次要让员工安心"我做心理咨询不会被其他任何人知道"；最后才是让员工在使用中认同"心理健康确实对我很重要"。

2．调查

调查可以从组织层面和个人层面展开。组织层面的调查诊断，可了解整体心理健康现状和关键影响因素；个人层面的心理检查，帮助员工了解自身心理状况。调查方式多种多样，其中问卷法、访谈法、座谈法等都是常见的方式。

3．规划

与调查结果紧密相连，根据企业引入 EAP 的需求，以及调查掌握的现实情况，设计详细的 EAP 方案，使这一职业心理健康服务逐步深入人心，真正帮助到员工，也帮助企业健康发展。

4．培训

针对不同员工群体，提供心理健康各个主题的培训，通过培训初步营造广大员工"谈心理、学心理、懂心理"的良好风气，促进团队沟通和融合，促进员工家庭沟通和融合。

5．咨询

为遭遇心理困扰的员工提供咨询辅导，另外可根据需求将咨询范围延伸至理财、法律、养生等其他领域。

6．评估

在一期 EAP 项目结束后，总结项目成效，为后续企业是否继续开展 EAP、项目重心提供决策依据。

当企业第一年实施这个项目时，首先需要明确"为什么实施 EAP"，例如，希望体现组织的人文关爱，丰富员工的福利待遇；企业发展遇到瓶颈（团队凝聚力不足、员工绩效低等）；安全生产（HSE）与员工心理健康紧密相关；企业裁员等专项需求。根据实施 EAP 的目的，可以确定选择哪个模块作为 EAP 项目的导入点。

12.3.4 EAP 在企业服务中的常见模式

1．根据实施时间长短分

根据实施时间长短，可分为长期 EAP 服务和短期 EAP 服务。

EAP 服务作为一个系统项目，应该是长期实施，持续几个月、几年甚至无终止时间。但有时企业只在某种特定状况下才实施员工帮助，例如并购过程中由于业务再造、角色变换、企业文化冲突等导致压力和情绪问题；裁员期间的沟通压力、心理恐慌和被裁员工的应激状态；又如空难等灾难性事件，部分员工的不幸会导致企业内悲伤和恐惧情绪的蔓延……这种时间相对较短的员工帮助能帮助企业顺利度过一些特殊阶段。

2．根据服务提供者分

根据服务提供者，可分为内部EAP和外部EAP。

内部EAP是指组织内部设置专门机构或在相关部门新设职能，由内部专职人员负责员工帮助计划项目的策划和组织实施。比较大型和成熟的企业会建立内部EAP培训，而且由企业内部机构和人员实施，更贴近和了解企业及员工的情况，因而能更及时有效地发现和解决问题。外部EAP是组织将员工帮助计划项目外包，由外部具有社会工作、心理咨询辅导等知识经验的专业人员或机构提供员工帮助计划服务。企业需要与外部EAP服务机构签订合同，并安排1~2名EAP专员负责联络和配合。

一般而言，内部EAP服务比外部EAP服务更节省成本，但员工由于心理敏感和保密需求，对内部EAP的信任程度可能不如外部EAP培训。专业EAP服务机构往往有广泛的服务网络，能够在全国甚至全世界提供服务，这是内部EAP难以企及的。所以在实践中，内部和外部的EAP培训往往结合使用。

此外，在没有实施经验以及专业机构的指导、帮助下，企业想马上建立内部EAP培训会很困难，所以绝大多数企业都是先实施外部EAP服务，最后建立内部的、长期的EAP。

12.3.5　EAP在企业中推行的建议

EAP目前已经发展成一种综合性的服务，其内容包括压力管理、职业心理健康、裁员心理危机、灾难性事件、职业生涯、健康生活方式、法律纠纷、心理养生、拓展训练、家长课堂、考前减压等各个方面。解决这些问题的核心目的在于使员工在纷繁复杂的个人问题中得到解脱，减轻工作生活压力，增进心理健康，增强对组织的归属感。它既可以帮助员工及其家属更好地面对个人生活和工作方面的种种问题，又可以提高员工的工作绩效和工作整体效能。企业在推行EAP过程中要注意以下几点。

1．预防为主，咨询为辅

EAP服务的核心是预防而不是咨询及治疗。博兰德（Bohlander）将EAP定义为"企业通过为员工提供诊断、辅导、咨询等服务，解决员工在社会、心理、经济与健康等方面的问题，消除员工各方面的困扰，最终达到预防问题产生，提高员工工作生活质量的目的"，该定义的核心是"解决员工问题、消除员工困扰、预防问题发生"，关键是"预防"，辅导及咨询的目的都是为了预防。因此，EAP服务需建立预防为主、咨询为辅的服务观念，以正常员工而不是已经出了问题的员工为EAP服务的主要对象。

2．重视文化，突出协助

EAP服务应在企业文化的基础上创新运作模式，即"企业与员工问题及资源分析——方案建议及培训——协助解决"的基本运作模式。要协助企业及员工了解自身的问题和资源，并培训他们掌握分析的工具和方法，然后为企业设计个性化的EAP运行方案。方案设计的宗旨是充分帮助企业及其员工学会充分利用自身资源优势，帮助企业及其员工获得自我解决问题的方法和能力。

3．企业为主，机构为辅

无论是外部 EAP 还是内部 EAP 的方式，企业都是 EAP 项目推进的主体，是 EAP 方案的设计者、方案实施的引导者、指导者和帮助者。

引入 EAP 服务的企业必须明白，EAP 服务和管理咨询与医生看病一样，服务机构只是辅助人们认清问题及资源，协助人们设计、实施解决及治疗方案的外因。方案及治疗能否实施关键还要靠企业这个内因。因此，企业应积极主动地参与到 EAP 的过程中，并在适当的时候建立自己的 EAP 服务机构及团队，使 EAP 成为企业的一项重要管理举措，成为企业文化的重要组成部分。

4．充分论证，长久绽放

企业在决定引入 EAP 服务之前必须充分论证三个基本问题，分别是：引入 EAP 服务的目的、当前企业的短板及其与 EAP 的关系、企业有无推行 EAP 的基础。

理论上来说，EAP 服务必然可以改善企业绩效，但是，不同发展阶段的企业都面临着不同的发展"短板"，在企业资源有限的前提下，首先解决短板问题才能获得最大的边际收益。因此，企业在考虑是否引入 EAP 服务的时候，首先明确引入 EAP 服务的目的是什么，为了实现该目的是否有其他方法，对比 EAP 投入与产出情况如何等；其次，分析当前企业的短板是什么，EAP 与当前短板之间的关系是什么，现行状态下，引入 EAP 服务会带来哪些结果；再次，分析现有资源是否支持在解决短板的同时引入 EAP 服务。

案例链接 12-5　一个 EAP 个案的分析与处理

某女士，30 岁左右，孩子 1 岁，由外婆负责照看，共同居住。这位女士很难与自己的母亲相处：母亲经常会对其行为、言语进行批评与指责，同时也会对其丈夫不满，丈夫会以加班或应酬为由晚归；母亲对孩子是照顾得很好，但在教育孩子方面与这位女士相左，并常以此教育她。

咨询师与某女士一起分析与讨论：

① 面对母亲的批评与指责时的想法：自己是不是做错了，怎样做才是对的？妈妈是不是对替自己照看孩子有意见？通过对具体事情的分析，某女士明白了：母亲的批评与指责是母亲的行为习惯，与自己做对做错没有太多的关系；如果母亲不想帮她看孩子，以她对母亲个性的了解，母亲会明说，而不是抱怨。

② 面对丈夫以加班或应酬为由晚归时的想法：自己很无助，对老公不满，他为什么这样不负责，就知道回避？通过讨论，咨询师让某女士换位思考，试着理解老公的行为，并看到自己与老公的沟通方式："你应该明白我的想法""你应该……"

最后，某女士对自己的困惑有了比较清晰的了解，咨询师还为之后解决问题的方向与方式提供了一些对策：

① 与母亲的关系：某女士也明白母亲的批评与指责是母亲的行为习惯。母亲本身就是一个比较挑剔的人，现在离开自己的家乡，人生地不熟，加上某女士和丈夫工作比较忙，孩子比较小，更多的心思在小孩身上，没有与老人进行太多的心灵沟通和关注，使老人多了些抱怨。在这之后会多关心一下母亲，多对母亲表达自己的感激之情，也会在照顾孩子上多花些精力和时间，让母亲多一些时间休息。

② 与丈夫的关系。某女士理解了老公的行为，表示要与老公多沟通，多说自己的感受

与想法，少指责老公，与老公共同来解决当下的困境。

③ 在教育孩子方面母亲与自己相左：这个问题是隔代教育的通病，某女士表示会尝试多与母亲交流，在孩子教育的问题上"求大同存小异"，在不同阶段就孩子主要问题的教育与母亲达成一致。

练习题

一、单项选择题

1. 下列关于心理健康的说法不正确的是（　　）。
   A．心理健康首先要求没有心理疾患，能够面对现实
   B．心理健康概念具有客观、绝对性
   C．心理健康既是一种状态，也是一种过程
   D．心理健康与否在相当程度上可以说是一个社会评价问题
2. 员工帮助计划的英文首字母缩写为（　　）。
   A．PCA　　　　　　B．EEP　　　　　　C．EAP　　　　　　D．PPP
3. 与外部 EAP 相比，内部 EAP 更加（　　）。
   A．效果明显　　　　　　　　　　　B．节省成本
   C．具有专业性　　　　　　　　　　D．容易获得信任
4. 针对个体而言，EAP 的意义在于（　　）。
   A．增加工资收入　　　　　　　　　B．增进身心健康
   C．提高员工满意度　　　　　　　　D．节省培训费用

二、多项选择题

1. 关于 EAP，下列说法正确的是（　　）。
   A．内部 EAP 比外部 EAP 更节省成本
   B．员工对外部 EAP 的信任程度不如内部 EAP
   C．内部 EAP 比外部 EAP 更了解员工的实际情况
   D．企业会先实施内部 EAP，然后再建立外部 EAP
   E．短期 EAP 更具应急性，帮助组织度过一些特殊时期
2. 外部专业 EAP 服务机构的优势包括（　　）。
   A．更节约成本　　　　　　　　　　B．更了解企业的情况
   C．更易获得员工信任　　　　　　　D．有广泛的服务网络
   E．有更多的实施经验
3. EAP 的内容包括（　　）。
   A．员工健康体检与健康增进方案　　B．员工压力管理
   C．企业文化建设　　　　　　　　　D．员工自身不良情绪管理辅导
   E．绩效考核改进方案

三、思考题

1. 心理健康的含义是什么？

2. EAP 在企业服务中的常见模式有哪些？
3. EAP 的实施过程中包含哪六大模块？
4. 企业在推行 EAP 过程中有哪些注意事项？

四、案例分析

某知名电子制造公司 EAP 计划

某全球知名电子制造公司，本部在上海，同时在北京、深圳、广州均设有分公司及联络处。其中国总公司是总部在全球投资的包括销售、研发、生产领域的 14 家公司之一。

公司共有员工 9000 多人，大部分为一线员工，文化程度参差不齐，且流动率较大。班组长多是由表现优异的一线员工提升，缺乏管理技能，面对不同层次的员工缺乏耐心，导致班组长与员工间产生强烈冲突，沟通存在严重问题。班组长本身存在较大压力，在心态失衡的状态下对工作缺乏责任感与热情。管理层对团队沟通中存在的问题给予了非常高的重视，并希望借助 EAP 项目使其员工掌握一定的管理技能，在缓和团队冲突的同时，不仅能树立班组长的良好心态，更能在管理中带动一线员工，形成良好的工作氛围。

基于该公司对 EAP 项目的要求和期望，某 EAP 服务公司对该公司进行了调查和诊断。经过调查发现，班组长与一线员工的问题积累的时间较长，且问题的形式是多样的。项目组成员决定先对其中一部分人员进行访谈，深入了解问题的来源及他们的困扰。并将结果进行统计，针对突出问题提出应对与改善的措施。鉴于工作中员工承受压力较大，为了对员工的心理状况取得一个大致的了解，项目组成员对员工进行了相关的测评。

经过调查和了解，项目组在组织层面和员工层面发现了一些问题，如表 12-2 所示。

表 12-2　项目组发现的问题

组织层面的问题	员工层面的问题
对班组长的心理状况缺乏关注	班组长管理技能薄弱
对一线员工与班组长的冲突缺乏重视	员工心理压力过大，部分员工感到焦虑
不同部门之间心理健康水平差异较大	员工缺乏责任感
存在上下级冲突	员工缺乏心理健康意识、无法应对负面情绪

EAP 项目组决定将焦点放在解决冲突上，并在此基础上进一步提升班组长的积极心态与管理技能。具体实施计划如下所示。

服务对象：某公司的员工及其直系家属

服务内容：组织诊断；普及教育——宣传体系；针对性培训——体验式培训、讲座（班组长、一线员工）；咨询服务（咨询热线服务、个别咨询、驻场咨询）；危机干预体系；员工活动管理；工作激情提升项目；新生代员工管理项目。

经过几年的服务，该项目取得了以下的效果：班组长了解了自己的沟通与管理风格，管理能力明显提升；上下级冲突减少，工作氛围得到改善；班组长心理压力得到缓解，对工作满意度提升；员工形成心理健康意识并予以重视；公司之后未出现重大的危机事件。

实训项目

实训内容：心灵转个弯

实训目的：1. 认识自己的低潮情绪，并分享情绪经验。
2. 找出低潮情绪背后的非理性想法。
3. 探索如何通过想法的改变，让自己走出低潮。

实训说明：1. 人数：5～6人一组。
2. 时间：50～60分钟。
3. 材料：每组一张大型海报纸，每人一支签字笔。

实训步骤：

1. 老师先解释什么是"非理性想法"，以及想法（或信念）在情绪体验中的重要角色。
2. 将学生分组，分发材料。请每组将海报纸分成左右两半，分别在最上方标上"事件"和"想法"。
3. 请每位学生回忆一件自己最近遭遇的情绪低潮事件，记录在海报纸左边的"事件"标题下。再以箭头引到右边，写下当时自己心中的想法或信念。
4. 每位组员轮流进行，每人至少完成一件低潮事件与想法的记述。
5. 每个事件的当事人向组员介绍事情的经过，说明自己的想法与信念。组员进行回馈，共同讨论当事人的想法或信念是否为"非理性想法"，若是，则在海报上打个"√"并思考有无其他替代的想法，可以舒缓负面情绪，并记录在海报上。
6. 完成所有"事件"与"想法"的讨论后，公布各组的海报纸，带领全体学生讨论：
① 哪些是最常见的"非理性想法"？为什么？
② 如何有效地改变这些"非理性想法"？
③ 想法不同后，情绪感受是否会不同？
④ 团体讨论与分享的感受如何？

参 考 文 献

[1] 沙因. 企业文化与领导[M]. 朱明伟，罗丽萍，译. 北京：中国友谊出版社，1989.

[2] 沙因. 企业文化生存指南[M]. 郝继涛，译. 北京：机械工业出版社，2004.

[3] 马金斯基. 心理学与工作：工业与组织心理学导论（原书第10版）[M]. 姚翔，等译. 北京：机械工业出版社，2014.

[4] 陈春花. 组织与文化管理[M]. 广州：华南理工大学出版社，2018.

[5] 陈春花，杨忠，曹洲涛. 组织行为学[M]. 3版. 北京：机械工业出版社，2016.

[6] 陈勇. 管理心理学[M]. 大连：大连出版社，2011.

[7] 程正方. 现代管理心理学[M]. 北京：北京师范大学出版社，2010.

[8] 邓靖松. 管理心理学[M]. 2版. 北京：中国人民大学出版社，2013.

[9] 段锦云. 管理心理学[M]. 2版. 杭州：浙江大学出版社，2017.

[10] 鲁森斯. 组织行为学（第11版）[M]. 王垒，姚翔，童佳瑾，等译. 北京：人民邮电出版社，2009.

[11] 乐国安，管健. 社会心理学[M]. 2版. 北京：中国人民大学出版社，2013.

[12] 李爱梅，凌文辁. 组织行为学[M]. 北京：机械工业出版社，2015.

[13] 李靖. 管理心理学[M]. 2版. 北京：科学出版社，2011.

[14] 刘宏，高丽君. 管理心理学[M]. 北京：清华大学出版社，2011.

[15] 陆洛，高旭繁，等. 管理心理学：提升管理效能与品质[M]. 北京：经济管理出版社，2015.

[16] 石伟. 组织文化[M]. 上海：复旦大学出版社，2004.

[17] 罗宾斯，贾奇. 组织行为学（第16版）[M]. 孙健敏，王震，李原，等译. 北京：中国人民大学出版社，2016.

[18] 苏东水. 管理心理学[M]. 5版. 上海：复旦大学出版社，2014.

[19] 孙健敏，穆桂斌. 管理心理学[M]. 北京：中国人民大学出版社，2017.

[20] 孙喜林，赵艳辉. 管理心理学：理论、应用与案例[M]. 北京：人民邮电出版社，2018.

[21] 王杰. 心理学原理与应用[M]. 北京：机械工业出版社，2013.

[22] 王晶晶. 组织行为学[M]. 北京：机械工业出版社，2009.

[23] 王梅，万婷. 管理心理学[M]. 武汉：华中科技大学出版社，2014.

[24] 张德. 组织行为学[M]. 4版. 北京：高等教育出版社，2011.

[25] 张志学，鞠冬，马力. 组织行为学研究的现状：意义与建议[J]. 心理学报，2014，46（2）：265-284.

[26] 郑日昌，孙大强. 心理测量与测验[M]. 2版. 北京：中国人民大学出版社，2013.

[27] 中国心理卫生协会，中国就业培训技术指导中心. 心理咨询师：基础知识[M]. 3版. 北京：民族出版社，2015.

[28] 沙因. 组织文化与领导力（第四版）[M]. 章凯，罗文豪，朱超威，等译. 北京：中国人民大学出版社，2014.